新装版

唯識でよむ般若心経

空の実践

横山紘一

Kouitsu Yokoyama

大法輪閣

はじめに

二十歳すぎに坐禅の修行に飛び込んで以来、いままで私はもうどのくらいの回数、『般若心経』をお唱えしたことか。坐禅の終わりに、我が家の仏壇の前で、巡礼の際の各寺院の本殿の前で、そして托鉢の際の一軒一軒の門前で、お唱えした回数を合計すると、もう何千回も『般若心経』を読誦（どくじゅ）したことになるでしょう。

それは私だけのことではありません。日本仏教のなかで、この『般若心経』ほど、人びとに親しまれ、お唱えされている、あるいは写経されている経典はありません。それは、わずか二百六十余文字で書かれた短いお経であることもその一因かもしれません。しかし、それだけではないでしょう。「般若心経」には「無」や「不」といった否定の語が付された文句が多く出てきて、それを声高らかに読誦すると、不思議と心のなかに溜まっている塵が取り除かれる感じがするからではないでしょうか。

それと同時に、全部を読みおえると、般若の智慧によって障（さわ）りや恐怖がなくなることを知って、よし、般若波羅蜜多を修するぞ、という生きる勇気と情熱とがわきあがってくるからではないでしょうか。本当に『般若心経』はありがたいお経です。

私も仏教に親しんでから、この『般若心経』の解説書をいくつか読んで、その内容の理解につとめました。そのなかで、若いときに読んで感動したのが高神覚昇氏の『般若心経講義』でした。この書はラジオでの講義をまとめたこともあって、平易に語られ、しかも釈尊の教えはもちろん、仏教の多くの祖師方が残された金言、数多くの俳句、さらには西洋の哲人たちの箴言までもが織り込まれ、まことに心に響く言葉の連続です。私は、人から、何か『般若心経』の良い解説書を教えて下さいと尋ねられると、決まってこの書を紹介することにしています。

そのうち、私は縁あって唯識思想を専門に学び、この思想の素晴らしさを知るに及び、唯識思想をも踏まえて『般若心経』を解説したいという思いが強まってきました。

そのような折、興福寺貫首・多川俊映師から、奈良・興福寺で毎月一回開かれている「興福寺佛教文化講座」において、「空の実践」という題で『般若心経』を講じてほしいという依頼があり、喜んで引き受けさせていただき、長年の夢が実現することになりました。平成十二年四月から平成十四年三月まで、二年間にわたって毎月一回、講義させていただきました。本書はその講義録をまとめたものです。

本書のタイトルは『唯識でよむ般若心経』ですが、般若心経と唯識とは決して別々のものではなく、「般若心経」に見られる空思想は唯識の説く空思想と重なるところがあります。否、究極においては両方の空思想は同じであるといっても過言ではありません。唯識思想は、まずは「識」の存在を仮に認め、そのうえで、実践を通してその識を変革して「空」に至ろうとする思想であるからです。

ただし、『般若心経』、広くはその素地である膨大な『般若経』群には、空や般若といった術語に対する詳細な論理的解釈はありません。実践にしても『般若経』群では般若波羅蜜多を修することが中心に説かれているのに対して、唯識の経論ではヨーガ（瑜伽）の修行が強調されています。

さらに後者には新たに眼識・耳識・鼻識・舌識・身識・意識・末那識・阿頼耶識の八識説や遍計所執性・依他起性・円成実性の三性説が説かれています。

そういった相違点を踏まえたうえで、本書では、ヨーガ・八識・三性といった唯識思想の新しい術語をふんだんに用いて『般若心経』を解釈しました。したがって従来の『般若心経』の解説に慣れ親しんでこられた方には、本書の解説にはいささか違和感を抱かれることでしょう。

でも、仏教の目指す目的は、ただ一つです。それを山登りに喩えてみましょう。山頂は一つですが、そこに至るにはさまざまな道があります。それと同じく、仏道が目指す頂上は「空」を、そしてそのいい換えである「無我」を覚ることです。そういった意味で、仏道の頂上を目指しつつ、本書を通して、しばらく唯識という道を歩んでみていただければと念じております。

ところで本書は、前述のとおり、興福寺佛教文化講座において二年間にわたって講義したもののまとめですので、かなり同じ話が重復して出てきます。「またか」と思われるところもあるかも知れませんが、どうぞ我慢して読んで下さい。

私がこの講義を通してお伝えしたかった主なことは、

〈1〉「自分」や「もの」とは、心のなかで思いと言葉とによって作り出された幻にすぎないと知ろう。

〈2〉その虚しい「自分」と「もの」とへの執着をなくすために、実なる「なま」（生）のありように戻ろう。そのために、ヨーガを実践する、あるいは日常生活のなかで、「いま・ここ」に成りきり成りきり成りきって無分別智（むふんべっち）で生きていこう。

〈3〉それによって自己の深層心からの浄化を目指し、同時に、この生かされてある「いのち」のエネルギーを他者のために使い尽くして生きていこう。

――ということです。本書を通して、右の事柄に少しでも同感して下さる方がおられたら、望外の喜びです。

最後になりましたが、私の剃髪得度にも加え、佛教文化講座での講義をも許していただいた興福寺貫首・多川俊映師、佛教文化講座での司会などで種々にお世話いただいた執事長・森谷英俊氏、私の講義をテープから起こして興福寺佛教文化講座要旨にまとめて下さった執事・多川良俊氏、そして、本書の出版を快く引き受けてくださった大法輪閣の社長・石原大道氏、本書のレイアウトや校正にご尽力下さった編集の佐々木隆友氏に、心からの感謝の意を表します。

平成二十一年三月

飯能の寓居にて

横山 紘一

唯識でよむ般若心経
——空の実践——

目次

装幀……Malpu Design（高橋奈々＋清水良洋）

般若心経　全文

【般若心経　全文】

摩訶般若波羅蜜多心経

観自在菩薩　行深般若波羅蜜多時　照見五蘊皆空　度一切苦厄　舎利子　色不異空　空不異色　色即是空　空即是色　受想行識　亦復如是　舎利子　是諸法空相　不生不滅　不垢不浄　不増不減　是故空中無色　無受想行識　無

【読み下し文】

摩訶般若波羅蜜多心経

観自在菩薩が深き般若波羅蜜多を行ずる時、五蘊は皆な空なりと照見し、一切の苦厄を度したまう。

舎利子よ、色は空に異らず、空は色に異らず。色は即ち是れ空なり、空は即ち是れ色なり。受想行識も亦復是の如し。

舎利子よ、是の諸法は空相にして、不生不滅、不垢不浄、不増不滅なり。

是の故に空の中には、色も無く、

眼耳鼻舌身意　無色声香味触法　無眼界乃至無意識界　無無明　亦無無明尽　乃至無老死　亦無老死尽　無苦集滅道　無智亦無得　以無所得故　菩提薩埵　依般若波羅蜜多故　心無罣礙　無罣礙故　無有恐怖　遠離一切顛倒夢想　究竟涅槃　三世諸仏　依般若波羅蜜多故　得阿耨多羅三藐三菩提　故知般若波羅蜜多　是大神呪　是大明呪　是

受想行識も無く、眼耳鼻舌身意も無く、色声香味触法も無く、眼界も無く、乃至意識界も無く、無明も無く、亦た無明の尽きることも無く、乃至老死も無く、亦た老死の尽きることも無く、苦集滅道も無く、智も無く亦た得も無し。

所得無きを以っての故に、菩提薩埵は般若波羅蜜多に依るが故に心に罣礙無し、罣礙無きが故に恐怖有ること無く、一切の顛倒と夢想とを遠離して、究竟して涅槃す。

三世の諸仏は、般若波羅蜜多に依るが故に、阿耨多羅三藐三菩提を

無上呪　是無等等呪　能除一切苦　真
実不虚　故説般若波羅蜜多呪　即説呪
曰　羯諦　羯諦　波羅羯諦　波羅僧羯
諦　菩提薩婆訶

般若心経

得る。

故に知りぬ、般若波羅蜜多は是れ大神呪、是れ大明呪、是れ無上呪、是れ無等等呪なり。能く一切の苦を除き、真実にして不虚なり。

故に般若波羅蜜多の呪を説く。即ち説いて呪に曰く。

羯諦　羯諦　波羅羯諦　波羅僧羯諦　菩提薩婆訶。

般若心経

唯識でよむ般若心経

——空の実践

第一講

般若心経と「空の実践」

今回から、この「興福寺佛教文化講座」におきまして、二十三回にわたって、「空の実践」と題しまして、『般若心経』を皆さんと共に読んでまいりたいと思います。

『般若心経』は、多くの方々に読誦され、書店の仏教関係の書棚にも多くの解説書があり、最も親しみのある経典ですが、私の専門とする唯識思想をふまえながら『般若心経』を解説していきたいと思います。

本来でしたら、まず『般若心経』の歴史的な位置づけの解説をすべきですが、それは割愛して、さっそく『般若心経』が説く内容に入っていきたいと思います。

▼「空の実践」とは

『般若心経』の「心」という文字の原語「フリダヤ」(hṛdaya) は「心臓」という意味で、玄奘三蔵が訳された『大般若経』六百巻に納められている般若思想のエッセンスを短い文に纏め上げたもの、それが『般若心経』です。

まず講題の「空の実践」について説明します。人間、いかに生きていくのかということを考える以前に、まずは自己とは一体「なに」かということを知らなければなりません。それが分からなければ「いかに」生きていくかということが解決できません。それに関して仏教は、存在全体を「空」であると観て、その智慧に基づいて生きていく、すなわち「実践」していくことを目指すのです。

私は高校時代、大学受験のために猛勉強をしました。高校三年間、本当に辛かったです。そのとき、庭に転がっている石になれば何も考えることなく、勉強をしなくていいのだ、自分は石になりたい、と真剣に思ったものでした。受験勉強のときだけではありません。人間である限り、私たちは多くのことにふりまわされて、悩み苦しみ生きていかなくてはなりません。本当に思い煩うことなく生きていくには、どうしたらいいのか。そのことを『般若心経』は教示しています。

『般若心経』にも説かれる苦・集・滅・道の四諦は、医者の医療のありようからヒントを得たものです。お医者さんにまいりますと、お医者さんは「どうしましたか、どこが悪いのですか」とまず症状をききます。そうすると「ゾクゾクして寒い」と患者が答えると、医者は風邪だと判断し、「最近の生活はどうでした。寒いところで立っていたんじゃないですか。寝冷えをしたんじゃないですか」とききます、病状の原因を追究します。そして病状とその原因とが分かって、処方箋を考え、薬を投与し、患者は薬を飲むことによって病気が治ります。この喩えのうち、病状が苦諦、原因が集諦、薬を飲むことが道諦、病気が治ることが滅諦にあたります。

苦諦とは、自己は、広くは生きとし生けるものすべては苦であるのだと見ていくことです。では苦しむ原因は何か、それが集諦で、私たちが苦しむのは、突き詰めれば、「自己」「我」というものを設定し、それに執着するところに根本原因があります。そこで苦しみをなくすにはどうしたらいいのかということが道諦です。どのような道を歩めば苦しみがなくなるのか。

釈尊はその道として「八正道」あるいは「中道」を説かれました。それ以後いろいろな道というものが説かれましたが、総じていうならば、「菩薩道」というものが歩むべき道であると仏教は説きます。一体いかに生きていくべきか。この問いに対して、自分は菩薩であるという自覚のもと、一刹那一刹那、一日一日、そして死ぬまで菩薩としての道を歩んでいかなければいけない、というのが仏教の答えであります。

そしてこのように菩薩として生きていくために、自己と、自己の周りに展開する存在全体は「空」であると観なければならない、というのが『般若心経』のまずは説こうとする教えです。

そこでなぜ「空」なのか。簡単にいうと、森羅万象は縁起によって成り立っており、縁起だから空なんだということです。まず今日一つ覚えていただきたいのは、「縁起の故に空である」という仏教の根本的な教えです。縁起の故に空であり、無我である。これがすべての仏教に通じる一大スローガンです。

これまで述べましたように、「なに」から出発し、「なぜ」を解決し、そして「いかに」生きていくかを結論づける、これがものを考えていく思考の過程であります。

では、ものが何であるか、これをどのように観察するのか、という問題が生じてきます。私は、かって自然科学を専攻していました。水産で魚の血液の研究をしていました。当時、真面目に一生懸命実験に取り組みました。しかし、次第に次のような疑問が生じてきました。その研究における観察は、現象の向こう側にあるものを観察するよりも、喩（たと）えていうならば、鏡のなかの鏡像を観察するようなものである。よし、自分は、そのような鏡像よりもむしろ鏡そのものを観察しようではないか、という気持ちが強まってきたのです。自分はいずれは死ぬ。なぜ人間として生まれたのか分からないが、この脳細胞を持った知力、感性と悟性と理性を持った生き物として生まれた以上、この力をフル回転させて、自分を観察の対象としていこうと、ある日突然方向転換をして、仏教を学ぶようになりました。

「回光返照（えこうへんしょう）」という言葉があります。光をめぐらして、己（おの）れを照らしてみようという道元禅師（どうげんぜんじ）の言葉ですが、回光返照するためには、例えば目をつぶってみましょう。そのとたんに視覚のデータがなくなります。視覚というのは心を散乱せしめるかなり強い力がありますから、目を閉じて視覚がなくなると、障害、障（さわ）りというものが取っぱらわれてしまいます。しかし何もなくなったのではありません。そこに残れるものがあります。その残れるもののなかに、どんどんと自分を戻していく。それが観察であるといっていいと思います。専門的な言葉で申しますと、観察の方法として「ヨーガ」(yoga)という仏教の観察方法があります。

ご承知のように、(この講義が行なわれている会場である) 興福寺は、法相宗（ほっそうしゅう）です。法相宗はインドにおける唯識瑜伽行（ゆがぎょう）派という学派にその起源がありますが、この学派は、「唯（た）だ心しか存在しない」という唯心論（ゆいしんろん）的な思想を打出し、しかもヨーガ（瑜伽）の実践を重んじた学派です。ヨーガとは、内容的には「止観（しかん）」といわれ、このうち「止」というのは静かになった鎮（しず）まった心を意味し、「観」というのは観る、すなわち観察する心です。喩えていえば、波がおさまり静かに平らになった桶の水、それが止の心であり、その上に満月をそっくりそのまま映し出すはたらき、それが観の心です。

私たちの日常の心は散乱心、つまり乱れた心です。だから何を見ても、何をいっても全部間違いなんですね。なぜかというと、例えば、いま私はあなたを見ているといいますが、あなたの姿そのものを、あなた自身そのものを決して私は見ることはできないからです。このことを私は「一人一宇宙」と呼んでいます。私が見ている「あなた」は、「私」という宇宙、すなわち私の心のなかに作り出された影像なのです。一人一宇宙、これを伝統的な用語では「人人唯識」といいますが、私たちは、まずこの事実をはっきりと認識し、その上に立っていかに生きていくかを考えなければいけないと思います。

▼ヨーガによる生き方

哲学と科学と宗教、この三つは全部ヨーロッパからきた言葉ですが、あえてヨーロッパ的表現でいうならば、仏教はこれら三面を兼ね具えた思想であると思います。仏教は宗教であるとよくいわれますが、けっしてそういう見方だけで終わっていただきたくありません。特に唯識思想は、いまいった哲学性と科学性と宗教性との三面を間違いなく持った、本当に幅広い思想です。

哲学と科学と宗教のうち、「哲学」はもちろん観察から始まりますが、最終的には言葉でもって論理的に考えていかなければなりません。それから「科学」も観察から始まります。じっと物に成りきって観察する。成りきって対象を感覚で受け止め、その感覚のデータを人間の側にある悟性を働かして整理していく、これが科学だといえます。また後で詳しく述べたいと思いますが、そういった意味で、科学的な観察とヨーガ的な観察とは同じであるということも最近分かってまいりました。最後の宗教性ということについていえば、あらゆる宗教は、いかに苦しみから脱却するかということを目的としています。仏教も「苦からの解脱」が最終目的であります。そういった意味で、キリスト教とも、またバラモン教とも同じであります。

ヨーガに話を戻しますが、ヨーガとは一般には坐を組んで静かに瞑想にふけるというイメージがありますが、インドではもともとは広く人が生きていく人生の道全体をヨーガと呼んでいます。つまり、生きていく一刹那一刹那、一日一日をヨーガ的に生きていこうではないかということであります。しかしいまは「観察する」ということに限定をしておいてみたいと思います。

それから禅とか定、あるいは禅定という言葉があります。禅といえば禅宗の禅をすぐに思い浮かべますが、禅は禅宗だけの特権ではありません。禅とはパーリ語の「ジャーナ」（jhāna）の音訳で、意訳して「静慮」といいます。すなわち禅とは、静かに慮る、静かに考える心で、これもヨーガの一つです。本当に、私たちが日頃忘れている、ヨーガ、止観、禅という観察を日常のなかに取り戻そうではありませんか。そうすると今日見えなかったものが、明日に見えてきます。未だ見なかったものを明日見ようではないか。未だ聞かなかったものを明日聞こうではないか。未だ覚えなかったものを明日覚えようではないか。未だ知らなかったことを明日知っていこうではないか。こういう気持ちで日々生きていけば、人間は情熱的に生きていくことができます。

本当に、学問だけではだめなんですね。勉強ばかりしているとだめになるのですね。もちろんいま皆さんは釈尊の教説を聞かれているわけですが、私たちはついつい言葉にこだわってしまいます。その語られた言葉が全部池に降り注ぐ粉雪のように消え去っていく、そういう柔らかく広く深い心を養成しなければ自由に生きていけません。こだわりの心、それを伝統的な用語では「麁重の心」といいます。重く粗い心です。そうではなくて、池は雪が降ろうと石ころが飛び込んでこようと何でも受け入れていくように、心を変革しなければなりません。そのような柔らかい広い深い心を「軽安の心」といいます。そのように重たく粗い心を転換せしめ、軽く安らいだ自由な生き方ができることを目指して、まずは釈尊が説かれた教えを聞き、それに基づいて何らかの実践をしていくことが仏道を歩んでいくことであると思います。

とはいえ、私たちは散乱心で生きていくと気が楽なんですね。ヨーガを組む、坐禅をする。このようにじーっとしていると非常に苦しい。だから私たちは「定心」ではなくて、いつも「散心」で生きているわけです。しかし散心であるかぎり、私たちは決して事実を事実として見ていません。だから日常生活のなかで、いろいろな思いと考えによって「我他彼此」の生活をしております。それらすべて散心なんですね。物事を事実として見ていない、歪めて見ている。その歪んだ心を定まった心にしていこうとする。それにはやはり実践が必要です。一回でも二回でもいいと思いますが、できれば一年二年、あるいは三年ぐらい同じことをずっとやっていくと、定心というものが、時には現われてくるようになります。

▼言葉の向こう側へ

「諸行無常」「諸法無我」「涅槃寂静」という「三法印」をお聞きになったことがあると思います

が、それはあくまでも言葉として語られた法であり、言葉として認識されるものです。経典はすべて言葉によって語られているのですが、これは釈尊によって語られたという前提になっています。しかし、実際の大乗経典は釈尊によって語られたわけではありませんが、釈尊の覚(さと)りを根源として大乗の人びとが説いたものです。釈尊によって説かれた教えを「善説(ぜんせつ)」といいます。この善く説かれた教えを手がかりとして、私たちはヨーガの心で、静かな止観の心で、物事の本質を観察していくことが必要です。例えば「諸行無常」という言葉を心のなかに浮かべます。または、散りゆく桜を心のなかにイメージしていくのですね。心のなかに言葉なりイメージなりを立てる。そこが重要なんです。そして最終的に何を目的とするかというと、釈尊によって説かれた言葉をよりどころとして、その言葉の向こう側にあるものを直(じか)につかむことです。このような観察がヨーガの原型です。

たとえば「諸行無常」と唱え続ける。あるいは諸行無常とは何かと概念的に考える。しかしいずれにしても、それは言葉にしかすぎません。その向こう側にあるものをつかんだとき、初めてその「諸行無常」という言葉が消え去り、それそのものが分かり、そしていかに生きていくかということがはっきりとしてきます。諸行無常が本当に分かってくるならば、執着するものがなくなってきます。諸行は一刹那一刹那生じては消え去っていく、これも事実なんですね。この事実を、諸行無常という言葉を頼りにして、心のなかで確認していく。そしてそれが覚りになっていく。

諸行無常という事実は、「生かされている」という事実につながっていきます。諸行無常ということを智慧でもって本当に分かれば、人間いかに生きていくかということが結論づけられます。智慧でもって諸行無常を智(し)れば、そこに所有格がなくなっていきます。「己れの」というものがなくなっていきます。己れなどどこを探してもない。そこで「諸法無我」につながっていくわけです。諸行無常であるからこそ諸法無我である。諸法無我というものを智るなら、まさにそこに自由自在に生きる生き方が展開してきます。

▼「いま」に成りきって生きる

自由自在に生きるためには、一番の問題である己れの死というものを解決しなければなりません。生老病死という苦を背負いつつ、そのなかで死を解決していく。それが究極の人間の目的ではないかと思います。そして己れの死を解決しつつ、同時にあの宮沢賢治の「雨ニモマケズ」という詩のなかにある「南ニ死ニサウナ人アレバ行ツテコハガラナクテイイトイヒ」というような人になろうではありませんか。死に臨んだ人の肉体的・精神的な傷みを慰めてあげるだけではなく、死とは何かを相手に気づかせる、そのような気づきのボランティア、デスケアが必要なんですね。

誰でも死を目前にすると自分の世界が一変するといわれています。それは一人一人その住む世界が違うからです。一人一宇宙であるからです。朝、目を覚ます。またこの大きな宇宙を背負って目覚めたのです。「私」という思い、「私」という言葉がある限り、私たちはこの「自己」といういわば牢獄のなかに閉じ込められた囚人であるといっても過言ではありません。本当に我々は囚人同士なんですね。牢獄のなかに閉じこめられている。さあどうしたらいいのか。

その答えは簡単です。さっきいった私という思い、私という言葉が起こる可能性をどんどん心の深層からなくしていけばよいのです。そのためには表層のあり方を変えなければなりません。簡単にいうならば「いまに成りきって生きていく」、これしかありません。過去はもう過ぎ去りました。未来は未だ来ていません。さあ現在というのはいつか。これが大問題です。時間とか空間とかは皆私たちのなかにある構えなんですね。時空は各自が構成したものであって、みんな別々の空間に住んでいます。共通の空間、共通の時間などありません。一人一人自分の世界を変えるために、いまに成りきって生きていきつつ、自己の深層から心を浄化していく、自分のなかで自分革命をしていく、これが仏道を歩むことであると思います。そして一人一人の人間が自分革命をしていくと同時に、みんなで共同体の幸福を目指すところに素晴らしい世界が実現するのではないかと最近考えています。

▼自己とは何か

ところで、言葉があって物がある。物があって言葉があるのではなくて、言葉があって物がある。これが唯識思想が説く基本的教理です。これは事実ですが、私たちは日常の心ではなかなかこの事実に気づきません。静かにヨーガを組み、禅定を修して「般若（はんにゃ）」の智慧を磨いて、この事実に気づくこと、広くいえば、般若波羅蜜多（はらみた）を実践することによって、私たちのなかに内在（ないざい）している般若の智慧を養成することが仏教の一大目的です。

普通私たちは、言葉通りに物事はあると思い込んでいます。しかしはたしてそうでしょうか。例えば自然界は自分の外にあると思っています。しかし山も川も木もすべて自分の心のなかにあり、外界には存在しない。現代でいう自然界を仏教では「器世間（きせけん）」といいますが、器世間は人びと（有情（うじょう））の共通のカルマ（業（ごう））によって作られる、と唯識思想は主張します。確かに私たちみんなが「そこに一本の木がある」と言葉でいい合うから、そこに一本の木が存在することになるのです。

このように自然であれ、他人であれ、一切の存在を、まずは心のなかに還元し、それが「なに」かと追求し観察する、これがヨーガの観察方法です。いま追求という現代的な表現をしましたが、専門的には追求する心を「尋伺」といいます。追求する心、尋伺する心、これは非常に重要な心です。これがなければより深いものを見出すことはできません。

では一番大切な追求の対象は何かといえば、それは「自己」であります。自分とは何か、己とは一体何なのか、という自己究明こそ、本当に年齢と関係なく常に行なっていかなければならない人生の肝要事ではないでしょうか。その、何か、何かと追求する心のエネルギーが、あるところまで行くと、今度は自分に跳ね返ってくる。そのとき、それが、スキーッとした智慧に変化します。ぼーっとしていたら智慧も何も湧きません。グーッと押していく。こちらが押さなければ返ってこない。ここにも、

「A有ればB有り、A無ければB無し」

という縁起の理がはたらいています。、縁起とはこのように簡単な法則です。自然科学的な法則であるといえます。この縁起の理にしたがって、ではAという何が有るからBというものが有るのか、生じるのかと追求することを「縁起観」といいます。例えば桜の花をじーっと観察する。じーっと桜の花に成りきっていく。そこで成りきるだけではなく、ではなぜ花が咲いたのか、と花が咲いた原因を考えていきます。そして、気温が上がり、機が熟して花が咲いたのだと結論します。このように現象を個別的に観察していきます。これを「阿毘達磨」（アビダルマ　abhidharma　存在の分析）といいます。

このように仏教は非常に自然科学的な方法をとるのです。

そして、個別的な観察から次に普遍的な観察に移ります。すなわち、生じたものは無常の風に吹かれて消え去っていくんだと、すべてにいきわたった理というものを見抜いていきます。そして最後の最後、言葉で表わされる縁起の理、無常の理の奥にあるそれそのもの、すなわち「真如」に至ることを目指します。

▼二分法的考えを離れる

ここで『般若心経』の本文に少し触れておきましょう。この経典のなかで最も有名なのが、

「色即是空　空即是色」（色は即ち是れ空なり、空は即ち是れ色なり）

という二句であります。このうちまず、なぜ「色は即ち是れ空なり」と説くのか、なぜそのように見ていかなければならないのか、この問題から考えていきましょう。

それは、一言でいえば、言葉通りにものがあると思い込んでしまう私たちの誤りを正すためであるといえるでしょう。歴史的に見るならば、それまでの部派仏教の人びと（例えば説一切有部）が、真理は言葉で語れるのだと過信して、あまりにも多くを語りすぎたために、大乗の人びとがもう一度釈尊が覚った真理の世界に戻ろうではないかという釈尊への復帰運動を起こし、言葉で語れない釈尊の覚りを宣揚するために、あの膨大な『般若経』群を作成し、そのエッセンスが否定の繰り返しである『般若心経』としてまとめられたのです。だから、

「是故空中無色　無受想行識」（是の故に、空の中には色も無く、受想行識も無く）

と説かれているのです。

次に、この経典の冒頭には、

「観自在菩薩　行深般若波羅蜜多時　照見五蘊皆空　度一切苦厄」（観自在菩薩が深き般若波羅蜜多を行ずる時、五蘊は皆な空なりと照見し、一切の苦厄を度したまう）

と説かれていますが、なぜ「五蘊は空である」と見る必要があるのでしょうか。そのヒントになるのが、

「以無所得故　菩提薩埵　依般若波羅蜜多故　心無罣礙　無罣礙故　無有恐怖　遠離一切顛倒夢想」（所得無きを以ての故に、菩提薩埵は般若波羅蜜多に依るが故に心に罣礙無し、罣礙無きが故に恐怖有ること無く、一切の顛倒と夢想とを遠離する）

という一文です。所得が無いとは、何も心のなかに得るものがない、何も障りがないということです。菩薩は般若波羅蜜多を実践することによって心に罣礙すなわち障りがなくなり、障りがないから恐怖がないし、一切の顛倒すなわち認識的な誤りや知性の誤謬がなくなってしまう、というのが右の一文の意味です。

しかしこれは菩薩の素晴らしいありようであって、私たち凡人は全くその逆であります。心に罣礙があります。いろいろの思いや分別や言葉が、心のなかに渦巻いています。だから恐怖と間違いの毎日を送らざるをえません。右の一文は、そのような迷い・苦しみから解脱するために、般若波羅蜜多を修すべきであると訴えているのです。本当に皆さん、心から障りをなくし心を清くしていこうではありませんか。

キリスト教には「神」という概念があります。このキリスト教の神に相当するものが仏教にあるとすれば、それは「清浄」という言葉で表わされるのではないかと思うようになりました。しかしこの「清

らかになろう」ということは、仏教だけの特権ではなく、イスラム教であろうとキリスト教であろうと、あらゆる宗教の共通した主張であります。

私たちは、もしも心底から清らかであったら、善か悪かと分別する障りがなくなり、善悪にこだわらないおおらかな心でいられるのかも知れません。『般若心経』の「空」は、このようなおおらかな心を説いているといえるのではないでしょうか。

バラモン教では、善行を積んで死後に天へ昇ろうと考えます。しかし仏教はこのような考えに反対します。なぜなら善を行なってたとえ天に生まれたとしても、そこはまだ苦しみの世界であると考えるからです。仏教は善と悪とを遠離した「中道」を行じて涅槃に至ろうと説きます。善行だけでは涅槃に到達できないのですね。善も悪も分別しない空の世界に至り、すべては空である、すなわち「中」であると知り、そして中を行じて、最終的に涅槃に至ろうではないか。釈尊はこのように人間の新しい生き方を提唱されたのです。

このように二分法的考えを離れて生きていくこと、すなわち「空を実践する」ことを、これから『般若心経』に学んでいきたいと思います。

▼「私」はなく「はたらき」だけがある

ここでまた、心のなかに障りがあると恐怖や間違いが起こるという問題に話を戻したいと思います。喩えとして、他人を憎むという例をあげて考えてみます。私に憎い人がいるとします。その場合、普通「憎い人」は私の眼前に、すなわち私の心の外にいると思いますが、はたしてそうでしょうか、静かに考えてみましょう。すると「憎い気持ちがなければ、決して憎い人は眼の前に現われてこない」ということが分かります。すなわち憎い人というのは、ただ私が勝手に私の心のなかで作り上げた影像なのです。憎い気持ちがあるから憎い人が現われる。この縁起の理をしっかりと心のなかで確認してみましょう。すると、すべての存在は「識」すなわちが心が変化したものにすぎないという唯識思想の根本主張がはっきりと分かってきます。憎い人という例だけではなく、日常生活のなかで起こるさまざまな出来事を心のなかに還元して、静かに観察してみることが大切です。

すると、すべての「もの」は、自己のなかから噴き出してくる「感覚のデータ」と「思い」と「言葉」とによって織りなされた仮の存在であるということがはっきりとしてきます。自己の心を観察する、すなわち心が心を観ていく、これが重要であります。「もの」でも「憎い人」でも何でもいい、私たちはそのような影像に思いと言葉を付与したとたんに、それを心の外に投げ出して、それに執着をしてしまいます。そのように心の外に投げ出され、しかも執着されたもの、それを唯識では「遍計所執性」といいます。遍計とは言葉で捉えること、所執とは思いによって執着されるということです。

本当に私たちは言葉と思いとによって、もう無量無数のものに執着しますが、一番の執着の対象は自己・自分であります。たとえば手を見て、それは「私の手である」といい、「私」というものがあると思い込んでしまいます。確かに「手」という言葉に対応するものは視覚で捉えることができます。しかし「私」という言葉に対応するものを探してみましょう。だがいくら探しても、そのようなものを決して見出すことはできません。「私」というのは、ただ言葉の響きがあるだけで、どこを探しても存在しないのです。

私だけではありません。他人もそうです。ふつう他人は自分を離れて厳としているのだと考えて、さまざまな対立関係を引き起こして苦しみます。しかし他人と自分とを縁起の理で観察するとき、生き方が変わってきます。例えば電車に乗って座れたら、立っている人に「ありがとう」と心のなかで手を合わそうではありませんか。なぜならばその人が立っているからこそ私が座ることができたという事実があるからです。ここなんですね。それを自分も他人もまったく別々に存在すると、いわば実体概念で捉えて、オレが早く座ったんだからオレが座るのは当然だと思ってしまいます。そこに対立が生じます。

本当に私たちは、生まれた瞬間から他によって生かされてある存在です。そこを唯識思想では「依他起性」といいます。「他に依って生起した存在」という意味です。心臓も自分の意志とは無関係に動いてくれています。また眼を開けた瞬間、ものが見えます。自分が見ようと思って見るのではない。眼が見えること自体、本当に不思議なことです。ありがたいことです。自分が見ているのではなく、見せられているのです。だから眼が見えた瞬間、やはり「ありがとう」と感謝しようではありませんか。眼が見える、生かされてあるというこの驚異を本当に刹那刹那に実感していくならば、生きてよかった、よし生きるぞというエネルギーが湧いてきます。

「私の手」「私が見る」という思いの誤りをもう一度確認をしてみたいと思います。そこには「私」というものはなく、ただ「手」だけがあり、「見る」というはたらきだけがあるのです。「私」というのは、ただ「言葉」だけなんですね。ここを唯識、すなわち「唯だ識だけである」ということができます。いい換えれば唯法・唯行・唯蘊ということができます。唯法とはただ存在の構成要素しかないということ、唯行とはただエネルギーの変化体・現象世界しかないということ、唯蘊というのは色・受・想・行・識の五つの蘊しかないということです。

すべてを心のなかに還元して、思いと言葉を離れて、存在をあるがままに観る。ものに成りきって観る。この観方をもたらすものが、念仏あるいは入息出息念といわれるときの「念」という心です。念の心とは「唯だ」に成りきることであるといえるでしょう。「唯だ」とは唯識の唯ですけれども、この「唯だ」ということは、本当に素晴らしくありがたいことだと最近分かってきました。「唯だ」という言葉を手掛かりにして私たちは、自分を変えていくことができるからです。

最後に「空」の原語について簡単に説明します。空の原語は「シューニャ」(sūnya)であり、ゼロという意味です。しかしこのゼロすなわち空は、けっして虚無の意味ではありません。数学でいうゼロはプラスにもマイナスにもなる数値の根本です。これと同じく、「空」は一切の存在の、唯識的にいえば、己れがそのなかに閉じ込められ右往左往しているこの世界の淵源であり源底であるといえるでしょう。

そのような存在の源底に辿り着くことを目指して、これから二十三回にわたり、『般若心経』を皆さんとともに拝読していきたいと思います。

(平成十二年四月八日の講座より)

第二講　空と観自在菩薩

▼「なに」「いかに」と問いかける生き方

今回は二回目でございますので、少し『般若心経』の本文に入っていきたいと思います。まず冒頭の次の一文を拝読いたします。

「観自在菩薩　行深般若波羅蜜多時　照見五蘊皆空　度一切苦厄」（観自在菩薩が深き般若波羅蜜多を行ずる時、五蘊は皆な空なりと照見し、一切の苦厄を度したまう）

まずこの「観自在菩薩」から「度一切苦厄」までの短い文のなかに、人間いかに生きていくかということが語り尽くされているのではないかと思います。私たちは人間として生まれております。考えてみますと、三十六億年前に深海の火山の噴火している近くで発生したといわれる生命の源から進化発展して、いま地球上には一千万種ともいわれる生物が棲息しています。本当に無量無数の命が展開してきたわけですが、その命の一滴として自分がいま生まれているのですね。因果を遡れば本当に不思議な気持ちがいたしますが、そういった人間として私たちはいまここにこうして生まれているのだという自覚があるわけです。これも考えてみると不思議であります。たぶん人間のみが、自分が人間であるという自覚を持ちうる唯一の生物であろうと思います。脳細胞が発達したためでしょうか、自分自身を向こうに投げ出して、しかも言葉でもって考えていく、そういう能力を持ってしまったのです。そうなってしまった以上、人間はどのようなあり方で生きていかなければならないのかと考えざるをえないわけであります。

ところで、何か結果をもたらす原因には「因(いん)」と「縁(えん)」とがあります。「因縁生起(いんねんしょうき)」といいまして、因と縁とによって一つの出来事が生じてくる。これが仏教の基本的な考えです。このうち因は根本原因で、縁は第二義的な補助原因であります。

いま殺人事件など、さまざまな若者たちの非行が大きく問題とされています。若者だけではありません。警察から始まって官・経・政にわたるさまざまな不正、または一般の人びとにおける倫理道徳心の喪失といったものが本当に恐ろしい勢いで渦巻いているのが現状であります。これに対して私たちは政治的に、あるいは経済的・教育的にいろいろな方面から対処し是正(ぜせい)していく道を探らなければいけないと思いますが、仏教的にいえば、それらの是正はすべて縁を正すことであり、大切なことは根本原因である因を正すことであります。倫理道徳教育をもう一度復活して民心を是正していこうとすることもいいのですが、そのような上からの押しつけではなく、一番なすべきことは一人一人の人間の意識変革を目指すことであると思います。一人一人の人間の意識こそがすべての根本原因でありますから、社会の変革は社会を構成する一人一人の人間の意識を変革することから始めなければならないわけであります。

いま意識といいましたが、もっと厳密にいうならば、人間の意識の本質は「意志」であります。その意志の一つが仏教的な表現で申しますと「誓願（せいがん）」ということができます。誓願を持って人間は生きているし、生きていかなければならないという観点から、私は、『般若心経』の冒頭文にすべての人間の意識変革の方向性が述べ尽くされているといっても過言ではないと思います。

まず、どのような人間として生きるべきか、この問いかけの答えとして、登場してくるのが観自在菩薩です。菩薩として自分は生きるんだと発心（ほっしん）する、誓願を起こすことが必要です。仏教のなかにさまざまな術語がありますけれども、私は「菩薩」ほど重要な言葉はないと最近つくづく感じております。菩薩とは、智慧（ちえ）を磨き慈悲を実践しようという誓願を起こした人のことですが、まず智慧を磨くためにどのように実践していくべきであるかが、「深き般若波羅蜜多を行ずる」べきであると説かれています。般若波羅蜜多とは、後にまた詳しく検討していくことになりますが、一言でいえば、一体「なに」かと追求し観察していく実践行であります。一体何かと追い求めることこそ大切な生きる基本姿勢ではないでしょうか。朝目覚める。その瞬間から私たちは幼児にもどって「一体自分とは、宇宙とは何か」と問いかけていくべきだと思います。そしてお棺（かん）のなかに足を入れる瞬間でも、一体何か、何かと問い続けるならば、死に対してこれまで抱いていたのとは異なる、別の気持ちで臨（のぞ）んでいけるのではないでしょうか。

とにかく菩薩は、何かと追求しつつ般若波羅蜜多を修行していく。その結果「五蘊は皆な空なりと照見する」のです。五蘊とは身心を構成する色（しき）・受（じゅ）・想（そう）・行（ぎょう）・識（しき）の五つの構成要素です。原始経典以来の言葉で申しますと、「五蘊は皆な無我（むが）である」と、無我という言葉でもいい換えることができますが、『般若経』を作成した人びとは、シューニャ（śūnya）すなわち空という言葉を使って、「五蘊は空である」と表現しました。菩薩は、般若の智慧によって身心を構成する要素はすべて空であると見るのです。

五蘊の一つが「色」であります。色とは広くは物質的なるものを意味しますが、狭くは身体のことです。私たちは自分の身体を見て身体があると思っています。しかし菩薩は般若波羅蜜多を実践し般若の智慧を身につけることによって身体は空であると見るのです。人間はいかに生きていくべきか、いかに人びとと共に幸せに生きていくべきか、という問題意識を持って、もう一度視覚というものを通して存在を見直すときに、視覚はある意味で障害になっていることに気づきます。私たちは眼によって多くのものを見ていると思っていますが、それは存在全体の全くの表面しか見ていないのだということを、この「照見五蘊皆空」という一句から学ぶことができます。

般若の智慧という眼は、感覚のデータと思いと言葉との向こう側にあるものを照らし見ます。この照らし見る、すなわち「照見」という語の原語は「パシュヤティ」（paśyati　見る）という動詞ですが、それを照見と漢訳したところに素晴らしさがあります。古い青銅の鏡がありますが、それを磨くと光を発して鏡となります。私たちの心もそれと同じく磨けば磨くほど、もともと持っている「照らし見る」力が現われてきます。その結果、「五蘊は皆な空なり」と照らし見ることができるのです。

以上が一体「なに」かという問いかけの答えですが、もう一つの「いかに」生きていくのかという問いかけに対する答えが「度一切苦厄」（一切の苦厄を度したまう）であります。すべては空なりと覚（さと）る、これが智慧でありますが、その智慧が裏づけとなって他者と自己との一切の苦しみを取り除き、迷いから覚りに渡すという慈悲の働きが展開してきます。

人生の目的は何か。『般若心経』の冒頭の一文は、目的意識を喪失した現代人に、生きる意義や目的はここにあるのだと、その意識変革を強く求めていると私には思えてなりません。

▼菩薩は「智慧と慈悲」の体現者

次に、「観自在菩薩」について考えてまいります。まずは「菩薩」という言葉ですが、サンスクリット原語は「ボーディ・サットヴァ」（bodhi-sattva）といい、「菩提薩埵」と音訳されます。菩提とは覚悟と意訳され、覚りの智慧のこと。薩埵とは有情・衆生と意訳され、いのちあるものをいいます。

この「サットヴァ」（sattva）という語は、玄奘三蔵以前は「衆生」と訳されていましたが、玄奘三蔵はそれに疑問を呈して「有情」と訳しました。なぜなら、衆生ならば「もろもろの生きもの」ということになり、植物も含まれるからであります。そこで「情を有するもの」という意味で有情と訳したのです。しかし正確には「情と識を有するもの」ということで、「有情識」と訳すべきであると注釈してあります。情というのは情緒的な面で、識は知性的な面です。情緒と知性を持った生きもの、それが有情でありますし、人間もそのなかに含まれます。

人間に関していえば、菩薩とは、菩提を求める人、覚りを求める人という意味です。覚りを求めるだけではありません。詳しくいえば、菩薩とは、「上求菩提・下化衆生」という二大誓願を持って生きる人間のことを指します。つまり、菩提（智慧）を求める自利行と、生きとし生けるものを化度しようとする利他行とを行じる人のことです。化度というのは、苦しみから楽なる状態に、迷いから覚りの世界に渡（度）してあげるという慈悲行を意味します。この二つの誓願を持って生きる人、すなわち自利・利他に生きる人のことを菩薩と申します。例えば私たちにとって、老いていくということが非常に苦痛であります。しかし般若波羅蜜多を行じていくならば般若が身につき、老いるという苦しみ、不安といったものがなくなっていきます。それが自利であります。自分自身に安楽をもたらすことができます。しかしそれは一面であって、同時にその般若の智慧に基づく下化衆生という慈悲行が展開してまいります。智慧と慈悲、この人間の二大尊厳性の実現を目指して努力する人を菩薩ということができます。

菩薩を「菩薩摩訶薩」という場合があります。摩訶薩は「マハー・サットヴァ」(mahā-sattva) の音訳で、摩訶は偉大、薩は薩埵で人ですから、摩訶薩とは、偉大な人という意味です。ではなぜ偉大な人であるかといいますと、自利だけではなく利他をも重んずるからです。ここが重要な点です。他者の救済を一生の目的とする、そこに人間の偉大性があるといえるでしょう。

それからもう一つ菩薩の解釈を紹介しておきます。それは慈恩大師・基の『般若心経幽賛』にある、菩提が般若で、薩埵が方便という解釈です。この解釈は薩埵を人ではなく「方便」と捉えている点が特徴です。菩薩として生きるためには智慧だけではなく慈悲もなければいけませんが、慈悲を実践するときには、その方法を間違えるとだめであります。薩埵を人ではなく方便と捉えるのは、自己を方便とみなし、機に応じた適切な方法で慈悲行を展開することができる人、それが菩薩であると解釈するからであります。私たちは自分が存在すると思い込んでいます。これを「遍計所執性の我」といいます。言葉で考えられ、しかも執着された自分です。しかし本当にそのような自分は存在するのでしょうか。

先日、唯識派の代表的典籍である『瑜伽師地論』を読んでおりますと、次のような存在の分類法が目にとまりました。

有――有為・無為
無――我・我所

有為とは、作られたもの、すなわち現象世界であり、五蘊であります。無為とは、作られないもの、すなわち空とか、無我とか、涅槃といったものです。こういったものは、有るのですが、無いものは我と我所、すなわち「自分」と「自分のもの」とであるという。ここが最も心をとどめ、思惟すべき主張です。静かに心の内に住し心を観察してみると、「自分」というものは「感覚のデータ」と「思い」と「言葉」との三つが織りなし作り上げた影像にすぎないことが分かります。たとえ有るとしても、自分とは仮に存在するものにすぎない。すなわち「仮我」であると捉えていくことが必要ではないかと思います。仮にある自分、それを『般若心経』の言葉を用いていうと「色即是空・空即是色としての自分」、すなわち「有るようで無いし、無いようで有る自分」ということができます。そのように自分というものを理解する必要があります。有るようで無い、だから執着する自己を空じていくことができます。

しかし無いようで有る、だから苦しむ他者と自己とを救済しようとする気持ちが起こってきます。有るようで無いという自分は「色即是空としての自分」であります。しかし自己を空じるといっても虚無になるのではありません。別の有りようとして存在する、すなわち般若の智慧が現前してきます。そこに「空即是色としての自分」に、「よし、人びとを救って、共に幸せな社会を造っていくぞ」という、そういう決意が湧いてきます。

このように「仮我」も重要な言葉です。仮に存在するとはどういうことか、観点を変えていえば、「生かされてある存在」であるということができます。依他起性としての存在です。他によって生かされてある存在です。本当に無量無数の縁すなわち他の力によって、いま一瞬の自分というものが存在しているということは、これはそんなに深く考えなくても直観でお分かりになろうかと思います。その直観を般若と呼ぶことができないでしょうか。究極の般若の智慧は激しい修行を通して身につくものかもしれませんが、私たち凡夫もすでに般若の智慧を持っており、ほんの一瞬かもしれませんが菩薩になることができるし、さらには仏になることができると考えることが許されるのではないかと最近思うようになりました。いつも凡夫だ、迷っている自分だと思い続けることも自分にこだわり、遍計所執の世界に生きることになります。もしかしたら一瞬菩薩に、あるいは仏になる瞬間があるのだと思うことも大切です。そういった信念が大乗仏教を興していった人びとのなかで「仏性」という考えを生んだといえるでしょう。

無我、空、あるいは仮我といってきましたが、その言葉をただ単に学問的に学ぶだけではなくて、その言葉を心のなかに浮かべて、その言葉が意味するそれそのものを、言葉が消え去っていってそのなかに融化してしまうようなそれそのものをつかむこと、これがヨーガや禅定の目的です。

心のなかに浮かべたもの、それを影像といいます。『瑜伽師地論』には、

「ヨーガ（止観）を修することによって、最終的に影像を超えて知るべきものを直に見る現量智が生じる」

と説かれています。言葉や影像のいわば向こう側にある「それそのもの」をつかもうとする意志がなければ、仏道を歩む意味がありません。道元禅師の「発心正しからざれば万行むなし」という言葉があります。最初の発心、目指す目的が正しくなかったら、いかに多くの修行を積んでもそれらはすべてむなしいものになるという意味です。これは本当に心すべき誡めです。

菩薩は正しく発心し、自己とは仮であるが、しかし、「上求菩提・下化衆生」という誓願、勇猛な意志を持って生きていく人です。私はこの誓願を学ぶたびに、あの宮沢賢治の「雨ニモマケズ」という詩をいつも思い起こします。私はこの詩が大好きで、生きる支えにさせていただいています。「雨にも負けない、風にもそして夏の暑さにも負けない、そしていつも静かに笑っている、そういう人になりたい」というのは、まさに菩薩の「上求菩提」の誓願です。そして「東に病気の子供あれば行って看病してやり、西に疲れた母あれば行ってその稲の束を負い、南に死にそうな人あれば行って怖がらなくてもいい、北に喧嘩や訴訟があればつまらないからやめろといえる、そういう人になりたい」というのは、まさに「下化衆生」の誓願そのものです。このうち、南に死にそうな人あれば行って怖がらなくても……といえる、そういう者に私はなりたいと宮沢賢治自身が願っているのですが、本当にこれは難しいことです。でも、もしもこれができたら、それはまさに最高の菩薩行です。

私もご縁があって幾人かの人と、死に臨んだ人が最終的に憩うことのできる場所を造ろうと計画しました。いまは国が特別老人ホームの建設に力を入れ、そのための予算も多くとっているようですが、ただそれを建てる場所を持った人が少ないとのことです。私の住んでいる埼玉県で今年度は二百億円の予算を組んでいますが、ホームを建てる土地を持った人がなかなかいないというのが現状のようです。私たちが計画しているのは老人ホームではなく「憩いの家」「気づきの庵」と呼んだほうがいいものです。ただ単に身体的な介護するボランティアではなく、世話をしてもらう人と世話をする人、その両者が、死とは何か、死にゆくこととはどういうことかをともども考え、そして死についてともども気づき目覚めていく、そのような場所を築きたいと考えています。そのような憩いの、気づきの空間ができれば最高ではないかと思っています。

死に臨んでどのように考え気づくべきか。例えば先ほどの方便ではありませんが、次のように考えてみようではないかと皆さんに提案します。仏教には「生死輪廻」という思想があります。これは二つの観点から見なければならないと思います。一つは言葉で語れない世界、すなわち「勝義諦」の世界から見れば、生死輪廻というものは有りません。いえ、より正確にいえば、有るんでもない無いんでもない、すなわち空であるといわざるをえない。しかし、それは、喩えれば紙の裏でのことで、紙の表の上は、すなわち「世俗諦」の世界は、有るか無いかと分別して生きる世界ですから、この世界においては、生死輪廻と関連づけて自分の生をそして死をどういうふうに捉え、また人びとに訴えていくかということが問題となります。ここで私は、「生まれ変わり死に変わりしながら生々世々にわたって、ともども生死の苦しみから解脱することを目指して、努力精進しようではないか。死んでも死なないのだ、否、死んでならないのだ。生きとし生けるもののために再び生まれるぞ」という誓願のもと、死に臨もうではないかと訴えたい。これこそが生死にも涅槃にも住しない無住処涅槃に住する菩薩の生き方であります。本当に素晴らしい生き方であり、死に方ではないでしょうか。

もちろん、このように心の底からいえるのは、「五蘊は皆な空なり」と照見した人だけであります。

しかし、方便としてでもいい、「生きとし生けるもののために再び生まれるぞ」と自分にも語り、人にも訴えたらどうでしょうか。死に臨んで勇気が湧いてくるかもしれません。

▼菩薩の種類

ここで菩薩の種類として、次の四種をあげておきます。

①新発意（しんぼっち）の菩薩
②久発意（くほっち）の菩薩
③不退転（ふたいてん）の菩薩
④一生補処（いっしょうふしょ）の菩薩

①の「新発意の菩薩」とは、初めて「上求菩提・下化衆生」の誓願を立てた初発心の菩薩です。今日いま、この誓願を自分のなかに立てたなら、その人は今日から新発意の菩薩となるのです。
②の「久発意の菩薩」とは、生まれ変わり死に変わりしながら久しい間、菩薩の誓願に生き続けてきた菩薩です。
③「不退転の菩薩」とは、どんな困難に遭遇しようとも、怯（ひる）むことなく菩薩の道を歩み続ける菩薩です。右記の①と②の菩薩は、もしかしたら降りかかる苦難に負けて菩薩の道から退転することがあるかも分かりませんが、この三番めの菩薩は、たとえ百千万の苦しみが自分に降りかかってきても、

びくとも怯まず退転しない菩薩です。

④の「一生補処の菩薩」とは、菩薩としての最後の生涯を送り、次の生では仏陀になる、そのような菩薩です。ご承知のようにこのような菩薩としては、いま兜率天に住する弥勒菩薩が有名です。

また菩薩は「初心の菩薩」と「熟達の菩薩」とに大きく分けられます。このうち熟達の菩薩とは観音菩薩・普賢菩薩・文殊菩薩・弥勒菩薩などをあげることができます。

このうち観音菩薩が一番馴染みの深い菩薩様ですね。皆さんも一度ならず、観音様にお祈りし、お願いした経験があることでしょう。しかし、注意しなければいけないことは、観音菩薩にあまりにも頼りすぎ、観音菩薩は自分を離れて外におられると思い込んでしまうことです。そうなると観音は「遍計所執の観音」となってしまいます。すべては自分の心のなかにあるという唯識の立場からではないにしても、観音菩薩は私の内にもおられると思って信仰していくことも必要ではないでしょうか。

いま「外」と「内」といいましたが、もっと深く考えると、これも問題があります。人間はどうしても二分法的に物事を考えざるをえません。言葉で語れば必ず二分法になってしまいます。二つの管でしか物事を見ることができない、すなわち管見せざるを得ないのが人間の性であります。しかし管を通して見れば本物を見ることができません。だから本来的には「外」か「内」かと一方に傾いてはいけないですね。だから観音菩薩は外でもないし内でもない、と見るべきであります。そこを中道といいます。中道とは、二つの極端な見解を遠離して中と知り、中を行じゆく知行合一の生き方であるといえるでしょう。

したがって観音菩薩は内にも外にもおられる、または内でも外でもないと考えて、とにかく「観音菩薩」という言葉の向こう側にある「それそのもの」をつかむことが必要です。

▼「観自在」という語について

次に、「観自在」という語の説明に入っていきます。「観自在」は玄奘訳であって、「観世音」「観音」は鳩摩羅什訳であります。

観自在の原語は「アヴァローキテーシュヴァラ」(avalokiteśvara) ＝「アヴァローキタ・イーシュヴァラ」(avalokita-īśvara) で、avalokita は観る、īśvara は自在という意味で、観察することが自在である菩薩、それが観自在菩薩であります。これに対して、観世音ないし観音の原語は「アヴァローキタ・スヴァラ」(avalokita-svara) で、svara は音という意味、したがって音を観る、すなわち世間の人びとの苦しみの音声を観ずる菩薩、それが観音菩薩であります。

意味的にはどちらでもいいわけでありますが、この玄奘訳『般若心経』では、観自在菩薩となっております。

▼「観」とは何か

観自在の「観」との関係で、少し脇道に逸れますが、仏教において観察すべき対象とは何かという問題に少し言及してみましょう。観察すべき対象、それは「道理」であります。

その道理として、次の四つが、唯識派の所依の経典である『解深密経』や『瑜伽師地論』に説かれています。

観待道理
作用道理
証成道理
法爾道理

道理とは一切の存在を貫く理でありますが、それを四つに分類したものがこの四道理です。この道理に基づいて存在を一つ一つ観察し、思惟し、尋伺することによって、認識のありようを深め、最後にあるがままにあるもの、すなわち真如を証得することが求められています。ここで『瑜伽師地論』にある所説にしたがって、この四道理による観察の内容を概説すると次のようになります。

例えば「眼」という感覚器官を例に採り上げてみますと、眼という感覚器官は、

〈イ〉「多くの細胞からなる幾つかの器官、すなわち角膜や網膜、視神経などからできあがっており」

〈ロ〉「それは眼という言葉で呼ばれてそこに存在するようになる」

と観察するのが観待道理による観察です。ものは相俟って生じるというのが観待道理ですが、眼についていえば、角膜や網膜や視神経などに依って、すなわちそれらと相俟って生じた仮の存在であるというのが〈イ〉であり、さらに「眼」という言葉でそれが呼ばれるから眼として存在するようになる、というのが〈ロ〉です。この〈ロ〉の考えは素晴らしい。これは唯識的な考え方でありますが、もともとは釈尊の考えに基づくものです。本当に、言葉によって存在が存在するのですね。もともと存在には名前がありません。私たちが言葉を出したとたんに言葉に対応する物が現前してくるわけであり

ます。物があって言葉が起こるのだと考えるときも、やはりそれは言葉で考えているのです。言葉が存在を生み出す。このことを静かに心に問いかけて、観察してみましょう。

以上、観待道理による観察でありますが、観待道理というのは、「A有ればB有り、A無ければB無し」という縁起の理のことであります。この縁起の理は、物理・心理・倫理などの他のすべての理を包括する一番深いところにある理であるといえるでしょう。例えば倫理は、人間は人を愛し、人を敬い、人に感謝しなければならない、といいます。そしてなぜならばと理由をつけるときに、そこに信念や信仰といった複雑なものが関係してきます。しかし静かに科学的な眼でもって事実を見ていくと、人を敬い人に感謝する気持ちが湧いてきます。例えば満員の電車に乗って座ったとします。そうすると前で立っている人に「ありがとう」と声を出さないにしても、心のなかで感謝しましょう。なぜならあなたが立っているから私が座らせていただいているのですから。これは事実なんです。このように縁起の理に従って物事を関係的に捉えていくとき、事実を事実として認識することができます。

しかし普通私たちは物事を実体的に捉え、自分は自分、他人は他人であると自他を区別して、自分が先に席を取ったのだから座るのは当然であると居座ってしまいます。そうではなくて、すべては関係なんだと考えていくならば、信仰などなくして倫理というものが展開してこようと思います。

心理についても、憎い人がいるから憎い気持ちが起こってくるのか、憎い気持ちがあるから憎い人がそこに現われてくるのか、どちらでしょうか。これも静かに心を観察すれば、憎い気持ちがなければ決してそこに憎い人は現われてこないということに気づきます。とはいえ、憎い気持ちは押さえても押さえても起こってくるものです。これも静かに観察すれば、それは深層の心のなかに憎い気持ちを生じる可能力があるのだということに気づきます。

唯識的にいえば、阿頼耶識のなかに憎いという気持ちを生起させる種子があるからです。唯識思想は阿頼耶識縁起という縁起説で私たちの心の働き、心の動きを見事に説明しています。また物理にしても「Ａ有ればＢ有り、Ａ無ければＢ無し」という縁起の理によって説明できます。例えば重力は物が二つあるからこそ、重力が有り、無ければ重力は無いからです。縁起の理、まさにすべての出来事に通ずる根源的な法則です。

次に、作用道理による観察とは、

「眼は色や形ある対象物を見ることができる」

と観察することです。これも非常に科学的な見方ですね。現象世界にあるさまざまな物の働き・作用は何かと観察していくことです。ここでしばらくこの道理を唯識的に考えてみますと、世界はなぜこのようにエネルギーが渦巻いているのでしょうか。本当に諸行無常であります。怒濤の如くエネルギーが展開しています。唯識の考えによれば、このエネルギーに満ちた世界は、自己の心が作り出したもの、唯だ識が変化したもの、すなわち唯識所変である、と説きます。この教理に照らして、静かに自己の心のなかを根底から観察してみましょう。するとそこに何ら自分というものは存在しない、すべて他によって生じさせられているということに気づきます。心はまさに依他起の世界、他に依って起こった世界です。

「唯識」とは、単に「唯だ識だけである」という意味ではないんですね。唯識という語の原語は、普通の識の「ヴィジュニャーナ」（vijñāna）とは違う「ヴィジュニャプティ」（vijñapti）を用いて、「ヴィジュニャプティ・マートラ」（vijñapti-mātra）といいます。例えば眼識あるいは意識という場合の識は vijñāna でありますが、唯識の識は vijñapti です。この vijñapti という語は、知るという動詞 vijñā の使役形からできた名詞で、知らしめるという意味であります。だから唯識とは「知らしめる」ということになり、知らしめる相手からすれば「知らしめられている」ということになります。よくよく観察し考えてみると、私たちは自分が知るのではなく、すべて知らしめられているんですね。目を開けてみましょう。一瞬の後、自分が見ていると考えますが、目を開けた瞬間はそんな思いはありません。ただ見せられているのです。目を開けてよし見るぞといって見るんではなくて、突然に見ざるを得ないですね。また憎いという気持ちを自分は押さえようと思っても、押さえることができず、「ぽーん」と忽然に起こってきます。どこを探しても自分というものはありません。すべては他によって生じている。他によって自分は存在せしめられているというのが事実です。しばらく坐を組んで依他起の心の世界を静かに観察をしてみましょう。縁起の理が少しは分明になるかもしれません。

次に、三番目の証成道理による観察に移ります。証成とは「AはBである」という判断の正しさを、以下に述べる三種の認識手段で証明することです。例えば、いま例にあげている眼についていえば、「眼は無常であり、多くの縁によって生じたものであり、苦なるもの、空なるもの、無我なるものである」という判断を、次の三種の認識手段で証明することです。

①至教量（釈尊によって説かれた教えに基づく認識手段）
②現量（感覚に基づく認識手段）
③比量（論理的推量に基づく認識手段）

①の「至教」というのは、「アーガマ」(agama) の意訳で、音訳すると阿含(あごん)と訳され、伝承という意味があります。釈尊が説かれた教えは、文章として書かれず、最初は全部口承(こうしょう)で伝えられてきましたので、伝え至った教えという意味で至教といいます。この至教量とは、釈尊が説かれた教えを基準として判断の正しさを証明することです。

釈尊の言葉を権威として正しさの証明の基盤とするこの姿勢は、他の宗教、例えばキリスト教における聖書の言葉を重視することに通じます。しかし②の現量と③の比量による証明は、信仰を中心とするキリスト教にはありません。現量とは感覚、比量とは言葉を用いた論理的な推量で、このように自らの感覚と論理的推量で、判断の正しさをさらに確証していくことが要求されているのです。これによっても仏教が科学性と哲学性とをそなえた思想であることがはっきりします。

この三量による観察をまとめると、観察の対象は、まずは、

①「経の文」から始まることに注目すべきです。(至教量)

②次に、言葉を付与しない対象そのもの、すなわち「義(ぎ)」を観察の対象とすること、すなわち対象を感覚で認識することが必要です。(現量)

③その感覚内容を、自らの知性の場で、言葉・概念をもって論理的に正しく整理することが要請されるのです。(比量)

そして最終的には、

自らの感覚で確かめること、そして自らのなかで思考することが要求されていることは、まさしく科学的観察に通じる点であります。

最後に法爾道理による観察があります。それは、

「これは眼がそのようなあり方をし、そのような作用や特質を持っているのは、その眼の本性がまさにそのようであるからである」

と観察することです。観察の最後の行き着く先は「真如」でありますが、そのための最後の、言葉を手掛かりとしての観察が法爾道理による観察です。私たちはなぜ、なぜと問いつつ観察を深めていきます。しかし最後の最後は、すべての分別は消え去り、そうだからそうであるといわざるをえない世界に至るということを、この法爾道理は教えています。

この四段階にわたる観察は、もっと簡単にまとめてみますと、「なぜ生じたのか」という問いかけから始まって、次に「その具体的な作用は何か」と、結果として生じた現象の具体的な働きは一体何なのかと、一歩観察の内容を深め、さらに、「これら個別の特殊な現象に共通するありようは一体何であるか」と、観察をいわば横から縦へと深めていきます。

そして最後の最後、「では、なぜそうなっているのか」という問いに対して、「そうなっているからそうなのだ」と観察することで終わります。悟性と身心挙げての努力の結果、もはや観察の働きが尽きて最後に至りうる観察のありようがここであるということができます。個々の具体的な観察から入って普遍的な観察に移り、最終的には個も普遍もそのなかに融解してしまう、いわば「存在の根拠」（真如）に至って観察的思考が終焉し、観察という行為が完成・成就するのです。観待道理から証成道理までの観察は自然科学的観察と共通した面もありますが、ヨーガ的観察・禅定的観察が自然科学の観察と違うところは、行き着く先がすべてのものの一番深いところにある存在の根拠であるという

ことです。

道理から入って真理に至る。言葉から入って、すなわち論理的な思考から入って、最終的には言葉や論理的な思考が終焉する、そういう世界に自らが飛びこんでいく、これが仏道のプロセスではないかと思います。

▼「自在」とは何か

最後に、「自在」について簡単に説明いたします。自在とは、他者を救済することにおいて滞ることがないことです。これは観自在菩薩の「自在」についての一般的な定義でありますが、『大乗阿毘達磨集論』のなかに説かれる、十の自在を紹介しておきます。

①命自在（欲するときまで延命できる）――私たちはそういうことができません。

②心自在（楽いどおりに三摩地＝禅定に出入できる）――禅定にいつでもスーッと入っていくことができれば素晴らしいですね。

③財自在（楽いどおりに財を得て布施できる）

④業自在（善事を行う、あるいは他に善事を勧めることにおける自在）――私たちは本当に善いことができない。善を行なったと思っても我執が混じった善です。偽善であり、虚仮の行かもしれません。

⑤生自在（欲するとおりに生きることができる）――これは戒律を守ることによってできる生活です。

⑥勝解自在（欲するとおりに大地を変じて水火と為すことができる）――これも利他行のためであります。もしも砂漠化して大地が枯れていくならば、そこに水を生じさせ、火をおこすことができれば素晴らしいですね。（菩薩の覚りの十の段階＝「十地」のうち）第八地以上の覚りを得た菩薩は、土や砂を変化せしめて黄金にすることができると説かれています。

⑦願自在（願いどおりに物事が成就する）

⑧神通自在（種々の勝れた神通を変現することができる）――神通力を行なうのはすべて他者救済のためであります。

⑨智自在（教法の言葉・意味を智ることができる）――本当に私たちは『般若心経』に説かれる教えの意味をなかなか理解できません。しかし少しでも観自在菩薩の智自在に近づきたいものです。

⑩法自在（無量の言葉で教法を説き、有情を歓喜せしむることができる）

以上、最後はちょっと急ぎましたけれども、これで今回は終わらせていただきます。どうもありがとうございました。

（平成十二年五月十三日の講座より）

第三講 般若波羅蜜多と五蘊

▼六波羅蜜多と福徳・智徳

前回に引き続いて、次の冒頭の一文に学んでまいります。

「観自在菩薩　行深般若波羅蜜多時　照見五蘊皆空　度一切苦厄」（観自在菩薩が深き般若波羅蜜多を行ずる時、五蘊は皆な空なりと照見し、一切の苦厄を度したまう）

今回は、「般若波羅蜜多」を考えてみます。人間はどのように生きていくべきか、ということが、この短い文章のなかに簡潔に述べられています。一体「なに」か。この問いに対して「すべては空である」と見る智慧が般若であります。「なに」かを解決して、初めて「いかに」生きていくかが結論されます。だから、いかに生きていくかということの前段階として、私たちは「五蘊は皆な空なり」と照見する般若という智慧を磨き出す必要があります。それは自分自身のためになる自利行でありま す。本当に自分の心が一日一日、一年一年清らかになり、あるがままにあるように見ることができるようになれば、これは自分にとって素晴らしいことであります。迷いから覚りに到ります。そしてそういう自利行が同時に一切の人びとの苦しみを救っていく、すなわち「一切の苦厄を度したまう」という利他行に展開していきます。このように冒頭の一文には利他即自利が述べられています。

さて、「般若波羅蜜多」について触れてみたいと思いますが、般若波羅蜜多は六波羅蜜多のなかの最後でありますから、その前の五つを略説し、最後に般若波羅蜜多を解説します。

まず波羅蜜多について。漢訳は「パーラミター」(pāramitā) というサンスクリットの音訳であります。これにはいろいろの解釈がありますが、pāram（パーラム）+ ita（イタ）と分ける解釈に従いますと、パーラムは「彼岸」、イタは「到った」という意味で、パーラミターとは「彼岸に到った」という意味になり、「到彼岸」と意訳されます。春秋にはお彼岸の行事が行なわれますが、故人を供養することを縁として私たち自身が迷いの世界から覚りの世界へ、迷いの此岸から覚りの彼岸に渡ろうという決心をさせていただくきっかけが彼岸の行事であります。

このようにサンスクリット原語からすると「彼岸に到った」と過去完了の表現になっていますが、波羅蜜多とは、彼岸すなわち涅槃なり覚りに到るための修行徳目、実践徳目といえるでしょう。大乗仏教はこのような実践徳目として六つの実践行、すなわち「六波羅蜜多」を説くのです。六波羅蜜多とは、布施・持戒・忍辱・精進・禅定・智慧の六つです。禅定を静慮、智慧を般若という場合もあります。

ここでまず、これら六つが人間の尊厳性である福徳と智徳とどのような関係にあるのかを考えてみます。人間とは一体何か。例えばパスカルの有名な「人間とは考える葦である」という箴言があります。

確かに、考える、思考するという人間の知性の働きは素晴らしい。しかし仏教的に人間の素晴らしさを表現するならば、それは福徳と智徳とを持ちうるということです。この福徳と智徳とは二資糧といわれ、仏になるために凡夫がまず身につけなければならない蓄えです。

大乗仏教では、修行の段階を五つの位に分けます。最初は「資糧位」、仏になるために蓄え、すなわち資糧を蓄える準備段階。次に「加行位」、一段と修行に力を加えていく段階。それから「通達位」、真理真実すなわち真如を見て聖者に仲間入りする段階。それから「修習位」、長い長い時間をかけて深層心の領域から汚れを除去する修行の段階。そして最後は「究竟位」、仏になる段階です。このように五つの位がありますが、一番最初の段階で福徳と智徳をまず身につけていくことが要求されます。

福徳と智徳、この「徳」というのはなかなか分かりにくい言葉でありますが、徳は「得」に通じるという観点から考えますと、徳とは努力して得た人間の素晴らしさであると定義できるでしょう。福徳と智徳のうち、智徳とは知性の面での素晴らしさで、禅定を修して得た智慧のことです。もう一つの福徳、これもなかなか分かりにくい言葉でありますが、私はよく、「あの人は福々しい」という表現からこの語を解釈しております。その人に会うと何かほっとする、その人と一緒にいると豊かになってきて幸せを感じる、そのような人が必ずこの世におられます。これから考えますと、福徳とは、知性的な面だけではなく、人間のいわば全人格的領域にわたる素晴らしさであるといえるのではないでしょうか。そのような福々しさは、その人の深層から現われ出てくるものです。それは長年にわたるその人の表層のありようなり行為が深層の心を変えたからです。

いまいったことは大切でありまして、唯識の用語では、

「現行熏種子　種子生現行」（現行が種子を熏じ、種子が現行を生じる）といいます。現行というのは人間の表層の行為のありようであります。それが必ず深層心にいわば種子を植えつけ、影響を与え（現行が種子を熏じ）、知らず知らずのうちに自分が根底から変わっていきます。そのように根底から変わることによって、新しい表層のありようが生じてきます（種子が現行を生じる）。いまの例でいえば、人に幸せを感じさせる福々しさが生まれてくるのです。問題は、私たちは何をすればこのような福々しさ、福徳を身につけることができるかということです。これについて、いずれまた言及してみましょう。

　さて、六波羅蜜多がこの福徳と智徳のいずれに相当するかということが『瑜伽師地論』に説かれています。それによりますと、布施・持戒・忍辱・精進、これが福徳に含まれ、智慧（般若）が智徳に相当し、智慧をもたらす禅定は福徳であると同時に智徳であると考えられております。図示しますと、下の如くになります（下図参照）。

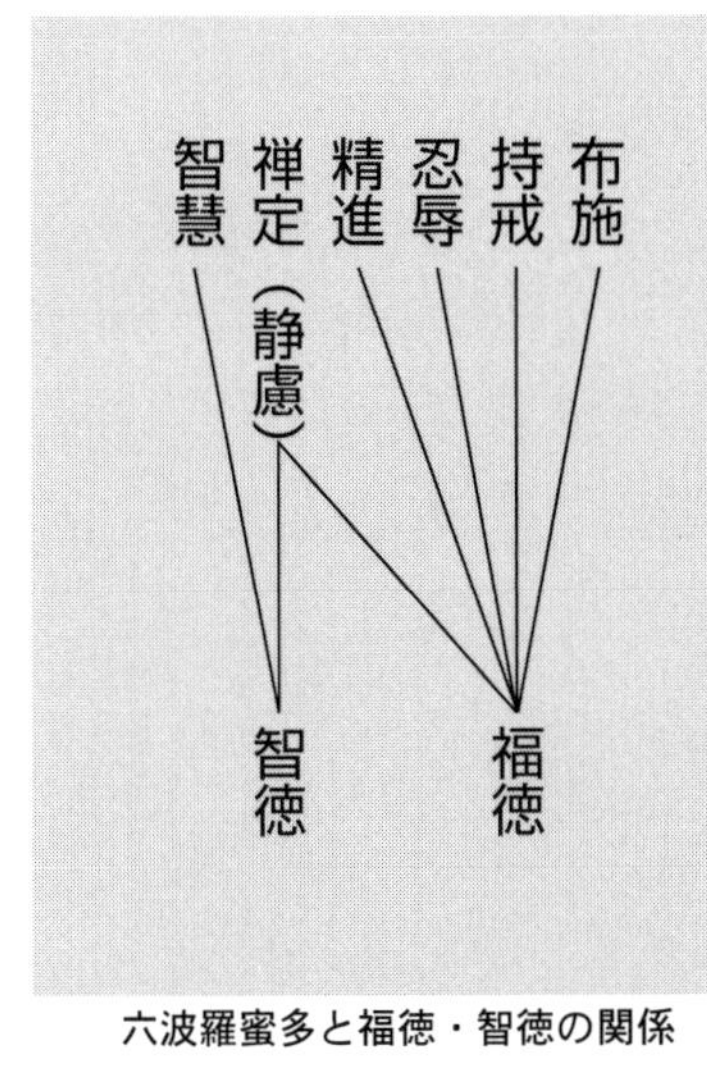

六波羅蜜多と福徳・智徳の関係

▼六波羅蜜多とは何か

　ここで以下、六波羅蜜多の一つ一つを、簡単に説明いたします。

　まず、「布施」には、代表的なものとして財施・

法施・無畏施の三つがあります。財施は財物を施すことで、在家の人が出家の人に与える布施です。これに対して、出家者が在家者に説法することによって人びとに真理を施すことが法施です。このように財施と法施とは相互関係にあります。最後の無畏施は畏れなき状態を施すことです。人間にとって畏れがあるということは苦しみであります。生まれている畏れ、老いていく畏れ、病気という畏れ、死ぬという畏れ。これらのなかで人間みんなに共通な苦しみは、そして最大の苦しみは死への苦しみ、すなわち死苦であります。その死ぬという苦しみ、死ぬという畏れのない状態に導いてあげる、それが無畏施であります。以上が代表的な三つの布施であります。

先日、『瑜伽師地論』を拝読しておりましたら、大変にためになる「菩薩の布施」に関する叙述が目に止まりました。それを紹介させていただきます。「菩薩の」というのがポイントなんですね。凡夫のお布施ではありません。「上求菩提・下求衆生」という二大誓願を起こした菩薩は、どのように布施をするのかがこの論書には連綿と書かれてあります。

そのなかで、菩薩の布施するものとして「内の所施物」と「外の所施物」、すなわち自分自身に属するものと自分に属さないものを施すという二種の布施に分類されています。このうち前者が、「自分自身を捨てる」ことです。ここが素晴らしい。菩薩の布施ですから私たちの布施とは違うのです。自分自身を捨てるのです。あの法隆寺の「玉虫の厨子」に描かれてある「捨身飼虎図」が意味する布施、すなわち飢えた虎の親子に崖から身を投じて我が身を与えるという菩薩の時代の釈尊の捨て身の布施です。『瑜伽師地論』のなかにも、この自分自身を捨てるということが説かれてあることには驚きました。このような布施は、私たち凡夫は容易にはできません。しかし極限になったらできるかも分かりません。例えば船が沈没した。そこで救急ボートにあと一人しか余裕がないというときに、やはり日頃から「上求菩提・下求衆生」の誓願で生き続けてきた人は、自分を捨てて他人にその席を譲ることができるのかもしれません。誓い、願い、誓願というものが知らず知らずのうちにその人のありようを根底から変えていたら、「どうぞあなたがお先に」という行動に出ることができるものと私は信じます。常日頃から他者救済の誓願を持ち続けていると必ずそれは深層の阿頼耶識に素晴らしい種子を薫じつけ、それが縁を得て芽をふくということを「阿頼耶識縁起」から学ぶことができます。

しかしこのように極限状況で自分の身体を捧げるということではなくて、日常生活のなかで自分自身を捨てるということはどういうことなのかを考えますと、それは、仮の自分というものに与えられた命のエネルギーを他者のために使い尽くすということではないかと思います。いま本当に私たちは、与えられたエネルギーを外界に流散させ、発散させて浪費しています。そのエネルギーを全部、自分の内部に一度戻してみようではありませんか。ヨーガとか坐禅がそのような状態に戻る方法です。そうすると、自分のなかにこれほどのエネルギーがあったのか、ということが分かってまいります。そのエネルギーを「もう自分なんかどうでもいい、人のために使い尽くそう」という誓願のもと、一日一日生きていく、そういう生き方も菩薩の自分自身を捨てるという布施行であると、拡大解釈することが許されるのではないでしょうか。とにかく、自分自身を捨てるというこの菩薩行から、生きる大切さを学びとることができます。

ところで、同じ『瑜伽師地論』のなかで、菩薩は布施をする場合としない場合があるという興味深い文に出会いました。それは次のような叙述です。

①「衆生にただ安楽をなし利益をなさない」「安楽をなさず利益もなさない」と知ると、布施しない。

②「衆生に定んで利益をなし定んで安楽をなさない」「定んで利益をなし定んで安楽をなす」と知ると、布施する。

利益と安楽との絡みにによって布施をする場合としない場合とが生じてきます。まず利益、安楽という言葉ですが、これは原始経典以来、人びとを救済するとは、利益・安楽を与えることであると定義され、利益・安楽と、二つ続けて複合語の形で出てまいります。原語は「ヒタ・スッカ」(hita-sukha)で、ヒタが利益、スッカが安楽です。ヒタ(hita)は助けるという意味の動詞ヒ(hi)の過去分詞で、利益のほかに利済とか饒益などとも訳され、富み、満ち足りている状態を意味します。この利益に続いて安楽という語が続きますが、これは原語スッカ(sukha)の原意から、また悦楽、快楽、安穏などと漢訳されることから解釈してみますと、楽しい、ここちよい、という状態を意味します。

したがって、安楽のほうがどちらかといえば身体的、情緒的あるいは心理的な面での楽なる状態を意味し、これに対して利益のほうはもっと高度の「ためになること」「善きこと」を意味するといえるのではないでしょうか。この「善きこと」とは一体何か、それが問題ですが、結論からいえば、最高の利益は出世利益すなわち涅槃を得ること、あるいは覚ることであります。利益には、よくいわれるように現世利益と出世利益とがあります。現世利益は、例えば家内安全、商売繁盛、身体健康など世間的な利益でありますが、私たちはこのような現世利益を出発点としながら、最終的には出世利益である涅槃なり覚りなりを求めていかなくてはならないのです。したがって利益を与えるとは、いろんな善きことを人びとに与えながら、最終的には人びとを覚りに導くことであるといえるでしょう。

さて、菩薩はどういうときに布施をしないかといいますと、「ただ安楽だけをなして利益をなさない。または利益も安楽もなさない」と知る場合です。後半の利益も安楽もなさない場合は、これは布施する必要はないし、布施してはいけないのは当然です。注目すべきは、前者の安楽だけをなして利益をなさない場合も布施をしないということです。例えば子供の欲しがるものを容易に買って与える。それは子供に対して安楽を与えることにはなるが、しかしそれは決してその子によい結果を与えることにはならない、すなわち利益をなさないからです。「善きこと」とは利益であると先ほど申しましたが、善きこと、利益あることとは、一つは広くいうならば「気づくこと」であるといえるのではないでしょうか。欲しい物を与えないことは、例えば子供に我慢するということを気づかせることになるからです。とにかく子供の欲望にまかせて安楽だけを与えると、その子の素晴らしさを駄目にしてしまう結果になると知って物を買って与えてはいけないのです。これは現代の家庭の子育て、あるいは広く教育論に通じる重要な考えです。

次に、どういう場合に布施をするかというと、「衆生に定んで利益をなし定んで安楽をなさない」と知るときです。安楽を与えなくても利益をなすと知れば、布施しなさいというのです。これについて、不動明王という忿怒の仏が思い出されます。叱る、あるいは怒ることは安楽をなさないが、しかし利益をなすことになるからです。叱られ、怒られた人を救うことになるからです。よくいわれますが慈母の愛と厳父の叱り、両者相俟って家庭内で善く子供が育っていくことになるのです。ところが、いまの日本で、父親が叱るという役目を果たしている家庭がいかほどあるでしょうか。現代日本における大きな問題の一つです。

それから最後の「定んで利益をなし定んで安楽をなす」と知れば、布施をするというのは当然です。この『瑜伽師地論』の文章を紹介したのは、現代において、少子化にともなって子供を大切にすぎ甘えさせすぎる親の教育が、いかに子供のためになっていないかを指摘するためでありました。以上が布施であります。

次に「持戒」とは、戒を受けてそれを守っていくという二番目の波羅蜜多であります。さまざまな戒律がありますが、原始教団においては、男性が二百五十戒、女性が五百戒という多くの複雑な戒を守らなければなりませんでした。それに対して大乗戒は摂律儀戒（しょうりつぎかい）・摂善法戒（しょうぜんぼうかい）・饒益有情戒（にょうやくうじょうかい）という三種の戒すなわち三聚浄戒（さんじゅじょうかい）という、より簡単な戒を立てました。このうち摂律儀戒とは悪をなさないという戒め、次の摂善法戒とは善をなすという戒め、最後の饒益有情戒とは有情すなわち生きとし生きるものを饒益すなわち救済するという戒めです。この三つのうち前の二つが自利行であり、後の一つが利他行です。悪をなさず善をなすことによって己れの心が清らかになっていくことは自利行であり、その自利行を踏まえて、その結果として生きものを救済していくという利他行が展開するからです。これが大乗の三つの戒であります。

戒を守り持することは、なぜ重要なのか。これを阿頼耶識縁起説で考えてみますと、表層心で行なった行為は必ず阿頼耶識という深層心に何らかの影響なり力なりを植えつけていくからです。すなわち自分は決して悪をなさないんだ、善をするんだ、自分などどうでもいい、残された人生、人びとのために生きていくぞと心の底から誓い願い、言葉に出し、動作に出していく、その表層のありようが深層の阿頼耶識のなかに一つの力を、防非止悪の力を、すなわち「非を防ぎ悪を止める力」を植えつけていくからです。それによってついつい放逸に走る生活を規制していくことができるのです。

三番目の「忍辱」とは、辱めを忍ぶ、耐えることです。具体的には、『瑜伽師地論』には、例えば「他の怨害を耐える忍、衆苦を安受する忍」という二つの忍が説かれています。他者から怨みや憎しみの害を受けてもそれに耐え忍んでいく。あるいはいかなる苦しみを受けようとも、それらに負けずに頑張っていく。これが忍であります。

私はいま、たまたま頑張るということを申しましたが、この場合の耐えるとは、いわゆる普通でいう頑張ることではありません。もともと忍辱という訳語の原語「クシャーンティ」(kṣānti)は「智慧」という意味ですので、辱めを忍ぶといっても、「智って忍ぶ」ということです。我を張って耐えるのではありません。さあ、では何を智って耐えるのでしょうか。ここが難しいところです。結論からいえば、他者と自分とは同じであると智って耐える。他者から怨害を受けても自他一如と観る心でその怨害を忍ぶのです。「成りきり念ずる心で忍ぶ」といえるかもしれません。「成りきって念じつつある心には有ると無きとは無きて有るなり」と観る智慧で、すなわち「空」と観る智慧で忍ぶのです。または「有るんでもない無いんでもない」と観るといってもよいし、『般若心経』の言葉でいえば「色即是空・空即是色」と観る、すなわち「有りて無く、無くて有る」と観る智慧で耐え忍ぶのです。

ここでは、すべては「一如」「不二」であると観ていく智慧の重要性に注目しましょう。こういう智慧を身につけることによって、例えば、逆境において怯まず、順境において傲らないという、そういう素晴らしい生き方が実現できるようになるでしょう。我を張った我慢ではない我慢、これができるようになるために、我他彼此と音を立てて生きる己れの生き方を反省し、忍辱波羅蜜多の実践を目指して、日々精進しようではありませんか。

三番目の「精進」とは、目的に向かって邁進することです。この原語「ヴィールヤ」(vīrya)は、努力するという意味ですが、その漢訳である「精進」は、本当に素晴らしい訳語であると私はこの字を見るたびに思います。精進とは精し進むこと。精は、まじりけがないこと、白くすること。したがって精進とは、身についた汚れを一つ一つ除いて、まじりけのないもとの真っ白い清浄な心になるように突き進むことを意味します。精進という言葉から、心をもとの清らかさに戻すことの大切さを学ぶことができます。

この精進について、『瑜伽師地論』では、次のように定義されています。

「諸の菩薩は心勇悍にして、無量の善法を摂受し、一切の有情を利益安楽するに堪能なり、熾然無間にして顛倒あることなく、及び此処に起すところの身語意の勤をば菩薩所行の精進の自性と名づく」

重要なのは、菩薩の精進は「心が勇悍である」という点です。甲冑精進という精進があります。鎧と兜を身に着けて敵の大将目指して戦場を突き進む、あの武将の心意気のような燃えるが如き勇敢な心で、一切の生きとし生きるものに利益と安楽とを与えようと努力すること、これが精進の本質であります。

右文中の「顛倒」というのは、認識的な誤謬であります。有るものを無いと見、無いものを有ると見る間違いであります。しかしこれは、有と無とに分けて物事を認識する二分法的思考における過失であります。仏教はそれだけでは終わりません。この二分法的思考そのものが顚倒、すなわち認識的誤謬であるという立場をとります。では、どのように見ていくのか。それは、すでに繰り返し述べましたように、『般若心経』に説かれている「色即是空・空即是色」と見る、いい換えれば「有るようで無く、無いようで有る」と見る、すなわち「空」と見ていくことが顚倒なき人間の認識であると主張するのです。すべては空であるという認識のもと、生きとし生きるものの救済を目指して心勇敢に励むこと、これが菩薩の精進の本質であると右文は定義をしております。

次の「禅定」とは、パーリ語で「ジャーナ」(jhāna)、サンスクリットで「ディアーナ」(dhyāna)といいます。このうちパーリ語のジャーナの音訳が「禅那」で、那を省略して禅といい、意訳して定といい、この二つが一緒になって「禅定」といいます。この語はまた「静慮」と訳されるように、禅定とは静かに慮る心であります。心が心のなかに安住し、心が心を観察する、思慮する、このように禅定を解釈することができます。

『瑜伽師地論』の定義は、次の如くです。

「諸の菩薩は菩薩蔵に於いて聞思を先とする所有の妙善なる世出世間の心一境性にして、心正に或いは奢摩他品、或いは毘鉢舎那品、或いは双運道の倶に二品に通ずるに安住す」

私たちの日頃散乱している心をどこに安住せしめるのか、という問いに対する解答がここに説かれています。奢摩他（シャマタ　śamatha）は「止」、毘鉢舎那（ヴィパシュヤナー　vipaśyanā）は「観」と意訳され、止とは定まり止静した心、観とはその定まった心の観察する働きをいいます。双運道とはその止と観とが同時に働いている状態をいいます。このような状態に住する心が禅定であります。

また禅定とは「心一境性」すなわち心を一つの対象に集中し続けることとも定義されます。例えば息という対象に成りきっていくことです。では、そこに到るためには、何を前提としなければならないかといえば、菩薩蔵、すなわち釈尊が説かれた教えをまず聞き、それを思惟していくことから出発する、すなわち釈尊によって語られた言葉をまず聞き、それを心のなかにもう一度再現し、その言葉の向こう側にあるものは一体「なに」かと思惟していく。その結果、禅定に到ることができる、と説かれています。これは聞慧・思慧・修慧の三慧の展開に相応します。

最後の「智慧」すなわち「般若」が『般若心経』の本文にある般若波羅蜜多の般若です。般若はパーリ語の「パンニャー」(paññā)の音訳で、サンスクリットでは「プラジュニャー」(prajñā)といい、すぐれた智慧という意味です。『瑜伽師地論』の定義は次の如くです。

「能く一切の所知に悟入し、及び已に一切の所知に悟入して諸法を簡択し、普ねく五明処を縁じて転ず」

まず智慧すなわち般若とは、一切の所知に悟入した智慧であると定義されます。所知とは「知られるもの」という意味から、厳密には「知られるべきもの」「知らなければならないもの」という強まった意味に転化していきます。いろいろの知られるべきものを仏教は説きますが、究極の知られるべきもの(所知の辺際)とは真如であり、「空」です。観自在菩薩は般若波羅蜜多を行じることによって、この究極の所知すなわち空を証し、五蘊は皆な空なりと照見するのです。そしてこの空と見る智慧が次に一切の苦しむ人びとの救済に向けられ、一切の苦厄を度するという慈悲行となって展開します。

この般若の他者救済の活動が、右の『瑜伽師地論』の文では「及び已に一切の所知に悟入して諸法を簡択し、普ねく五明処を縁じて転ず」と説かれています。一切の知るべきものを知り終えて、次に広く五明処を学ばなければならないのです。五明処というのは、内明（仏道）・因明（論理学）・医方明（医学）・声明（文法学）・工巧明（文芸・技術・工業）のことを指します。まさに学問的理論だけではなく、医学や科学技術をも視野に入れた、幅広い領域にわたる活動が菩薩の般若には要求されるのです。だから一切の苦厄を度することができるのです。とにかく、人びとを救済するためにはこの五つの学問にも精通していなければならないという広大な理想が、ここに説かれるのです。

ここで「知られるべきもの」「知るべきもの」とは何かをもう少し考えてみますと、知るべきものは一体何か。右の文中に「一切の所知」とありますから、一切、すべてなのですね。だから自然科学の対象も当然入ってきます。例えば、百数十億年前に大爆発とともに宇宙が誕生したというあのビッグバン説も知るべき対象の一つに含まれます。仏教は決して科学的知識を排除しません。むしろそれから多くのことを学ぼうとする姿勢が仏教にはあります。

それから、すでに述べましたように、究極の知るべきもの、知るべき一番ぎりぎりの端のところにあるもの、それを「真如」（タタター　tathatā）といいます。真如とは、本来的には言葉でいえないものですが、敢えていえば、「有るがままに有るもの」といえるでしょう。あるいは前述したように「空」といえます。だから『般若心経』の表現でいえば、般若とは「五蘊は空なりと照見する智慧」と定義することができます。真如あるいは空は、いわば心を「縦」に掘り探っていったところにある存在の究極です。存在とは何か、これを「横」への追求と「縦」への追求とに分けた場合、横への追求とはいわば現象的世界の事柄（＝事）を探ることであり、縦への追求とはその現象的世界を成り立たしめている根拠（＝理(り)）を追求することです。唯識的観点からすれば、そのような追求ないし観察は、すべて自らの心のなかで行なわれます。すなわち止観という禅定の心と、その禅定を通して獲得された智慧（般若）の心のなかで行なわれます。禅定を修するとは、外界にあると思っていた存在、すなわち「遍計所執性(へんげしょしゅうしょう)」の世界から、縁起の理に支配される心の世界、すなわち「依他起性(えたきしょう)」に立ち戻り、その世界のなかに安住しつつ、さらに心の根底にあるもの、心の本性とは一体何かとさらに追求の心を起こしていくことです。一体何か、何かと問いつつ、ヨーガを組み禅定を組んで自らの表層心を鎮(しず)め、心のなかに沈潜(ちんせん)していくならば、はたして何が見えてくるのでしょうか。

以上で六波羅蜜多の一つ一つの説明を終わります。

▼般若の智慧によって照らす

さて、なぜ『般若心経』では、六波羅蜜多のうちで般若波羅蜜多を代表させて説いているのかという問いがなされますが、これに対しては、「般若は仏の母である」という大乗仏教の考えが答えとなります。般若はすべての仏を生み出す母（覚母(かくも)）、すなわち根源であるというのが大乗の基本的立場であります。それはまた、仏になるための菩薩道を実践していく根底には、般若という智慧を自分のなかに身につけることが肝要だとする立場にもつながっていきます。般若波羅蜜多は六波羅蜜多の最後に位置しますが、しかし他の五つの波羅蜜多すべての根底に、般若というものがあると認識しなければなりません。

それから、「諸法を簡択する」という一文があります。この簡択は「選びとる」という意味ですが、これをどのように解釈するかが難しい。いま、ここでは「有る」か「無い」か、有ると思っているもののうちで何が有って何が無いのか、有るか無いかどちらとして選択するか、という問題に絞って検討してみます。例えば私たちは地位や名誉が有ると考えてそれらに執着しますが、はたしてそれらは本当に有るのでしょうか。また自分は有ると考えます。しかし前回述べましたように、『瑜伽師地論』に、有るものは有為と無為であり、無いものは我（われ）と我所（わがもの）であると説かれています。一番の無いもの、すなわち自分を一番有るものと思い込んでいるのです。唯識思想の三性でいえば、依他起性と円成実性は有り、遍計所執性は無いとはっきりと選びとるべきです。それなのに、私たちはまったく無である遍計所執性の世界のなかで迷い、苦しみ、罪悪を犯しているのです。

有と無とを取り間違っている私たちの愚かさを、般若の智慧に照らしてはっきりと自覚することが必要です。何が有るのか、何が無いのか、静かに心のなかに住して、もう一度思索し、観察し、思惟してみようではありませんか。

▼五蘊とは何か

次に、五蘊を説明させていただきます。「蘊」の原語は「スカンダ」(skandha)で、集合体という意味で、五蘊とは自己を構成する五つの構成要素すなわち色・受・想・行・識の五つをいいます。このように構成要素に分析することは科学的分析に通じる点もありますが、仏教が、観察し分析していく目的は、すべて「無我であり空である」と結論づけるためであります。そういう観点からすれば、五蘊は「自己」の構成要素であるが、その構成要素から成り立つ「自己」は実体としてあるものではなく、自分は五つの集まりによって仮に有るものにすぎない、と見ることが要求されます。それを「五蘊仮和合」といいます。この「仮」という言葉に注目しましょう。これもたびたび訴えさせていただいている重要なポイントであります。「有るようで無く、無いようで有る私」、すなわち「色即是空・空即是色としての私」、というふうに認識することが「五蘊仮和合」であるという認識です。

私たちが自由でありえない原因にはいろいろありますが、有るか無いかという言葉で物事を考えることが根源的な原因といえるでしょう。この有るとか無いとかという言葉がもはや消え去っていく、そのように深層心すなわち阿頼耶識を変革していくことが求められます。有無にこだわっている阿頼耶識、これを「麁重」の阿頼耶識といいます。あらく重い、そういうありようをした阿頼耶識です。ではそのような重い阿頼耶識を軽いものに変革するにはどうすればよいか。これは、一つの実践方法でありますが、例えば「色即是空・空即是色」（有るようで無く、無いようで有る）という言葉を心の底から信じて、その言葉を自分の深層心のなかに植えつけていってみたらいかがでしょう。そうすると、有るようで無く、無いようで有る、と有無にこだわらない軽く爽快で自由な深層心、すなわち「軽安」の阿頼耶識に変わっていくかもしれません。「麁重」と「軽安」、非常に重要な仏教術語です。日常生活のなかで自分自身のありようにあてはめて理解できるこの重要な用語から、多くのことを学ばれたらよかろうかと思います。

次に、五蘊の一つ一つを説明させていただきます。

まずは「色」。これは現代的表現をすれば「物質的なもの」の総称です。物質といわずに、物質的なものと表現したのは、全部が原子・分子からなる現代でいう物質だけを意味するのではないからです。「色」の原語「ルーパ」(rūpa)には、「変壊」と「質礙」という二つの意味があります。変壊というのは、肉体あるいは自然界の事物は変化して壊れゆくからです。質礙というのは、例えば手と手とは同一空間を共有しえなく、互いに相い礙げるからです。このような色として眼・耳・鼻・舌・身の五根と、色・声・香・味・触の五境と、法処所摂色の全部で十一種を立てます(「色」というとき、五境のなかの色と、五蘊のなかの色蘊としての色とを区別する必要があります。色彩と形と動き、これが五境のなかの色であるのに対して、五蘊の色は「物質的なもの」を意味します)。

このうち五根とは、現代的表現でいえば、視覚・聴覚・嗅覚・味覚・触覚の五つの感覚を生ずる感覚器官のことです。五境とは、五根に対応する色・声・香・身・触の五つの感覚対象です。

法処所摂色というのはちょっと難しい概念ですが、六識のうちの意識の対象である法に収められる色をいいます。例えば前述したように、戒を受けると阿頼耶識のなかに特別の種子が、すなわち非を防ぎ悪を止める力が植えつけられますが、それは何か物質的もの、すなわち色であると考えるのです。また現代でいう分子や原子を仏教では「極微」と申しますが、極微は意識によって作り出されたものであると考え、意識の対象に収めます。ちなみに、現代科学の量子論の進展はめざましいものがあります。私たちは単なる観察者ではなく関与者であるという立場から、原子やその構成物である電子を捉えていかなければならないことが分かってきました。人間が見ることによって、電子のありようが変わってくるのですね。人間が見ていないときと見ているときとでは違ってくる、そういうことも分かってきました。まさしく「唯識所変」という考えに近づいてきましたが、いかがでしょうか。極微とは何か、外界にあるのかどうか。道具を使った科学的観測を通してではないが、科学に通じる論議がすでに紀元直後のインドの仏教界においてなされています。部派仏教の人びとは極微は外界にあると考えますが、それに対して唯識学派は反対し、例えば、唯識思想を体系化したインド人の論師・世親（ヴァスバンドゥ　vasubandhu）は、その著書『唯識二十論』において、「極微は外界には存在しない」とさまざまな角度から論証しています。すべての存在は一人一人の人間の心のなかにある影像にすぎないのに、外界に事物があると思い間違っている（それを「心内の影像を心外の実境と執する」といいます）ところに迷いの根源があるというのが唯識の基本的考えです。電子などの素粒子も心のなかの影像であるということを自然科学者も認めざるをえない状況に到ったのではないでしょうか。

次は「受」、原語は「ヴェーダナー」（vedanā）。これは苦あるいは楽などと受け止める感受作用で、苦受・楽受・非苦非楽受の三つを、あるいはそれに憂受と喜受を加えて五つを立てます。前の三受は感覚である五識の働きによって生じますが、憂受と喜受とは六識のうちの意識によって感受されるものです。たしかに、憂うとか喜ぶとかは意識の分別が加わっていますね。だから意識のありようによっては、ある一つの同じことを喜びにも憂いにも変えて受け取ることができるのです。心のありよう、意識の使いようによって苦楽の世界が変貌していきます。

次の「想」、原語は「サンジュニャー」（saṃjñā）。これは知覚作用で、言葉を起こす細かい心作用です。それが何であるかを認知するには、例えば「これはチョークである」と知覚するためには「チョーク」という言葉を発することが不可欠です。

次に「行」、原語は「サンスカーラ」（saṃskāra）。これはもともとは意志（＝思）の働きを意味しましたが、部派仏教以後、思だけではなく、いま述べた受や想などの細かい心作用、すなわち心所をこのなかに収めました。唯識派は全部で五十一種の心所を立てますが、受と想とは受蘊・想蘊として別に立てていますから、受と想を除く他の四十九の心所がこの行蘊に収められます。また色でも心でもない存在、すなわち色心不相応行（しきしんふそうおうぎょう）もここに包括されます。仏教は物でもなく心でもないもの、しかしそれがなければ現象が成立しないようなものに注目します。例えば時間（時（じ））と空間（方（ほう））、あるいは言葉（名（みょう）・句（く）・文（もん））などがこれに相当します。

最後の「識」とは、広く認識作用の中心体をいいます。原語は「ヴィジュニャーナ」（vijñāna）。部派仏教までは眼識・耳識・鼻識・舌識・身識・意識の六種の識が考えられましたが、唯識派はこれに深層心である末那（まな）識と阿頼耶識を加えて全部で八種の識を立てました。末那識・阿頼耶識については、いずれ詳しく触れることにいたします。

以上が五蘊の説明です。

▼受・想・行について

最後に、数多くの心所があるのに、なぜ五蘊のなかで受・想・行の三つの心所が別に立てられたのか、私なりの解釈ですが、その理由を述べさせていただきます。

迷いや苦しみの原因は心にあります。その原因となるもので最も働きの強いものが受・想・行の三つです。

まず「受」。受とは苦受、楽受でしたね。この苦しいという感受、楽であるという感受、この両方とも苦しみの原因となります。なぜなら私たちは苦しいことから逃れようとそこに執着を生じます。

逆に楽しいことがあれば、それがいつまでも続いてほしいと、またそれに執着します。このように苦あるいは楽と受け止める苦楽相対の世界においては、私たちは常に執着せざるをえなく、執着するからそこに迷いと苦しみが結果することになります。

次に「想」。これは言葉を発(おこ)していく心作用ですが、私たちは言葉を発していろんなものを認識します。確かに言葉というのは重要であります。釈尊が説かれた教えを学び、それを言葉で理解することが大切です。しかし言葉はモルヒネのようなものであって、使いようによっては毒薬にもなる、そういう性質のものであります。なぜなら言葉による認識はすべて「分別」といわれ、それはさらに「虚妄(こもう)分別」と強調されるように、本来的にはすべて間違った認識であるからです。私たちは言葉に狂わされているといっても過言ではありません。言葉の働き、限界、そして束縛とは何か、真剣に追求していく必要があります。

それから「行」。これはもともとは人間の意志でありました。意志のありようによって善業(ぜんごう)が生じますが、しかし悪業も生じます。善業を行なっていると本人は思っていても、それは雑毒(ぞうどく)の虚仮(こけ)の業であるのかもしれません。

このように「受は執着を生じる」「想は認識的誤謬を生じる」「行は悪業を生じる」という働きがあるから、これら三つを別に立てたのであろうという私見を紹介させていただきました。皆さんもご一考下さい。

（平成十二年六月十日の講座より）

第四講　非有非無の中道

▼十二縁起とは

「照見五蘊皆空　度一切苦厄」（五蘊は皆空なりと照見し、一切の苦厄を度したまう）という経文の主語である観自在菩薩については、すでにお話ししました。今回は「一切の苦厄を度す」の苦厄のことから考えてみたいと思います。

ところで私は前々から、良寛さん（江戸時代の禅僧）という人の生き方に非常に興味を持っていました。良寛さんは、子供と日暮れまで手毬をして遊ぶなどの奇行が多くあったことで有名な方であります。先日この良寛さんについての著作を読んでおりまして、良寛さんにとっての最大の苦しみは人を差別することであったということを知りました。本当に私たちは自分のなかで勝手に好きだとか嫌いだとか分別しているのですが、それが良寛さんにとっての苦しみであったという告白に大変感動いたしました。良寛さんのこの苦しみは、特殊な苦しみであります。心に銘記すべき箴言です。

十二縁起

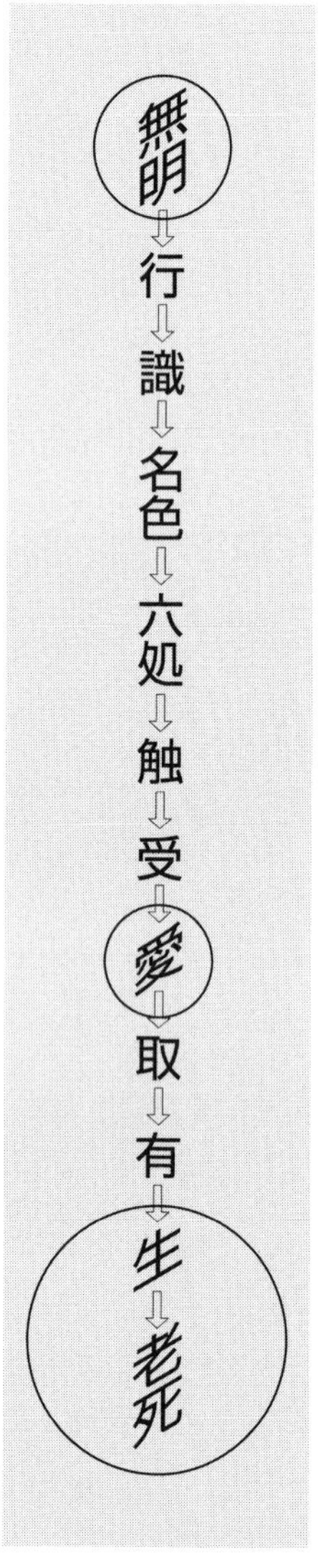

無明 ⇩ 行 ⇩ 識 ⇩ 名色 ⇩ 六処 ⇩ 触 ⇩ 受 ⇩ 愛 ⇩ 取 ⇩ 有 ⇩ 生 ⇩ 老死

さて、苦としては、「生まれ、老い、死んでいく」という苦が代表であります。釈尊が、シャカ族の王子としての素晴らしい地位を捨ててまで出家された理由はなんだったのでしょうか。それは、なぜ人間は生まれ、老い、死んでいくのか、その理由を追求し、そして苦の解決法を見出すためだったのです。なぜ生まれ老い死ぬという苦が生じるのか。その原因を発見され、その因果の鎖をまとめたのが「十二縁起」であります**（右図参照）**。

生まれ老い死ぬという苦は、なぜ生じるのか。それは「有」があり「取」があるからであると因果の鎖を遡っていき、最後に「無明」という根本原因を発見されたのです。この十二の契機によって苦が生じるという機構のなかで、重要なのが「愛」と「無明」であります。愛とは「渇愛」ともいわれ、水なしで砂漠を一日二日さまようと、喉が渇き、もう喉から手が出るほどに水を欲しがるそのような欲望をいいます。その欲望の中心体に自分というものが設定されています。

愛からさらに遡っていきますと、最後に無明、すなわち何も知ってないという根本煩悩に突き当たります。この因果の連鎖を逆に否定的に辿れば、老死を無くすためには生を無くし、有を無くし、取を無くし、愛を無くし、ないし最後の無明を無くせばよいことになります。これによって、生老死の苦がなぜ生じるのか、どうすればその苦を無くすことができるかが説かれているのです。

苦として生・老・死の三苦に病苦を加えて生・老・病・死の「四苦」が一般に説かれますが、このうち、老苦、病苦、死苦についてはどういう苦か分かりますが、生苦、すなわち生きているという苦とは一体何であるか、これはなかなか分かりません。これについて、宮沢賢治のあの「雨ニモマケズ」のなかの、

「北ニケンクワヤソシヨウガアレバ　ツマラナイカラヤメロトイヒ」

という一節からヒントを得るならば、生苦とは、喧嘩（けんか）や訴訟をする生活、すなわち自分と他者とを二分化して自他対立の世界に生きていることと捉（とら）えることができます。極楽・地獄を来世のことと考えてもいい。でも、地獄とはこの世で自と他が分離対立している世界、極楽とは自と他が一如（いちにょ）である世界であると、簡単に、そして的確に定義できるでしょう。

最初に述べましたように、良寛さんもこのような考えのもと、人を好きとか嫌いとか差別するところに地獄の始まりがあると気づかれたのでしょう。もちろん、長い禅の修行の結果、人を差別することは、人間における一番の苦しみなんだということが分かり、人を差別しないことを理念として掲げて生きられたのでしょう。だからこそ良寛さんといるだけで、ほのかな暖かさ、喜び、安心を得ることができた、そういう人であったようであります。

私たちも宮沢賢治の詩や良寛さんの生き方から、生きている苦しみは何であるか、自分の生き方と照らして考えてみましょう。

▼「愛」と「無明」

そこで、苦はなぜ生じるのかを考えてみましょう。十二縁起に基づくならば、苦は二つの重要な契機が原因となって生じます。一つは自己に執着することから生じる「愛」であり、もう一つは何も知らない「無明」です。このうち愛は苦を生じる近因で我執を生じ、無明は苦が生じる遠因かつ根本因で法執を生じます。我執とは「自分」への執着であり、法執とは「もの」への執着です。例えば「自分の肉体」という場合の、自分への執着が我執であり、肉体への執着が法執です。まず自分を設定してその自分に執着するから、私たちに迷いと苦しみと罪悪が起こってきます。本当に私たちは自分に執われ、日々自己中心的に考え行動しています。先ほどの良寛さんの苦しみはそこなんですね。

しかし、静かに観察すれば、自分というものは有りません。無いのです。例えば「自分の肉体」という場合、「肉体」は眼によってその存在を確認できますが、「私」という言葉に対応するものをいくら探しても見出すことはできません。「自分」「我」というものは、ただ言葉が、言葉の響きがあるだけなのです。とはいえ、それでは自分は無いが肉体は有ると考えることができます。この代表が「我は無であるが法は有である」という小乗仏教、すなわち部派仏教のなかの説一切有部の考えです。法とは、術語でいえば、諸法無我の諸法であり、五蘊であり、五位百法の百法であり、現代的な表現でいえば、存在の構成要素のことです。

説一切有部はこのように「法は有る」と主張しますが、本当に私のこの「肉体」、私の「心」、私の周りのさまざまな「物」は有るのでしょうか。私たちは、普通は、物は原子・分子から構成され、自分の外に存在すると考えていますが、はたしてそうでしょうか。例えばこのチョークを見て、触れる。このことを静かに観察してみると、私たちは外界にあるチョークを直接見るのでもなく触れるのでもありません。見られたチョークは一人一人の心の内の影像としてのチョークであり、触れられた感触も心の内に起こった感触であります。チョークを見るということだけではありません。出来事はすべて自分の心の内に起こっている現象にしかすぎません。このことを唯識思想では「唯識所変」「一切不離識」あるいは「唯識無境」といいます。いま心の「内」とか「外」といいましたが、もともと心には大きさがありません。だから内とか外とかいうのも言葉の綾にしかすぎないのです。

　私たちは普通、他人は自分の外界に存在すると考えていますが、心の世界は三次元の空間ではないですから、ここまでがあなた、ここまでが私の心の領域であるということはいえないのです。本当に存在は不思議です。その不思議さは、量子力学の発達からも分かってきました。外界にあると考えられていた素粒子は大きさがないし、例えば電子は人間が認識しているときと、そうでないときとでは、そのありようが違うということが判明してきました。

　それはともかく、物事は因（根本原因）と縁（補助原因）という二つの原因から生じてきますが、すべての出来事は自分のなかで展開し、自分のなかの因から起こった現象である、というのが唯識の基本的考えであります。そして根本原因である因としては阿頼耶識のなかにある種子以外にないと強く主張し、阿頼耶識を別名「一切種子識」と名づけました。一切を、すべてを生じる種子すなわち力を持っている識という意味です。一切なんですね。ここがポイントです。そんな馬鹿なと私たちはすぐに反発しますが、この教理の意味することを日常生活のなかで確認する努力を続けるならば、徐々に生き方が変わってまいります。

とにかく私たちの苦は「我」への執着（我執）と「法」への執着（法執）という二大執着によって引き起こされています。したがって苦から解脱するためには、我は空なり（我空）と覚って我執を滅し、法は空なり（法空）と覚って法執を滅する必要がありますが、大乗の人びとは、我空のみ覚ったのが小乗であり、我空と法空の両方を覚ったのが大乗であると、大乗の優越性を主張します。「五蘊は空なりと照見する」とき、すなわち自分もそして自分の構成要素も存在しないのだという般若の智慧で存在を照らし見るとき、初めて二大執着を断ち切って、自由に、そして力強く他者救済の活動を展開することができるようになることを、『般若心経』の冒頭の一文から私たちは学ぶことができます。

▼空と中道

そこで「空」とは一体何であるかという話に移らせていただきます。まず三時教判について。これは唯識思想の所依の経典『解深密経』にある、釈尊の教えが三つの時、すなわち初時が有教、第二時が空教、第三時が中道教を経て、次第に深く説かれたという説であります。

このうち最初の有教とは、前述した「我は無であるが法は有である」という教えです。「我空法有」といいます。これを主張する代表が一切は有ると説く説一切有部であります。

その次の空教とは、大乗になって『般若経』を作った人びとの主張で、我も法も存在しない、すなわち空である、「一切皆空」であるという考えです。

最後の中道教が唯識派の主張です。唯識も本来的には空を証することを目的とすることにおいては空教と根源的に同じなんですが、「一切皆空」であると聞いてすべては虚無であるというニヒリズムに陥る仏教徒たちのために、中道を説いたのです。すなわち般若の智慧で照らし見た世界は、有るか無いかという二分法的な思考では捉えることも表現することもできない。敢えていえば「有るのでもなく無いのでもない」、すなわち「非有非無」というべきであるという中道を掲げたのです。

このように三時教判によりますと唯識というのは最後の中道教にあたりますが、空教にあたる『般若経』の思想や、高名なインド人論師・龍樹（ナーガールジュナ nāgārjuna）を祖とする中観派の空の思想と根源的には変わりませんが、唯識は少なくとも「心」というものは存在する、仮に有るのだという立場から、その心の変革を通して迷いから覚りに到ろうとする実践的な思想であります。

結局、空とはどういう空でなければいけないか。それは何も無いという虚無の空ではなく、「中道に裏づけされた空」でなければならない、というのが唯識派の主張です。

▼中道を歩む

したがって「空を実践する」ということは、「中道を歩む」ということになります。では、中道を歩むとはどういうことか。これについて考えてみましょう。

まず、中道の原語の検討から始めますが、中道はサンスクリットで「マドュヤマー・プラティパッド」（madhyamā-pratipad）といいます。普通は道にあたる語は「マールガ」（mārga）ですが、釈尊は中道という場合にはマールガを使わず、敢えてプラティパッドを使いました。それは、この語には「知る」と「行なう」という二つの意味があるからではないかと考えられます。知ることは同時に実践することにつながっていかねばならないという立場がそこに意図されているのではないでしょうか。この立場よりすれば、中道とは「中を知り中を行ずる」という二つのことが意図されているといえるでしょう。

　では、「中を知る」とはどういうことであるのか。これは唯識的に考えていくならば、「一切の存在を心のなかに還元し、それを追求し観察し、そして最後は知る」といえるでしょう。一切の存在といいましたが、具体的には釈尊の説かれた教法を心のなかに再現する。そしてそれに対して「一体何か」とまずは言葉を出して追求する。本当に不思議なことですが、言葉を出したとたんに自分のなかに「よーし」という追求心が湧いてきます。阿頼耶識のなかに眠っていた種子が目覚めてくるのですね。そうするとその次に「念」が起こってきます。念とは自己の全エネルギーをそこにふりむけ集中する力です。それを続けていくうちに、すべての心が一点に絞られ、心が定まってきます。それが「定」であります。その定まった心に、存在がありのままに映し出されてきます。それが「慧」であり、そのとき、中を知ることになる――と、このようにいえるのではないかと思います。

　それでは、「中を行ずる」とはどういうことか。これも唯識的に考えますと、「三輪清浄の無分別智」で生きていくことです。三輪の三とは、「自分」と「他者」と、そしてその両者の間に成り立つ「行為」あるいは「物」であります。例えば布施の場合、施者と受者と施物あるいは施という行為とに分かれます。普通は、例えば自分が○○さんにこれこれの物を施したのだ、と意識して、得意気になることがあります。するとそこには、ますますエゴ心が強まってきます。それではいけない。この三つを全く分別・区別することのない清浄な心で、いわば自転車の車輪の如く布施を行なう。これが無分別智で布施を行なうことであります。

「中」とは、「道」とは何か。各学派がさまざまな見解を打ち出してきましたが、唯識派が仏教の歴史のなかで簡単に、中とは、知としては「非有非無」であり、行としては「無分別智」である——と結論したのです。本当に、無分別智で生きる以外には、中を行ずる方法はありえません。

そして、例えば無分別智で人に物を施すことは他者の救済、すなわち利他となりますが、同時にそれは自分の心を深層から清浄にするという自利に通じてきます。すなわち、いわば無分別智の火でもって阿頼耶識のなかにある汚い種子を焼き尽くしていくからです。焼き尽くすといいましたが、そこまでいくのは大変です。でも、例えばある人を憎むという煩悩を無理に押さえることはできるとしても、その人に会うという縁を得たら、また憎んでしまいます。だから根本原因である因を、すなわち阿頼耶識のなかの憎む心を生じる種子を断じることが必要です。

唯識思想によれば、煩悩を滅するには三つの段階があります。まず具体的な煩悩を押さえる段階。これを「現行（げんぎょう）を伏（ふく）する」といいます。でも伏するだけでは完全ではありません。いま述べたように、縁に会えばまた煩悩は生じます。したがって次に、その生じる可能力を無くさなければならない。その段階を「種子を断ずる」といいます。しかしこれで終わらない。最後にその種子の残気までをも無くさなければなりません。この最後の段階を「気分（けぶん）を捨（しゃ）す」といいます。種子を断じたけれども、まだその気分が残っている。なんとなく心の底にしっくりしないものが残っている。それをもスパーッと捨てきってしまう。ここまで到れば本当に素晴らしいですね。先ほどお話した良寛さんは、そこまで捨てきられたお方なのではないでしょうか。

この伏・断・捨の三段階のうち、少なくとも無分別智は最初の伏と断との関係で考えることができます。無分別智を働かせることによって、少なくとも煩悩を伏することができます。例えば私が、あの人は憎いと思うとき、その「憎い人」は私の外にあるのではなく、私の心のなかで感覚のデータと思いと言葉との三つによって織りなされ、作り出された影像であります。その影像に対して、無分別智でもって成りきり成りきってみましょう。そのとき、憎い人は消え去ってしまいます。そしてその表層の無分別智の心が、深層の阿頼耶識のなかにある憎む心を生じる種子を焼くことになるのです。

本当に私たちは、心を浄化するには、日常生活のなかで無分別智でもって生きていく以外には道はありません。成りきり成りきって生きていく以外には方法はありません。成りきることは難しい。でも意欲さえあれば、それは日常生活のなかでも、いつでもどこでも可能なのです。

「無分別智で生きる」――重要な教えです。

▼「中」と三性

次に、「中」ということを、唯識の説く遍計所執性(へんげしょしゅうしょう)・依他起性(えたきしょう)・円成実性(えんじょうじつしょう)という「三性(さんしょう)」で論理的に考えてみましょう。

遍計所執性というのは、全く存在しないもの、思いと言葉とによって心の外に存在すると考えられ、しかも執着されたものです。私たちはあるものを言葉で捉えたとたんにそれを心の外に投げ出してしまいます。もちろんそれに執着しなければよいのですが、執着してしまいます。静かに観察し反省してみますと、本当に私たちは存在しない遍計所執性の世界の中で、右往左往しながら生きているのですね。恐ろしいことです。自然科学すべてが遍計所執性というわけではないんですが、科学が技術に結びつくとき、それは遍計所執性の世界に変貌する可能性があります。ますます増える科学的知識に基づいて、ますます高度な技術社会が形成されています。でも、現に開発される技術がはたして私たちを幸せにすることになるのでしょうか。人間だけではありません。地球全体が幸せになっていくのでしょうか。全くその存在性が否定される遍計所執性、このありようを「都無」といいます。

次の依他起性とは、心であります。無量無数の他の縁の力によって生起した心です。心が依他起である、すなわち他に依って生起しているというのは、心は「自分」以外の他の力によって生じ、支配され、動かされているということです。このことは、静かに心を観察すると分かってきます。例えば眼を開ける。その瞬間にはただ見るという視覚が働いているのですが、次の瞬間に「自分が見ている」と考えます。しかし事実は自分が見ているのではなく、見せられているのです。見たくなくても見ざるをえないのです。それなのに、私たちはついつい遍計所執性として我を出して、全く虚無なる自分というものに寄り掛かって生きているんですね。一番存在しない自己というものを中心に生きているのですね。私たち一人一人がこの人間の愚かさに気づくとき、世の中が変わってくるのではないでしょうか。

この三性という唯識思想——否、唯識ともいいたくありません。唯識が説く思想は唯識独自の教理ではなく、静かな眼で観察した結果を言明したものであります。たまたまそれを唯識といっていますが、それは西洋的な表現を用いれば、科学性と哲学性と宗教性との三面を兼ね具えた総合的思想であります——静かな眼で観察できるためには、心を散乱心から定まった心、すなわち定心に戻さなければなりません。「明鏡止水（めいきょうしすい）」の止水のように、桶（おけ）の水が波一つなく澄み渡っているとき、そこに満月がそっくりそのまま映し出されるように、皆さん、本当に一体何であるかを知ろうとしたら、ヨーガや禅定を修して心を定心に戻すことが必要です。定心から見た世界のほうが本来的世界であることに気づき、そちらのほうが本当なんだと思いをはせ、できるだけその世界に戻るよう努力されたらよいと思います。この依他起性の心は仮に存在する、すなわち「仮有（けう）」であるといいます。

最後の円成実性というのは、清浄に成りきり完成された心のことです。円満・成就・真実なる心です。依他起性の心のなかから遍計所執性が完全に無くなってしまった状態です。何が一番大切かというと、私たちはいつも思いと言葉とでもって心の外に投げ出され、かつ執着されたものをどんどんと無くしていくことであります。執着のもとは自分ですね。しかし、もうすでに述べましたように一番存在しない「自分」（我）というものに執着をし、かつその周りにある「もの」（法）に執着をして迷い、苦しんでいるというメカニズムがはっきりと分かれば、そのような存在しないものを心のなかからどんどん無くしていく。もちろん一気には無くなりませんが、無分別智で生きていくことによって依他起のなかがだんだんと浄化されていきます。濁（にご）っている依他起という水が、無分別智で浄化されます。表層心が澄み、同時に、ありがたいことに深層心までも浄化されていくのです。

表層心における束縛は、心のなかに生じるさまざまな観念なり影像です。何か悩むことがあったら、その悩みの対象を心のなかにはっきりと還元して、それが何かと追求し観察していくことが大切です。釈尊は死体置き場のなかで修行されたといわれています。ヨーガを組んで、死ぬとはいかなることかと追求・観察されたのです。自分もいずれ死んでいきます。考えてみれば、私たちも屍（しかばね）のようなものですね。この自分の肉体という存在は何か、どうなのか。まず「自分」を空じる。そして肉体をも空じていく。肉体が滅ぶと考えるが、この肉体は一体何なのか。それを空じていく。しかし空じるといっても、決して虚無(きょむ)になることではありません。どんどん否定していくことによって「残れるもの」は有るんですね。この残れるものの最後の最後が円成実性であって、それが完成された心であります。これを「実有(じつう)」といいます。空とは決して論理的に考えていくことではありません。空と観ていくこと、すなわち空観であります。空と観る心が素晴らしいですね。空じることによって新しい心が現われてくるからです。清らかな心が現われてくるからです。

以上、三性を説明し終わりました。この三つの存在性についてまとめますと、遍計所執性は全く無である、すなわち「都無」であり、依他起性は仮に有る、すなわち「仮有」であり、円成実性は「実有」であるといわれます。この三性の存在性に基づいて、中道が次のように論理的に定義されます。

「遍計所執性は無いから有でない、すなわち非有であり、依他起性と円成実性は有るから無ではない、すなわち非無である」

このように存在全体を三つのありようから考えていくならば、「非有非無の中道」であると結論するのです。非有非無とは、有るか、それとも無いかと、極端な見解に留まってはいけない。有ると思っていたものは、本当は無いのだ。すなわち遍計所執性は無いのだ。しかし全くの虚無ではない。依他起と円成実性は有るのだ――という、そういう認識のもとに私たちは心を磨いて覚りに到ろうではないか。これが三性による非有非無の中道を説く目的であります。

中道の論理は、単なる論理ではなく覚りに到るための方便(ほうべん)としての論理であります。その論理を実生活のなかで生かしていかなければ意味がありません。

▼三性対望中道と一法中道

以上の三性による中道の捉え方は、「三性対望の中道」といいます。もちろんこれもいま述べましたように実践につながっていくものでありますが、どちらかといえば論理的に理解されがちです。そこで現われたのが「一法中道」という考えです。これは「一色一香無非中道」といわれるように、どのような一つの法すなわち存在のなかにも中道の理が現われているという考えです。これは先ほど述べました無分別智で物事に成りきっていくことにおいて分かってくる中道説です。いかなる存在も心のなかにある観念・影像です。それに成りきるとき、それは有るのでもなく無いのでもない。有とか無とかは、はじけ飛んでしまいます。

このように、一つの法のなかに「中」を観る。人間のなかにある、一番の迷いの根源は有と無という言葉で物事を捉えることです。有るか無いかとしか私たちは存在のありようを判断できないのですね。しかし「有」と「無」とは、例えば熱いフライパンに水を一滴二滴垂らしたら、パーッとはじけ飛んでしまうように、禅定に入って、心が作り出した唯識という一大世界、一人一人がそのなかに住する一大宇宙に成りきるとき、そのときに有るか無いかという言葉を出してみると、その言葉ははじけ飛んでしまいます。有と無とは、こちらから出した塵のようなものなのですね。

禅定に入るといいましたが、詳しくは止と観の心を起こすことです。止とは静かに止まった心、観とはその止まった心がものを照らし出す働きをいいます。この止と観との二つの心が表裏一体となって働くことが理想とされています。ヨーガを修する、禅定を修するとは、ただぼーっと坐っているのではなく、止と観との両方を同時に働かせて、凛々(りんりん)とした心で、スキーッと波一つ無い心で、存在全体を有るがままに観ることであります。本当にこのような体験ができたら、素晴らしいことですね。生きてよかったなあ、という思いにかられるでしょう。

以上、三性対望中道と一法中道とを対比しましたが、中道を、心を浄化していくプロセスと捉えるならば、いずれもまずは遍計所執性の世界から、依他起の世界へ帰りゆくことを要請しているといえるでしょう。それは具体的にはヨーガあるいは禅を修して心の内に住することです。あるいは日常生活のなかでは無分別智をもって生活をしていくことです。換言すれば、諸行無常のなかに飛び込んでいくことです。

しかし諸行無常のなかに飛び込んでいくためには、我を空じなければなりません。そして諸行無常のなかに飛び込んでいくことを繰り返し修するならば、不思議なことに諸法無我が分かってきます。それは依他起の世界に帰ることです。自分が「生きているぞ」という世界から、「生かされている」という世界に帰りゆくことです。そのとき、生かされていることが分かってきます。

凡夫でありながら無分別智で日常生活を送っていくと、だんだんとエゴが無くなり、生かされてあるということが分明になります。だから何をしてもありがたい気持ちになります。

▼「根源的なもの」への目覚め

最後に、国内においては、家庭内暴力、学校での授業崩壊、若者たちの安易な殺人、さらには政・官・

経にわたる不正、世界に眼を向けると民族対立、宗教戦争、そして地球環境破壊など、多くの問題を抱えた現代社会の「苦厄」を救うにはどうすればよいのか。どのような方策があるのか。この問題に触れてみたいと思います。

これに対して、さまざまな人が、それぞれの立場や見解からいろいろの方策を提示することができますが、根本的には「法に照らして論義をする」ことが最重要事であると思います。ここでいう「法」とは「論理を超えた一つの真理、ホモサピエンスであれば誰もが把握できる根源的なもの」と定義をしておきたい。私たちの論理や言明が権利と力を持つためには、私たちがその「根源的なもの」に触れる、それと結びつくことが必要です。これを忘れて私たちは、ただ自分を守るために論理を展開し議論している場合が往々にしてあるのではないでしょうか。だからだんだんと本質から離れていく。これは人間の一番の愚かさであります。

世界全体が苦厄から解脱して平和に、幸せになっていくためには、一人一人の人間が自己のなかにある「根源的なもの」に目覚め、それに照らして論じ合うとき、お互いに文化・文明に違いがあるにしても、その違いを違いとして認めていきながら、だからこういうふうな方策が、何か別の方法が、お互いに協力する道があるんではないか、よし、一緒に同じ山の頂上に登ろうではないか——と手を握り合うことになるのではないでしょうか。もちろんこれは難しいことです。でも、難しいけれど断念はしてはいけないと、自分にいい聞かせています。

皆さんが今回の講義からこのような法について何らかのイメージを抱いていただけたら幸甚です。

（平成十二年七月八日の講座より）

第五講　色即是空　空即是色

▼舎利子と「縁起偈」

今回は少し読み進み、次の一文を拝読いたします。

「舎利子　色不異空　空不異色　色即是空　空即是色　受想行識亦復如是」（舎利子よ、色は空に異らず、空は色に異らず。色は即ち是れ空なり、空は即ち是れ色なり。受想行識も亦復是の如し）

まず、「舎利子よ」とあるのは、釈迦十大弟子の一人である舎利子への呼びかけです。舎利子はサンスクリット原語で「シャーリプトラ」（śāri-putra）といい、シャーリとは美しい声でなく小鳥という意味があるようですが、この場合は人名、プトラは息子、つまりシャーリの息子という意味の人名が舎利子です。音訳して舎利弗といいます。舎利子は智慧第一、あるいは解空第一、すなわち空を理解することにおいて第一番であるということで、空を説く『般若心経』の聴聞者として、説法主・釈尊が舎利子に語りかけるという構成になっています。

もともと舎利子はバラモン教の僧侶でありましたが、ある日「縁起偈」というものを、すなわち、

「一切の諸法は因縁より生じる。その因縁を如来は説きたまう」

という文句を、通りかかった釈尊の弟子の馬勝（アシュヴァジット aśvajit）から聞き、彼は感動し、バラモン教を捨てて、友人の目連とともに釈尊の弟子になったというエピソードがあります。

この縁起偈について、少し説明をいたします。因縁より生じることを「因縁生起」といいますが、略して縁起といいます。一体私たちは何を信じていかなければならないのかという質問に対して、釈尊は「縁起の理」を信じなさいと説かれました。縁起の理とは、これもすでに幾度か述べましたように、「A有ればB有り、A無ければB無し」というすこぶる簡単な法則です。このうちBは一切諸法、すなわちありとあらゆる存在であります。

この「一切の存在は縁起の理にしたがってある」という教えを聞いて、舎利子は感動したのですね。もちろん舎利子には感動するだけの素地があったのでしょう。なぜそうかといえば、舎利子も「一体何か、なぜそうなのか」と追求し続けていたからです。自分という存在は、なぜいまここにこうして存在するのか、これは本当に人間にとって一番の重要な問いかけであります。自分だけではありません。一切をひっくるめるならば、ありとあらゆる存在と考えて下さい。それを、自分、他人、自然界、それ以外のさまざまなものを含めた一大世界ということができます。その一大世界は一体どういう原因によって起こったのか。これこそが私たちにとって一大問題であります。

ところで、「世界」という場合に、二つの世界を区別する必要があります。一つは科学的な世界、

科学が対象とする世界です。それは、一四六億年前に起こったビッグバンによって膨張（ぼうちょう）拡大しつつある世界、そのなかに星々があり、そして地球があり、私たち人間も存在する、共通の、一つの広大な宇宙としての世界です。もう一つは、エゴ心を持つがゆえに一人一人の人間がそのなかに閉じ込められている世界です。自らが背負い、他人に代わってもらえない世界です。

　このような二つの世界のうち、前の世界は私たちが共通の言葉でもって語り合って作り出した抽象的な世界ですが、そのようなものは本当は存在しません。具体的にあるのは、一人一人の人間が自ら作り出した世界、唯識的にいうならば、自己自身の深層の阿頼耶識（あらやしき）のなかから流れ出てきた世界です。その世界は一人一人、内容を異にします。明るい世界もあれば暗い世界もあります。できればいつも明るく爽快（そうかい）で楽な世界であればいい。しかし現実は暗く苦しい世界です。なぜなら私たちは常に生死という問題を背負って生き続けなければならないからです。インド人は人間存在を、広くは生きものを苦的存在であると捉えましたが、これは間違いのない認識ですね。その苦のありようを「生死（しょうじ）輪廻（りんね）」という表現にまとめました。本当に、生きていることも苦でありますし、また死んでいくことも苦しみであります。

　このように、世界は抽象的な科学的な世界と、もう一つは具体的な宗教的世界との二つがあることになります。前者は知りたいから知るという人間の純粋な欲望の対象でありますが、後者の世界は自分がそのなかで苦しんでいる世界でありますから、どうすればその苦から解脱（げだつ）することができるかと、その道を探し求める世界です。

　では、後者の世界で私たちはなぜ苦しんでいるのか。それを縁起の理でもって探ってみましょう。

まず、「自分は苦しんでいる」といいます。そこにどうしても「自分」というものが設定されています。自分がいるから、そこに苦が生じるのです。では、その自分とは何か。自分を中心として苦しんでいる世界が展開している。その中心の自分とは一体何か——と当然、追求せざるをえません。インドの哲学・宗教は、自己すなわちアートマンとは一体何かという自己追求の歴史であったといっても過言ではありません。仏教もその流れの上にあるのですが、バラモン教が、アートマンは存在すると説く「有我」説を主張するのに対して、仏教はアートマンというものは存在しないという「無我」説を主張し、バラモン教と対立しました。

では、仏教はなぜ無我であると主張するのか。これに対して、「縁起の故に無我である」と答えるのです。なぜ自分というものが設定され、その結果、苦が生じるのか。その根本原因を仏教は「無明」という根本煩悩に求めます。無明というのは、根本的なことに関しては何も知っていないという根源的な心の無知性であります。私たちは無明を持つからこそ、本当は存在しない「自分」を設定し、例えば、手を見て、「私の手」というのです。「私」という言葉に対応するものは決して存在しないということは、すでに第一講などで確認しました。なのに「私の手」といってしまう背後には、私は何も知っていないという無明を持っているという証拠になります。無明は目で見たり感じたりすることはできません。無明が何であるか分からなくていいと思います。ただそれが引き起こす結果だけを、すなわち本当は存在しない自分を存在すると思い間違うという結果だけを、はっきり確認しましょう。

もう一つ例を挙げましょう。目を開けた瞬間は、「自分」が見ているのではありません。見ようと思わなくても見ざるをえません。すなわち「見る」のではなくて「見せられている」わけであります。

それなのにそこに「自分が見ている」と強引に「自分」を設定してしまいます。このように存在しない自分を存在すると思い間違うようになるということが無明を持っている証拠です。そこを「無明から我見(がけん)が生じる」といいます。その我見すなわち自分は存在するという見解から、すべての苦しみが結果するということを、まず確認しておきたいと思います。

ところで、釈尊が反対したバラモン教にも、救いの教理があります。例えば絶対的なる神、すべての創造主である神、すなわちブラフマン（梵(ぼん)）と自分（我(が)）とは別のものであると考えるから、生死輪廻する。これをヨーガを修することによって本当の自分とブラフマンは同一であることを知る、すなわち「梵我一如(ぼんがいちにょ)」であると知るとき、生まれ変わり死に変わりする苦の輪廻から解脱をすることができるという救いのメカニズムを説いています。これもインドにおける宗教的な救いの一つの考え方であります。しかし、これに対して釈尊は強く反対されたのです。なぜなら「自分」というものは存在しないし、加えてどこを探しても、自分を離れた、自分とは別の「神」というものは存在しないと覚(さと)られたからです。釈尊滅後、仏教はバラモン教が説く神々を、仏を守る守護神として採り入れましたが、少なくとも釈尊在世時は神という存在は認めなかったのです。

釈尊は、本当に冷静で知的な心の持ち主でありました。静かな禅定(ぜんじょう)の世界のなかで自分とは何かを追求されたのです。もちろん釈尊も当時の哲学などいろんな学問を学ばれたでしょうが、そうした知識を持ちながら、しかしこの命という存在を禅定のなかで、自らの心でもって観察されたのです。

釈尊が創造主や神を否定された背後には、苦という結果は自分を創造した神のせいではなく、自分の行為すなわち業(ごう)の結果であるという「自業自得(じごうじとく)」という考え方を強く持たれていたからです。本当に私たちにはさまざまな苦しみがあります。世俗的な苦しみでいうならば、一番苦しいのは人間関係における苦しみであります。この人間関係的な苦しみを解決していくのに「縁起の理」で観察するとき、大きな効果があると思います。「A有ればB有り、A無ければB無し」という縁起の理で物事を観察するとき、結局は私たちは「関係」的に存在するだけで、「実体」的には存在していないのだということを覚るようになります。

　実体的に存在するという見方は、例えば「あなた」と「私」とは別々に独存すると見る考えです。しかし本当に「あなた」というものが、例えば憎いという「あなた」が「私」を離れて独立して存在するのでしょうか。静かに心を静め、心のなかを観察するとき、「憎いという思い」が有るから「憎い人」が目の前に生じるのです。「憎いという思い」が無いなら「憎い人」は決して生じてきません。まさに「A有ればB有り、A無ければB無し」という関係的な存在にすぎないのです。このように、実際は関係的にのみ存在しているのに、それが分からないのが無明の働きであり、その無明から一切の苦しみが生じてくるのです。だから無明を無くせば苦しみも無くなってきます。

　とはいえ、無明を無くすことは容易なことではありません。でも、あきらめることなく、『般若心経』の冒頭の「観自在菩薩　行深般若波羅蜜多時　照見五蘊皆空　度一切苦厄」（観自在菩薩が深き般若波羅蜜多を行ずる時、五蘊は皆な空なりと照見し、一切の苦厄を度したまう）という一文を読誦しつつ、般若の智慧の獲得を目指しましょう。

　とにかく、日々の生活のなかで何か問題が起こったら、釈尊の説かれた縁起の理に則して、静かに観察をしていけばよいと思います。それらの問題を一度心のなかに戻して、そして釈尊が説かれた縁起の理に則して、なぜそうなのか、どうすればよいか、と追求・観察されたらよいのではないかと思います。静かに観察し分析すると、必ずや解決できるものと私は確信します。必ず解決するぞという願いが必要です。その勇気と情熱があれば、必ずや問題は改善されていくと思います。皆さんも何か問題が起こったら、縁起の理を信じて、それを生活のなかに生かしていかれたらいいと思います。

話を舎利子に戻しますが、このような素晴らしい教えを聞いた瞬間に、スキーッと分かったのでしょうね。そこで釈尊の弟子になった。なんと不思議な素晴らしい縁であったことでしょう。

▼色と空

さて、釈尊はその彼に「舎利子よ」と呼びかけて、「色不異空　空不異色　色即是空　空即是色」（色は空に異らず、空は色に異らず。色は即ち是れ空なり、空は即ち是れ色なり）と説き始められたのです。この一文のうち、前半の「色不異空　空不異色」は内容的には後半と異なりませんので、まず有名な「色即是空　空即是色」を解釈してみます。

まず、色について。色については、第三講ですでに簡単に触れましたが、復習を兼ねて少し詳しく考えてみましょう。色の原語は「ルーパ」（rūpa）で、現代的な表現を使うと「物質的なもの」を意味します。「物質」といわずに「物質的なもの」といったのはなぜかといいますと、現代でいう原子・分子から構成されているものと少し異なるものをも含んでいるからです。

まず、色すなわち物質は、「変壊」と「質礙」の二つの性質を持つという考えに注目しましょう（次ページ図参照）。

物質の二つの性質

①変化し壊れるもの　（変壊）
物（事物・自然等）――変壊
身体――悩壊
（身体は欲によって悩まされる）
②同一空間に二者が共存できないもの　（質礙）

変化し壊れていくものとしてあるのが自分の肉体、身体であり、さらにはその周りに展開する事物や自然界であります。本当に身体も日々変化し、衰え、そしていずれは滅んでいきますし、山も川も、そしてこの地球もいつかは消え去ってしまいます。

身体に対しては変壊だけではなく、「悩壊（のうえ）」という性質があることに注目しましょう。この訳し方も分かりやすいですね。身体は欲によって悩まされるという意味です。欲望がなければ、この身体は悩むことがありません。なぜ生きていくことが苦しいのかといえば、この身体のなかに欲がドロドロと渦巻いているからこそです。いずれにしましても壊れていくというところがポイントであります。本当に諸行無常（しょぎょうむじょう）であって、すべては壊れていく存在です。

もう一つは非常に科学的な定義でありまして、「同一空間に二者が共存できない」という性質です。術語で「質礙」といいます。これは非常に科学的な観点でとらえています。この辺も仏教は素晴らしいですね。一つは科学的な観点からものを捉えていくと同時に、さらに心理的、実存的、宗教的というか、そういう観点からも物質を「壊れゆくもの」、身体を「悩まされるもの」と二面から捉えていく仏教の観察の鋭さを、ここでもう一度確認をしておきましょう。

そのような性質を持つ色は、「五根」と「五境」と「法処所摂色」の三種類に分けられます。このうち、「五根」は、眼根・耳根・鼻根・舌根・身根の、現代でいう視覚ないし触覚の五つの感覚器官です。ここで根すなわち感覚器官の働きについてしばらく考えてみましょう。

眼を閉じてみましょう。そして目を開けてみましょう。するとその瞬間に視覚が起こって、ものが見えますね。これはまさに驚異であります。驚異以外の何ものでもありません。なぜなら原子・分子から成る眼という感覚器官と、例えばこれまた原子・分子から成る夜空の星々とがお互いに認識関係を持った途端に星々を見るという視覚が生じるからです。そこには原子・分子という物質だけであるのに、なぜ視覚という心が生じてくるのでしょうか。なぜか。これは永遠に答えられない謎かもしれません。だから、「なぜ」と問いかけることはもうやめましょう。それよりもむしろ「現に見えている」というこの現実を、事実を、私たちは畏敬の念でもって受け止めようではありませんか。そのことを般若の智慧で静かに確認しましょう。

さあ、それから、そのように確認した般若の智慧を今度はどういうふうに実践に結びつけていくかの問題です。見えるというこの視覚のエネルギーを何のために使うかが問題となってきます。これに関して、仏陀に成れば五識（五感覚）は転じて「成所作智」になるという説が参考になります。この智は「作すべきことを成就する智慧」という意味です。作すべきこと、すなわち所作とは、他者を救済することです。したがって仏陀は自分のためにではなくて、人びとの救済のために、見るという視覚を働かせているのです。これに対して私たち凡夫は、視覚をほとんど自分のために使っているのではないでしょうか。もちろん仏陀のようにはいきません。でも「五識を転じて成所作智を得る」という唯識思想から学ぶことは、感覚を少しでも他人のために用いるべきであるということです。

仏教では身体を、有根身、すなわち「根（感覚器官）を有する身」と捉えます。本当に、感覚器官をそなえた身体があるから色や形や臭いや味などを感覚することができるのです。素晴らしいことです。そのような身体は与えられたものであって自分の身体ではありません。そういう観点から、一度、自分の身体を見直してみましょう。

次の「五境」というのは五根の対象すなわち感覚器官の対象であり、色・声・香・味・触の五つです。いま、身体は五根をそなえ、これら対象を感覚できるから素晴らしいと述べましたが、反面そこに大きな問題が生じます。なぜなら意識が働き、そこに欲望が加わると、これら感覚された対象に執着を起こすことになるからです。私たちは、いろいろなものに執着します。性欲、食欲、物欲、名誉欲、これらの欲望はすべて感覚された対象のデータを基盤としています。色・声・香・味・触の五つは妙なるものと考えられ、欲望の対象となるから「五妙欲」ともいわれるのです。

このような欲望や執着をなくすためのよい教えが、唯だ識しかなく外界には認識対象（境）は存在しないという「唯識無境」の考えです。確かに、私が認識する五境、感覚の対象、広くは感覚のデータすべては、まずはとりあえず心のなかの影像であります。宇宙や自然にしても、身の周りの道具やお金にしても、さらには地位や名誉にしても、私が言葉でもってこのように考えていくものは全部心のなかにある影像にしかすぎません。それなのに私は「思い」と「言葉」とをその影像に付与して、それを外界に投げ出し、それが実体として存在すると考え、それに執着してしまうのです。心中にある色・声・香・味・触の五つを心外にある妙なるものと思い間違って、それらに執着してしまうのです。三性でいえば、遍計所執性として捉え、お金が、ブランド製品が、素晴らしい価値あるものとして自分を離れてあるんだと考え、それらが欲しいと追い求めることになるのです。鎌倉時代の興福寺の学僧・良遍和上の『法相二巻抄』の冒頭に、

「先一切ノ諸法ハ、皆我心ニ離レズ、(中略)心外ニ有リト思ハ迷乱也。此迷乱ニ依ル故ニ、無始ヨリ以来、生死ニ輪廻スル身トナレリ」

と述べられた一文から、私たちは多くのことを学ぶことができます。

とはいえ、現に目の前に、山も川も、身体も、衣服もブランド製品も、お金もあります。これをどのように捉えていくべきでしょうか。結論からいえば、それらは仮にある存在にすぎないと捉えていくべきであります。確かに私の心のなかに生じる感覚のデータは、縁起の理に従ってさまざまな縁によって織りなされた依他起性としての仮の存在にすぎません。このことは事実であります。決して信仰の対象ではありません。この事実を事実として認知し、気づくことがまず大切なことです。

そうなっていくと、いままで「実」であると考えていたもの、例えば自分が見て美しく妙なるものとして考えて執着していたものが、「仮」であるにすぎないと分かれば、それに執着がなくなっていきます。執着がなくなっていくと、これまで執着して自分に引き寄せていたエネルギーを、今度は自分ではなく他者に向かって放出していくことができるようになっていきます。

そういう意味で「色即是空」は、ものへの執着をなくしていく過程であり、「空即是色」は、執着のなくなった自分というものがもう一度世間のなかで具体的に他者のためにエネルギーを放出させていく過程であると、私は解釈しました。

「感覚の対象としての五境は、これは仮であって自分の心のなかにある影像にすぎない。仮なんだ、夢なんだ、夢のなかの出来事にすぎない。でも夢であるにしても、できれば楽しく幸せな夢を見ようではないか」――と、このように各人が意識を改革するとき、よりよき世界の実現に向かって一歩踏み出すことができると信じています。

次の「法処所摂色」については、すでに第三講で説明いたしましたので、ここでは省略いたします。

▼「空」を分析する

そこでいよいよ「色即是空　空即是色」の説明に入ってまいります。まず『般若心経』の空という言葉を分析してみましょう。一番最初に出てくるのは「照見五蘊皆空(しょうけんごうんかいくう)」の空ですね。それからその次に出てくるのは「色不異空　空不異色　色即是空　空即是色」の空です。そのまた後で出てくるのは「是諸法空相(ぜしょほうくうそう)　不生不滅(ふしょうふめつ)　不垢不浄(ふくふじょう)　不増不減(ふぞうふげん)」の空です。そして最後に「是故空中(ぜこくうちゅう)無色(むしき)　無受想行識(むじゅそうぎょうしき)」の空があります。このように「空」という言葉が幾度か使われておりますが、これら空の意味を、図のように二つに分けることができます**(次ページ図参照)**。

空というのは、一つは「無い」「存在しない」という意味であります。それからもう一つは「空性(くうしょう)」という意味です。これは『般若心経』には訳語としては出てまいりませんが、般若の智慧によって照らし出された世界を空性といいます。この二つの意味に照らしてみると、「照見五蘊皆空」(五蘊は皆な空なりと照見したまう)の「空」は、無い、存在しないという意味であると捉えるべきだと思います。これに対して「是諸法空相　不生不滅　不垢不浄　不増不減」(是の諸法は空の相にして生ぜず滅せず云々（うんぬん）の「空」と、「是故空中無色　無受想行識」（是の故に空の中には色も無く、受想行識も無い）の「空」とは般若に照らし出された世界、すなわち空性の意味に捉えるべきでしょう。

では「色即是空　空即是色」の「空」は、一体どのような意味なのでしょうか。この空も空性の意味として捉えるべきでありますが、厳密にいえば、前述した「無い」という意味をも含んだ空性であると理解すべきであると思います。ここで唯識瑜伽行（ゆがぎょう）派が好んで用いた、次のような空の定義を紹介します。

「あるもの（A）のなかに、あるもの（B）が無いとき、それ（A）はそれ（B）として空であると如実に見る。さらにそこ（A）に残れるもの（C）は有ると如実（にょじつ）に知る」

唯識瑜伽行派の人びとは、ヨーガという実践を通して得た経験に基づいて、空を右のように定義しました。これは空の定義というよりも、いかに空と観（み）ていくかという空観（くうがん）のありようを述べたものです。すなわち、あるもの（A）のなかに、あるもの（B）が無いとき、それ（A）はそれ（B）として空であると如実に見る。すなわちAのなかにBが無い。そういう意味でAは空である、Bとしては空であると見る。しかし最後にはAのなかに残れるものが有るのだと如実に知る、ということが要請

空の二つの意味

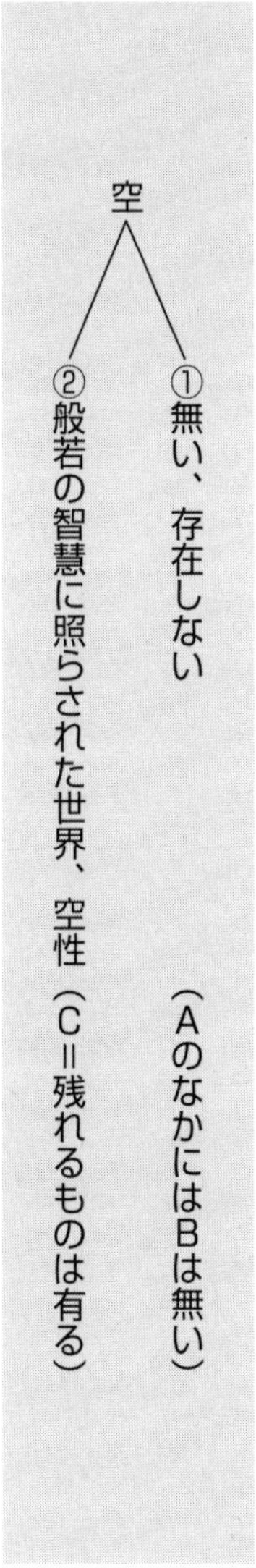

空
- ①無い、存在しない（AのなかにはBは無い）
- ②般若の智慧に照らされた世界、空性（C＝残れるものは有る）

されています。つまり、どんどんと否定を繰り返して全部否定し尽くしたところに現われてくる「残れるもの」を覚ることが要請されているのです。この「残れるもの」、これが般若の智慧に照らされた世界であるといえるでしょう。

ここで右の空の定義のなかのAとは何かを考えてみましょう。唯識思想によれば、Aとは一人一人の「心」であります。この心のなかに、本当に数え切れないほどのさまざまな影像を、感覚のデータと思いと言葉とによって作り出しています。それらがいわば障礙(しょうげ)となり束縛となって、真理を覚ることができないのです。したがって、これら障礙や束縛を一つ一つ空じていく、それがヨーガの実践の具体的内容です。

この心のなかに生じる障礙は、「我」と「法」との二つにまとめられます。我とは自分、法とはその自分を構成する構成要素、あるいは自分の周りにあると考えられるさまざまな事物です。それら我と法とを心の外に投げ出し、それらに執着する。そのことを「我執(がしゅう)」と「法執(ほっしゅう)」といいます。さあ、ここでヨーガを修して、静かに心のなかを観察してみましょう。それらは全部影像にすぎない、すべては仮の存在にすぎない、ということが徐々に分かっていきます。そしてだんだん自分の心のなかがさっぱりとしていきます。我と法とを空じていく。自分のなかから、どんどんヴェールを取っぱらっていく。虚妄(こもう)なるものをすべて遣(や)っていく、否定していく。そして否定の極限に「残れるもの」を覚る。これがヨーガの、空観の目的です。

そこに到って得るものは、見る側からいえば「般若」の智慧といい、その智慧によって照らし出された世界からいえば「空性」であるといえます。

▼二無我と百法

ここまでが、「色即是空」が意味する世界のありようです。同時に、さらに「空即是色」と続きます。さて、この一句は何を意味しようとしているのでしょうか。覚りの世界からもう一度現実に戻ってきたときに、また「自分」というものを意識しますし、「苦しむ人びと」が現に目の前に存在しますし、美しい自然界もあり、宇宙もあり、またドロドロした世界が戻ってきます。しかし「色即是空」を通過して再び「空即是色」に戻ってきた人は、それらは仮の存在であると覚っていますから、自分は執着することなく、今度は自己のエネルギーを慈悲行として放出するようになるのです。「色即是空」であるから、そこに智慧が得られ、同時に「空即是色」であるから、そこに慈悲が展開してきます。

以上、菩薩が持つ尊厳性である智慧と慈悲という二つの側面から「色即是空　空即是色」を解釈しました。このような解釈はよくなされる解釈でありますが、ここでは一応、唯識思想をも加えて解釈してみました。

ところで、仏教の二大領域は、「二無我」と「百法」です。私たちは仏の教えとして何を学んでいかなければならないのか。それはまずは「人無我」と「法無我」であります。我空と法空といってもいい。もう一つは「百法」（五位百法）で、有為も無為も含めて全部で百の存在の構成要素は何かと学んでいかねばなりません（なお百法については、第六講や第七講などで解説します）。

しかしそういったことを私たちはただ学問的に勉強していくのではなく、二無我を学ぶことによって、智慧というものを身につけ、百法を学ぶことによって、仮にしか存在しないが、しかし苦しむ人がいる。「よし、自分に向けたエネルギーを今度は他者に向けていこう」と、そういう思いが起こり、それが慈悲というものを起こしていきます。これが仏教を学ぶということの究極の目的であります。

▼不一不異

そこで最後に「色不異空　空不異色」（色は空に異ならず、空は色に異ならず）の一文を考えてみます。結論から申しますと、ここでは「不異」とだけが説かれていますが、『般若心経』の空も中道に裏づけされた空でありますから、不異だけではなく「不一不異（ふいつふい）」というべきであろうと思います。すなわちここの不異は、不一に裏づけされた不異であるいうべきです。『般若心経』には、それまでの部派仏教において説かれてきた諸概念がすべて否定されています。それは、「言葉では決してそれそのものを語りえない、表現できない、否、言葉はむしろ虚偽なる世界を作り出していく。言葉で語られた世界はすべて遍計所執性の世界であり、虚偽な世界である。これに対して般若の智でもって照らし出された世界は言葉が通用しない世界である」という立場がその背後にあるからです。

唯識瑜伽行派も、その立場をそっくりそのまま受け継いでいます。言葉によって語られた教え（教法）を尊重しながらも、最終的には言葉を否定し、それを超えいくことを目指すのです。

いまここで問題としている「色不異空　空不異色」の色は「俗（ぞく）」「世俗（せぞく）」、空は「真（しん）」「勝義（しょうぎ）」に属しますが、真と俗、勝義と世俗、真如と一切法などと、いろいろ表現は異なりますが、これら相対立（あい）する概念の関係を考えて、「それら二つは同一か異なるか」という問いに対して、唯識瑜伽行派は、総じて、

「不一不異」

と答えるのです。この不一不異は、唯識瑜伽行派が特に力を入れて主張した思想であります。

では、なぜ不一不異なのか。そのように主張する根拠を探ってみましょう。

「唯識」という思想は、ヨーガすなわち瑜伽の実践を通して打ち出されました。その主な思想の源泉は、かならずやヨーガという観察、修行に求めることができます。いま問題としている「不一不異」という考えも、その例外ではありません。そのことは、『解深密経』の次の一頌に如実に語られています。

行界勝義相　離一異性相
若分別一異　彼非如理行
衆生為相縛　及為麁重縛
要勤修止観　爾乃得解脱

（『解深密経』巻第一）

〈（諸）行すなわち（十八）界と勝義の相とは、一異の性相を離れている。もし（両者が）一あるいは異であると分別すれば、彼は如理の行ではない。（もしそのように分別すれば）衆生は相のために縛せられ、及び麁重のために縛せられる。要ず止観を勤修せよ。爾れば乃ち解脱を得る〉

諸行、すなわち十八界は、現象世界と考えて下さい。それはまた自分がいまここに作り出している世界です。根本識である阿頼耶識が変化した世界です。これに対して勝義とは、それら諸行の真実のあるがままのありようをいい、「真如（しんにょ）」と総称できるものです。このように二つに分けたところで、先の『解深密経』の一文は、「諸行と勝義とは一異の相を離れている。もし両者が一あるいは異であると分別すれば、彼は理に即した認識でもないし実践でもない。もしそのように分別すれば我々は相のために縛せられ、麁重のために縛せられてしまう」とこのように警告しているのです。本当に、同一か異なるかと二者択一的に考えて、言葉に、すなわち相に執（とら）われてしまうのですね。そうするとそれが麁重すなわち汚れた種子（しゅうじ）による束縛につながっていきます。なぜなら、このように表層心の領域で言葉でもってあれこれと考えていくと、そういう行為がどんどんと阿頼耶識のなかに種子を植えつけ、ますます深層の阿頼耶識が分別によって濁（にご）っていくことになるからです。それがまた表層に出てきて、何が正しいのか、何が間違っているのか、真実は何か、自分は虚偽なるものを捨て真実を追い求めていくぞ、云々と考えてしまいます。そしてその思いががんじがらめにその人を縛ってしまうのです。

そこで最後の一文、すなわち「要ず止観を勤修せよ。爾れば乃ち解脱を得る」に注目しましょう。そして止観、すなわちヨーガを実践しなければ決して生死の苦しみから解脱することができない、だからかならずヨーガを修しなさい、という教誡（きょうかい）を心に銘記（めいき）しましょう。

「不二不異」と説くもう一つの根拠は、論理的に考えてそういわざるをえないということを挙げることができます。

では何のための論理かといいますと、それは私たちが迷いから覚りに、いわば質的に変化できるのは、「迷い」すなわち「俗」と、「覚り」すなわち「真」とが、不一不異のありようでなければならない――と、次のように論理的に証明するのです。

「もし〝迷い〟と〝覚り〟とが同一であれば、迷える凡夫は修行する必要はない。しかし現実は修行が必要であるから、両者は〝不一〟である。またもし〝迷い〟と〝覚り〟とが異なっていれば、凡夫は決して聖者になることはできない。しかし現実には努力すれば凡夫が聖者になることができるから、両者は〝不異〟である」

と、このように証明するのです。

私たちは、迷いから覚りに到る可能性を持っています。質的に変化できるのです。素晴らしいことですね。では、なぜ変われるのか。それはすべてが縁起的な存在であり、空であり、仮であり、中であるからです。ここが一番重要なポイントであります。すべて物事が質的に変化できるのは、それが縁起的存在であるからです。

例えば、牛乳がヨーグルトになりますね。この自然現象も「牛乳」というものが「非有非無」（有るのでもなく無いのでもない）であるから起こりうるのです。なぜなら、もしも「牛乳」というものが実体として「有」るならば、それはいつまでも牛乳であって、ヨーグルトにはなりません。しかし実際はヨーグルトに変化する。だから牛乳は「非有」であります。また、もし牛乳が「無」ければ、無いものが別のものに変化することはありません。しかし実際はヨーグルトに変化する。だから牛乳は「非無」であります。このように論理的に証明するのですが、とにかく牛乳が空であり仮であり中であるからこそ、牛乳がヨーグルトに変化することができる――という仏教の主張から、私たちは多くのことを学ぶことができます。

このような論理を聞いて、現代に生きる私たちは、すぐに、牛乳がヨーグルトに変化するのは原子・分子の組み合わせが変わるからであると主張するでしょう。しかし量子力学の発達で、原子・分子もとうとう大きさがなくなりました。さあ、一体何なのか。原子・分子も人間の意識のなかに還元され始めてきました。そう考えてくると「縁起の故に空であり仮であり中である」という仏教の考えが、だんだんと自然科学の世界にも通用する時代がくるのではないでしょうか。

もう一度、「迷い」と「覚り」との不一不異に戻ります。「迷い」から「覚り」に到る、これが仏教の目的ですが、もしも両者が同一であれば修行する必要はないのですね。自分は覚っているのだということで修行する気も起こってきません。「不二」である、すなわち同一ではないんだ。だから自分は頑張るぞ。異なっているからこそ、迷いから覚りに到ろうという情熱が起こってきます。修行が必要になってきます。

また、もしも異なっているならば、いくら努力しても覚れない。そこに修行しようとする情熱は湧いてきません。「不異」すなわち異なっていないから、迷っている自分もいつかは覚ることができるのだ、頑張るぞという気持ちになります。

いずれにしても不一不異は、実践に発展していく論理です。『般若心経』の「色不異空　空不異色」の不異をこのように不一不異にまで拡大解釈をしましたが、このように捉えることによって、「空の実践」への思いが一層強まるのではないでしょうか。

（平成十二年八月十二日の講座より）

第六講　有為と無為

▼唯識思想を世界に

今回は、『般若心経』の本文に入る前に、少しお話したいことがあります。実は、（平成十二年の）八月二十七日から九月一日まで、久しぶりに中国へ行き、東洋のベニスといわれる蘇州や上海のお寺を訪問してきたのです。

蘇州では、六年前に訪れたときにちょうど建設中だった寒山寺というお寺の五重塔も完成し、その一番高いところから蘇州の街を眺めましたが、周りにはビルが建ち並び、東洋のベニスといわれた街の面影がなくなっていて、残念に思いました。また、上海の高層ビル建設ラッシュは、日本の比ではありません。あのニューヨークのように高いビルが軒並みに建設され続けています。

そのビル群を見ながら、やはり唯識思想を、日本だけでなく世界に打ち出していかなければならない――と、改めて思いました。なぜなら、ビルは建つ、物が溢れ始める、お金が流通する、このよう

「諸法の次第」の相違

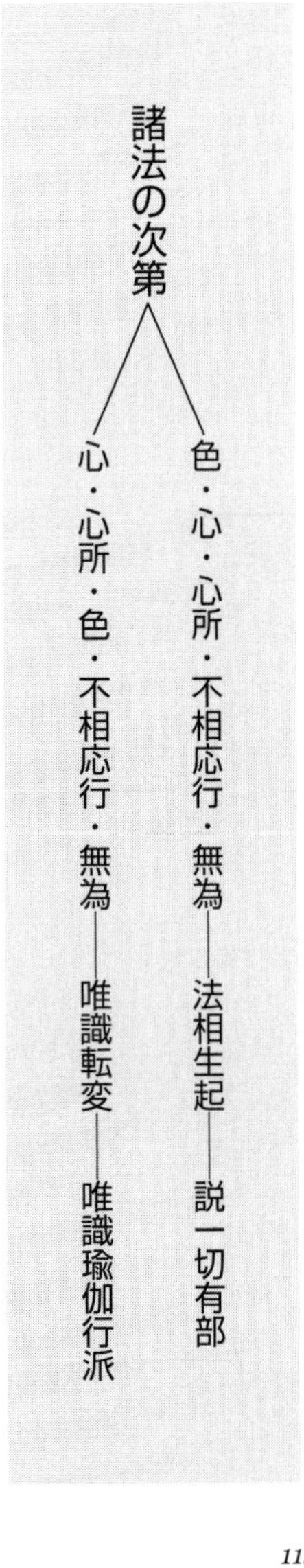

諸法の次第
- 色・心・心所・不相応行・無為――法相生起――説一切有部
- 心・心所・色・不相応行・無為――唯識転変――唯識瑜伽行派

に物質が豊富になると、ビルや物は各人の心のなかにあるものなのに、圧倒的なビルの影像に、また氾濫（はんらん）する物の洪水に負けて、心が外に流散して、心というものを忘れてしまうからです。心を静めて観察すれば、心があって物があると気がつきますが、ビルの谷間に生きる人はなかなかそうはいきません。感覚のデータに、すなわち五識に負けてしまうのですね。圧倒的な感覚のデータに第六意識が負けて、心が外に流れ出て、物にへばりついてしまうのですね。だからこそ、心だけがあって外界には物はない、物は心が作り出した産物にすぎない、すなわち物があって心があるのではなく、心があって物があるのだ――という唯識思想が、いまこそ必要なのです。

少し専門用語を出しますけれども、「諸法の次第」ということが問題とされています。諸法とは一切の存在するもの、または存在の構成要素と考えていいと思いますが、唯識瑜伽行（ゆがぎょう）派は全部で百種を立てます。その百種は五つのグループに分類されます――それを「五位百法（ごいひゃっぽう）」といいます。これについては後述します――が、その順番が、小乗すなわち部派仏教（その代表が説一切有部（せついっさいうぶ））と、大乗すなわち唯識瑜伽行派とでは、図のように相違します**（右図参照）**。

説一切有部は、まず色があって、その次に心・心所・不相応行・無為という順番で説きます。つまり物があって心があると考えるのですが、これを「法相生起の次第」といいます。これに対して唯識瑜伽行派は、まず心・心所をあげ、その次に色以下が続きます。つまり心があって物があると考えるのです。これを「唯識転変の次第」といいます。

この唯識転変、すなわちすべては唯だ識が転変し変化したものであるという思想によれば、認識対象すなわち物は、心のなかに内在する因と縁とによって作り出されたもので、認識の対象は自己を離れては存在しません。これを「唯識無境」といいます。したがって先に挙げたビルもお金もブランド製品も、すべて心の産物なのです。

ただし、唯識無境であっても決して他人が存在しないということではありません。唯識瑜伽行派、特に法相宗の教理では、他人の存在を「増上縁」として認めます。とはいえ、私たちはエゴがある限り自己の外に出ることはできませんので、その増上縁としての他人そのものは決して見ることも聞くこともできません。ですから、いま私の声を聞いておられる皆さんのうちで誰一人、私の声そのものを聞いている人はいません。私の声を「縁」として、皆さん自身一人一人が、自らの「因」から声を作り出したのです。

心のなかにさまざまな物が現われてきますが、それらを「影像」（仏教用語としては「ようぞう」と読みます）、あるいは「相」といいます。それらは心のなかにあるのに外界にあると思い、思うだけならよいのですが、それらに執着してしまいます。ここに問題が生じるのです。

このように自分が認識するものはすべて、まずは自分の心のなかにある影像であることは、自然科学者でも認めざるをえない事実であります。静かに心を落ち着けて、存在全体を一度、自分の心のなかに還元して観察してみると、すべてがイメージすなわち影像であることが分かってきます。ローソクの火を静かに観察してみましょう。するとローソクの火は心のなかの影像であることが分かってきますし、それをずーっと見続けていくならば、諸行無常が分かってきます。ローソクの火は一刹那一刹那に生じては滅していっているからです。風がなければ火は動きません。だから一見、「火」という実体があると思いますね。だけどよく見ると刹那に生滅しつつ存続する、すなわち不連続の連続体であることに気づきます。ローソクの火だけではありません。この「私」、実体としてあると思い込まれているこの「自分」も、そのような刹那生滅する仮の存在にすぎないのです。

このように、ヨーガを修し禅定に入って存在をもう一度観察し直してみると、いままで気がつかなかったことが分かってまいります。

このようにすべての存在すなわち諸法は、心のなかの相、すなわち影像にすぎないのです。

▼「作られたもの」と「作られないもの」

ここで『般若心経』の本文に入りましょう。次の一文を拝読します。

「舎利子　是諸法空相　不生不滅　不垢不浄　不増不減」（舎利子よ、是の諸法は空相にして、不生不滅、不垢不浄、不増不減なり）

まず、「諸法」について。諸法の「諸」のサンスクリット原語は「サルヴァ」（sarva）で、「一切、すべて」という意味でありますから、諸法とは一切法、すなわち一切の存在のことです。

一切法の分類としては、「有為」と「無為」とに二分する分類法がその代表です。有為――原語は「サンスクリタ」（saṃskṛta）――とは「作られたもの」、無為――原語は「アサンスクリタ」（a-saṃskṛta）とは「作られないもの」という意味です。漢語では、有為とは「為作・造作の有るもの」と定義されます。すなわち有為とは現代でいう「現象」にあたります。現象は英語で「フェノメノン」（phenomenon）といい、それは「現われたもの」という意味ですが、有為の原語サンスクリタは「作られたもの」という意味で、両者の捉え方は違います。仏教は、いわゆる現象世界とは「作られたものである」と捉えるのです。

では、作る原因は何か。それには大きく「因」と「縁」とがあります。因と縁とをまとめて「四縁」といいます。四縁とは因縁と等無間縁と所縁縁と増上縁との四つで、これを因と縁とに配分すると、因縁が因、等無間縁と所縁縁と増上縁とが縁に当たります。

とにかく、補助原因としての縁の助けを借りて、根本原因である因からすべてが生じてくると仏教は考えるのですが、唯識瑜伽行派はその根本原因すなわち因は、阿頼耶識のなかの種子であるという結論に到りました。現象のすべては、根源的な心すなわち阿頼耶識から流れ出たものであると主張するのです。

釈尊は、「如実知見」すなわち「実の如くに知り見る智慧」を強調されました。自分がその真っ只中にあるこの世界、他者に代わって背負ってもらえないこの世界、この世界全体が一体どこから顕現してくるのか、釈尊の如実知見という言葉を手掛かりに、信仰を離れ、外から与えられた情報を全部遮断して、静かに深く自らの心のなかに沈潜して、「なに」か「なぜ」かと追求しつつ、事実を事実として観察していくと、「そうだ、阿頼耶識はあるのだ」という確信が強まってまいります。そのように事実を事実として観察する方法が、ヨーガ（瑜伽）であります。

事実を事実として見ることができれば、「自分が生きているのではない。自分などどこを探しても存在しない。ただ生かされているという事実があるだけである」ということに気づきます。例えば目を開けてみましょう。その瞬間は見たくなくても視覚が働いて見ざるをえません。すなわち「見る」のではなく「見せられている」のです。そしてその次の瞬間に「だれ」が見るかと問われると「自分」が見るのだと答えてしまいます。

しかし、その「自分」という言葉が指し示すものを、決して発見できません。自分が見るのではない。見せられている。この事実を「依他起（えたき）」すなわち「他に依（よ）って起こる」といいます。本当に心というものは依他起であります。他の力によって起こっています。そこに「自分」というものはまったく関与していません。「依他起とはこれこれである」と学問的に勉強することも大切ですが、もっと大切なことは、まずは自分自身のなかで依他起と呼ばれうる出来事を確認することです。そのためには、例えば目を閉じたり開いたりして、そこにどのような事実が展開しているかを、静かに観察してみましょう。見たくないのに見ざるをえない、という事実の確認がますます強まってきます。そこに何かの力が働いていることに気づきます。

その力とは、仏教の用語でいえば「縁起の力」「依他起の力」です。そしてこの縁起の力によって一切の現象世界は阿頼耶識のなかの種子から生じると、唯識瑜伽行派は主張するのです。これを「阿頼耶識縁起」といいます。

▼有為とは生死＝苦しみ

諸法は「有為」と「無為」とに分類されますが、このうち有為は「生死」の世界です。生死を「輪廻」ともいいますし、一緒にして「生死輪廻」という場合もあります。生死のサンスクリット原語「サンサーラ」(saṃsāra)はぐるぐる回るという意味ですので、輪廻という訳語が原意に近いですが、生まれ変わり死に変わりするという意味を含めて生死とも訳されます。

この生死輪廻を過去世から今世、あるいは今世から来世というふうに時間的な流れのなかで考えてもいいと思いますが、釈尊は本来はそのように捉えてはおられなくて、今生において苦の大海のなかを漂溺することを輪廻と考えられたのではないかと私は解釈したい。本当に私たちは、今日一日のなかだけでも、苦しみというものを繰り返し繰り返し起こしております。また、一週間生きて、一年生きて、どうだったでしょうか。苦の繰り返しではなかったでしょうか。

ところで生・老・病・死の四苦のうち、老いる苦しみ、病む苦しみ、死にゆく苦しみは、容易に理解できます。しかし生苦すなわち生きている苦しみが具体的に何かと考えると、簡単には答えられません。私はあの宮沢賢治の「雨ニモマケズ」の一節「北ニケンクワヤソショウガアレバ　ツマラナイカラヤメロトイヒ」から、生きている苦しみの本質は人間同士の対立であると解釈しています。本当に家庭内の親子・夫婦の不和からはじまって、会社・社会における人間関係の対立、さらには国家間の戦争に至るまでさまざまの対立が渦巻いていますが、そこはまさに地獄の世界であるといっても過言ではありません。

意見、イデオロギーの対立も、不幸を引き起こします。これは中国の上海にある龍華寺というお寺を訪れたときに経験したことですが、そのお寺の若い僧侶の方から、いま日本の仏教学者の間で論議されている「如来蔵思想は仏教にあらず」という批判をどう考えるか、という質問が出されました。これに対して私はどのように答えたかといいますと、「長老たちよ、論争するなかれ、論争するなかれ」という釈尊の言葉が、私の心のなかに深くしみ込んでいる——と、少し語意を強めて答えました。この私の答え方を彼がどういうふうに捉えたかは分かりませんが、皆さんいかがでしょうか。

確かに教義に関する論義は必要です。中国の人びとも、論義が好きなんですね。中国の学会では、学者間で口角泡を飛ばして論争します。だからネクタイをして原稿を読むような日本の学者は中国では通用しません。現代だけではありません。古くから中国の仏教においては、「教相判釈」（仏教のさまざまな教えのなかで、どれが一番優れているかを考究すること）というものが発展しました。ヨーロッパ哲学も、前のものを否定して新しい哲学がどんどん出てくるわけであります。なぜそのように変わるかというと、人間が考えるから変わるわけであって、みんな人間が考えたことなんですね。仏教の素晴らしいところは、「AはBなり」という判断は、すべて方便であって真実ではないと主張するところにあります。それなのに真の仏教は何かと考究し、教相判釈がなされてきたのです。このことは確かに仏教の歴史のなかにありました。しかし釈尊がそうした論争を見られたとしたら、「何やってるのだ」と叱られるのではないでしょうか。

とにかく、人間の判断には決して絶対的に正しいものはありません。むしろほとんど間違っているといえるでしょう。このことを「虚妄分別」という言葉から学ぶことができます。分別は虚妄であるというのです。この語は、唯識瑜伽行派の思想を体系化したインド人論師の無著や世親が使い始めたようです。原語は「アブータ・パリカルパ」（abhūta-parikalpa）で、アブータとは本当ではない、間違った、すなわち虚妄という意味、パリカルパとは言葉で考える、分別するという意味です。『瑜伽師地論』のなかにはこの言葉は見当たりませんが、しかし「ヴィカルパ」（vikalpa）を虚妄分別あるいは「妄分別」と訳しています。ヴィカルパの「ヴィ」（vi）とは「二つに分ける」という意味の接頭語ですので、ヴィカルパとは二つに分けて考えるという意味になります。言葉で考えると、必ずAか非Aに分けることになりますが、それは妄分別である、すなわち間違った考えである、というのです。静かに心のなかを観察すると、本当にこれは正しいことが分かります。皆さん、確認しましょう。言葉で考えたことは間違っていて、正しくないんだという主張から、私たちは多くのものを学ぶことができます。

もちろん言葉で語ってもいいけれど、また言葉で捉え表現しなければ生きていけませんが、言葉で語ったことが絶対に正しいのだと、あるいはそれに執着していくところに問題があるのです。心のなかにあるものを、例えばAであると言葉で語った瞬間に、Aという「もの」が心から飛び出してしまいます。例えば「あいつは憎いんだ」と思い、語ると、目の前に憎い人が出来上がってしまいます。「お金だ」といったとたんにお金という「もの」が心の外に出現して、それに対して執着をしてしまいます。これを三性の言葉でいえば、「心」という依他起性から「もの」という遍計所執性が飛び出してしまうのです。遍計とは言葉で語られること、所執とは執着されることです。本当に私たちは思いと言葉だけで作り上げた世界、本当は無いものの世界のなかで迷い苦しんでいるのです。静かに心を観察して、一刻も早くそのような迷いの世界から抜け出そうではありませんか。

二元対立の世界に生きること、自他対立の世界に生きること、これが生きる苦しみであるといいましたが、老いる苦しみもやはり二元対立から生じてきます。すなわち、老いたくない自分と、老いていっている自分とが、そこに対立しているからです。鏡のなかの顔を見て、ああ自分は老いたんだと思いますが、よくよく観察すると、老いた自分があるだけではなく、もう一つ、「老いたと思っている自分」があります。それを忘れているんですね。皮膚の衰えを見て、老いた「自分」がそこにいると考えますが、老いたと思うもう一人の「自分」がいるわけであります。この二つの自分が対立するとき、そこに苦しみが生じます。だからその対立がなくなるとき、苦しみもなくなってしまいます。では、どのようにすればその対立をなくすことができるのか。それは、もちろん実行することは難しいですが、「老い」に成りきってしまえばよいのです。成りきるための方便（手段・方法）、それがヨーガです。

ヨーガ（yoga）は、サンスクリットで「結合する」という意味があります。ヨーガとは、まずは相対立する二つの心を一つに結びつけることであります。心は、生じた瞬間から、縁起の力によって「見る心」と「見られる心」とに、すなわち「見分」と「相分」とに分かれてしまいます。しかし、もともとは分かれない一つの心がありました。それを「自体分」といいます。ヨーガの第一歩は、このように二つに分かれた心を、まずは元の一つの自体分に戻していくことであるといえます。この二元対立の心のありようを、一元の自体分に戻していくのが意識です。もっと正確にいえば、意識と相応する「念」という心所です。この大切な念という心の働きについては、またお話する機会があろうかと思います。

とにかく、老いも二元対立の世界の出来事ですが、ここで静かに心を観察すると、「老い」も心のなかの一つの観念、影像にすぎないことに気づきます。総じて自分が認識する世界は、すべて心のなかの観念にしかすぎないのです。これを「唯識」といいます。または「唯心」あるいは「唯名」といいます。唯だあるのは識であり、心であり、名すなわち言葉であるという考えです。本当に、その通りです。それなのに、心のなかにある観念に対して、ああでもないこうでもないと思い考えて苦しんでいる私たち——静かに心のなかを探って、そのような苦しみから抜け出しましょう。

▼法とは何か

話を「諸法」に戻します。諸法の「法」の原語は「ダルマ」(dharma)といい、この言葉には「真理」と「教法」と「存在するもの」との三つの意味があります。一番最初にあるのが真理。苦しみを乗り越えた向こう側にある根源的な真理を覚ろうと発心され、努力され、そしてそれを獲得された方、それが釈尊であります。その真理を専門用語で申しますと、無我・空・真如・法界・法性と、いろんないい方ができます。このうち「無我」は釈尊自身が説かれた言葉であります。「真如」という語は大乗仏教になって前面に出てまいりました。「法界」にはいろんな意味がありますが、この場合は、一大真理の世界といえるでしょう。「法性」とは法すなわち存在するものの本性のことです。

　このように表現される「真理」に到ることが最終目的でありますが、そこに到るための道標が釈尊によって説かれた教え、すなわち「教法」であります。その教法を心のなかに浮かべて、その言葉のいわば向こう側にある事実そのものを智ろうとするのが、ヨーガという実践であります。中国で発展した禅もヨーガの一つです。中国の蘇州にある西園寺というお寺や、上海の龍華寺では、毎朝坐禅しているとのことでした。ただし、（日本の臨済禅のような）公案禅を修している様子はありませんでした。一人の老師のもとでの公案による激しい修行形態は、現在の中国ではなくなったのでしょうか。それではどのような禅を修しているかと西園寺で聞きましたところ、「阿那波那念」という答えが返ってきました。これは意訳すると「入息出息念」といい、吸う息、吐く息を静かに観察していく、随息観に近い禅定です。静かに吸う息、吐く息に成りきっていく。すると世界が一気に変わってまいります。この随息観は坐っているときだけではなく、例えば都会のなかで信号待ちをしているときでも修することができます。早く信号が変わらないかなとイライラせずに、信号ではなく、吐く息、吸う息のほうに第六意識のスポットをあてて息に成りきろうと努力すれば、そこがもはや禅定を修する道場となります。静寂のなかで坐るだけが禅定ではありません。心がけ次第では、どこでも随息観を修することができるのです。

また、修している禅定は「止観」であるという答えも返ってきました。止観については、例えば『瑜伽師地論』のなかで詳説され、それは唯識瑜伽行派の基本的なヨーガとされています。要するに、禅といえば私たち日本人は、すぐに日本の禅宗の禅を思い起こしますが、そのような禅だけが禅ではないということを、このたびの中国訪問によって実際に知ることができました。

▼無為とは涅槃＝覚り

これまでは諸法のうち、有為についてのお話でしたが、もう一つの「無為」について考えてみます。無為とは、有為とは逆に、因と縁とによって作られないもの、具体的には「涅槃」のことであります。

涅槃といえば、釈尊が亡くなった後、涅槃に入られたという意味の涅槃、すなわち死後の涅槃が頭に浮かんできますが、釈尊自身は生きている間での涅槃を、この一生のなかでの涅槃を強調されました。そのような涅槃を「現法涅槃」といいますが、この語は『瑜伽師地論』のなかに多く出てきます。とにかく今生で涅槃に到るということが大切なのですね。

では、涅槃とは一体何なのか。それは「完成された心」、すなわち唯識の用語でいえば「円成実性」であるということができます。相と性でいえば、「性」にあたります。ここ興福寺は法相宗ですが、この宗名は詳しくは法性相宗というべきで、法の相を心のなかで観察してそれを遣って、最終的には法の性に、すなわち無為に、すなわち涅槃に到ることを目的とします。相から性へ、これを換言すれば、有為から無為へ、生死から涅槃へ、依他起性から円成実性へ、ということができます。

円成実性というのは、その原語「パリニシュパンナ・スヴァバーヴァ」(parinispanna-svabhāva)の意味からして「完成された心」ということができるでしょう。ところで、心は深層心の段階から完成されなければなりません。例えば、死への苦しみを考えてみましょう。生きていながら生死を脱却して涅槃に到るためにはどうすればよいか。私たちはどうしても死という概念が心のなかに起こってきます。自分は死ぬのだと、そこに「自分」、そして「死」という言葉・観念が生じてきます。妄念が妄念を呼んで、怖れ苦しみます。そのような苦から逃れるためには、そのような妄念、観念、言葉が噴き出してこないように、深層心すなわち阿頼耶識の領域から心を浄化する必要があります。

無上正覚を得て、「不生不老不死の世界に触れた」と言明された釈尊には、心の底から全くそういう観念、妄念が起こってくる要素がなくなってしまわれたのでしょう。心を完成されたのです。しかし私たち凡夫は、そこまでいっていません。完成されていない心を持っています。だから、だんだん死が近づいてきたら、死ぬんだと思い、気が狂いそうになります。それは深層心がまだ完成されていないからです。

完成するとは、「清浄にする」と換言することができます。だから仏の世界は「極清浄（究極の、完全な清浄さ）である」と定義されます。「法界清浄」という言葉がありますが、「一人一宇宙」の世界、その世界全体が、法界が清浄になりきったとき、そこに涅槃が現成してきます。

法界清浄、こういう言葉すなわち「教法」を聞いて勇気づけられて、「存在するもの」すなわちこの「己れというもの」を方便として、最終的には完成された心すなわち円成実性という「真理」に向かって、一日一日努力をしていこうではありませんか。

▼阿頼耶識縁起と菩薩の精神

仏道をいかに歩んでいくか、これを唯識的に考えてみましょう。まずその第一歩は遍計所執性の世界から脱れ出ることです。日本になぜこれだけ毎日毎日いろんな事件が起こっているのでしょうか。それは無いものを有ると考え、それらに執着する遍計所執性の世界だけに住み続けているからです。みんなそうでありましたし、現にそうであります。戦後の社会のあり方が、教育が間違っていたからでしょうか。もう手遅れなのでしょうか。どうすればいいのか、みんなで真剣に考えていかなければいけないときがきました。

どうすればよいのか。少なくともそれを個人の段階に絞れば、外界にものがあると思い込んでいる遍計所執性の世界からしばらく身を引いて、静かに心のなかに立ち帰り、心でもって心を観察する機会を持つことが、まずなすべき肝要事であると思います。遍計所執性の世界から依他起の世界に、まずは戻っていきましょう。遍計所執性の世界、言葉で語り執着されたものから一度離れて、もっと身近な心、依他起の心に成りきっていく。そして戻りえたその依他起の心を徐々に浄化し、根底から心を完成させる。これが仏道を歩む過程であるといえます。

もっと具体的にいえば、「阿頼耶識縁起」を信じて、日々、努力精進していくことです。すなわち五識と意識とで成り立つ表層心の領域で、三輪清浄（さんりんしょうじょう）の無分別智（むふんべっち）でもって、成りきって成りきって生きていく。その成りきった表層心のあり方が、即座に深層心すなわち阿頼耶識を浄化していきます。本当にありがたいことに、利他行（りたぎょう）が自利行（じりぎょう）となります。無分別智でもって、人のため世のために慈悲を展開していく。この利他行が阿頼耶識縁起という理によって、自分の心が浄化されていくのですね。もちろん自分を浄化していくために人を救うと思ってはいけないのですが、とにかく分別をやめて阿頼耶識縁起の理を信じて実践をしていくと、他人も幸せにし、かつ自分も幸せになっていくのですね。「自分なんかどうでもいい、よしっ、人びとのために生きるぞ」という菩薩の精神で日々努力するならば、自他ともに幸せになるという理が働いているとは、なんと素晴らしいことではないでしょうか。

▼前五識を転じて成所作智を得る

有為と無為、これが一切法の基本的な分類でありますが、部派仏教になって、さらに詳しい分析が加えられ、最後に唯識瑜伽行派に至って存在全体を「心（しん）・心所（しんじょ）・色（しき）・不相応行（ふそうおうぎょう）・無為」の五つのグループに分け、全部で百種の存在の構成要素を立てました。それを「五位百法」といいます。「心」として、眼・耳・鼻・舌・身・意の六識に末那識と阿頼耶識とを加えて、全部で八識を説きます。「心所」とは、細かい心の働きであります。いま皆さんが私を見た瞬間は、全体的に把握するわけですね。見た瞬間には、まだ横山でも何でもない。それが視覚すなわち眼識という心の働きであります。そしてその心に心所が一緒に働いて、あの人は横山だと言葉でもって捉え、さらに好きだ嫌いだという思いを付加して認識するようになります。このことを、「心は所縁の総相を、心所は総相に加えて別相を縁じる」といいます。

　このように、心には必ず心所が相応するのですが、できればいつも善の心所が相応するよう努めたいものですね。善の心所として最初に「信」すなわち信じるという心所が置かれています。その次に慚・愧という反省する心所が続きます。一番最初に信があるのがすごいですね。まず信ずるということが非常に大切であるというのでしょう。キリスト教の人びとでしたら神を信じるわけですが、仏教では、すでに繰り返し述べましたように、「A有ればB有り、A無ければB無し」という縁起の理を信じることが要請されます。縁起の理を信じることは、物事を関係的に見ていくことです。物事は、例えば他人と自分は実体としてあるのだと考えて生きていくと、そこに対立が起こってきますが、関係的に考えていくと、人間の生き方がもっと自由になってまいります。すべては縁起の法であり、関係的にしか存在しないという教えを信じて、仏道の第一歩を踏み出すことが大切です。そうなっていくと、日常生活が変わってきます。「前五識を転じて成所作智を得る」というあの教えも、私にとっては非常に生きる支えになっています。それは「五識」すなわち感覚を、「成所作智」（なすべきことを成就する働き）に変化させるという教えであります。感覚を自分のためではなく、人びとの救済のために使っていこうではないかという教えです。

とはいえ、現実の私はエゴ心を持ち、一瞬一瞬の行為が自分に跳ね返ってきています。だから、信の次の慚・愧すなわち反省の心、懺悔の心が必要となってきます。今日一日どれだけ人のために自分のエネルギーを使ったか、何もしなかったのではないか――と、静かに坐って懺悔をしていくことによって、そこに新しい自己が現われてきます。懺悔なき人には決して向上発展がないと経典にしばしば説かれています。

「正念場」ということがいわれます。まさに愛憎の念が起こるときが正念場です。相手を愛する、相手を憎む、これが一体何なのか。心静かに観察してみましょう。すると「唯識所変」「唯識無境」が少しは深く理解できるようになるのではないでしょうか。

これで一応、心所についてまで講義をしたことにいたします。

（平成十二年九月九日の講座より）

第七講

不生不滅・不垢不浄・不増不減

▼「名詞」をやめてみる

先ほど、（この興福寺佛教文化講座の）司会の方が、「仏の教えを横山が説くのだ」といわれました。そのときに思いましたが、普通皆さんは、「仏の教えを横山が説く」というと、その横山に執着してしまいます。しかし横山という存在は仮の存在です。そこを仏教は「仮和合」といいます。もちろん、いま私が講義をするのですが、しかしそのような「私」は蛇口のようなものであって、要は蛇口から出る水、つまり内容が大切なのです。だから皆さんは、横山ではなくて仮の存在を通して出てくる教えに注目をして聞いていただきたいと思います。

いま、「私」は仮の存在と申しました。なぜ仮であるかというと、何度も申しますように、まずは、「私」は皆さんの心のなかで感覚のデータとして捉えられたものです。眼識・耳識・鼻識・舌識・身識の五識のなかの眼識、すなわち視覚によって見られたものです。ところで何かものを見るとき、私たちは、自分が見るといいますが、はたしてそうでしょうか。いま皆さん、目を開けた瞬間、私を見たくなくても見ざるをえないですね。だから事実は「自分が見る」のではなく、「見せられている」のです。自分ではない他の力によって見せられているのです。これを「縁起」といいます。

自分以外の他の力すなわち「縁」によって視覚が起こり、さらに視覚のなかに私の影像が生じたのです。そこには何も「私」という存在は関与していません。しかし、その次の瞬間に「自分が見た」と思いますが、それは思い違いなのです。つまり感覚のデータを素材にして、もともと名前が無かった影像に対して、思いと言葉を付与して、例えば「私があなたを見ている」と判断してしまうのです。そのときに、もしも自分というものがそこに現われてこなければ、私とか、あなたとか、好きとか嫌いとかいう分別はありません。あるのはただ「あるがままにあるもの」です。自分ではどうしようもない存在がそこにあるだけです。そのような存在を縁起法、縁所生法、唯識思想の術語でいえば依他起法といいます。

すなわち心と心のなかの影像とは、まずは自分が関与しない力（縁起の力）、他の力によって起こった存在であるのです。私たちは「一人一宇宙」であって、自分の心という牢獄に閉じ込められた存在であるということは繰り返し申しています。そして心とそのなかに生じてくる影像は自分が関与しない力で生じてくるのですが、その影像に対して、思いと言葉でもって、例えば「好きなもの、嫌いなもの」と分別してしまうのです。そのように分別され、心の外にあると考えられ、しかも執着されたもの、それを「遍計所執性」といいます。そういうふうに好きだ嫌いだというふうに考えたものは、どこを探しても有りません。有るのは心のなかの影像だけなのです。

いま私を見ている皆さんのなかで、心のなかの影像としての横山を見ている人は、誰一人いないでしょう。影像としての私を心の外にいわば投げ出し、「横山だ、よい、わるい、好き、嫌いだ」と分別して見ています。すなわち遍計所執性として捉えているのです。もちろん心の外に有ると考えてもいいのですが、それに執着してしまう。執着してしまうと、そこに迷いと苦しみと罪悪が生じてきます。執着しなければいいですね。しかし人間の性癖として、それが「実体」として有ると思って執着してしまうのです。

最近気がついたことですが、皆さん、名詞でものをいうことをやめてみましょう。なぜなら名詞でいうと、それを実体として有ると考えてしまうからです。「私はあなたが好きだ」というと、名詞でいった「私」と「あなた」とがいるようでありますが、そんなものは存在しません。「私」と「あなた」が設定されるから、好きだ、嫌いだと自他対立の関係になってしまうのです。有るのは、好きだ、嫌いだという思いだけ。だから「好きだ、好きだ」と動詞だけでいってみてはどうでしょうか。そのようにいったほうが、相手に対してより強く訴えていくのではないでしょうか。

「私」など、どこを探しても無いということは、皆さんと繰り返し確認をしてきました。本当に「私」という言葉に対応する「もの」は、どこを探しても存在しません。そこには言葉の響きが有るだけです。専門的にいうと、「名句文（みょうくもん）は声の屈曲である」といいます。名句文は言葉に相当する術語ですが、言葉というのは声の屈曲であるというのが唯識思想の見解です。本当に声の屈曲が有るだけであって、その屈曲に対応するものは何一つ有りません。もともと存在には名前が無いということは繰り返し確認してきました。私たち一人一人は、毎朝目覚めた瞬間にビッグバンを起こし、再びこの世界のなかに投げ出されますが、目覚めた瞬間には世界には名前も何も無い。ただ、縁起の理、依他起の理によって生じたエネルギーの変化体が有るだけなのです。それに対して「私」とか「あなた」とかいう名詞を付与して、その変化体を無理に固定して、あたかも固定した私やあなたが存在すると思い誤っているのです。だから、もう名詞でいうことを、やめてみようではありませんか。名詞をなるたけ使わずに生きると、かなり生きるのが自由になってくるのではないでしょうか。

昨年（平成十一年）私はアメリカに行き、禅の道場で唯識を講じてきたのですが、そのとき、噂どおりアメリカ人は我が強いと感じました。アメリカで長くレストランを経営している方と先日会いましたが、彼も同じことをいい、アメリカの生活に疲れ、日本に帰りたいというのです。なぜ我が強くなるのでしょうか。それは、たぶん英語という言語の表現によるのではないでしょうか。英語は、I think, I do, I love, などと、必ず主語をいわなければなりません。だから話すたびに、アイすなわち「私」という言葉が深層心に、すなわち阿頼耶識に熏習し、そのため自我意識がますます強くなっていくわけです。その結果、私が、自分が、オレがと、自己を主張し、しかめっ面をして生きていくことになります。もう少し笑えばいいのにといいたくなるような人に多く出会います。表情のなかにエゴがにじみ出た、そういう方が日本に比べて大勢いると感じましたが、皆さんいかがでしょうか。

「私」も「あなた」も「心」も「物」も、このように名詞で捉えられるものは、すべて実体として存在しません。では、存在はどのように有るのか。そこを『般若心経』は「空」という一言で表現します。空はもちろん覚りという体験の内容ですが、しばらく観察と論理で考えてみましょう。ここにネクタイがありますが、静かに観察すると、「ネクタイ」などは無い。有るのは繊維すなわち糸です。

しかしさらに詳しく観察すると、糸も無い。このようにして観察の行き着く先にあるのは原子・分子・素粒子です。ところで現在の量子力学では素粒子には大きさがないといいます。では、それはどのようなありようをしているのか。それは粒子でもあり波でもあり、位置が分かると運動量が分からなくなり、運動量が分かると位置が分からなくなる、そのような存在であるということが観察の結果分かってきました。とはいっても普通のマクロ世界に住んでいる私たちは、そのような究極のミクロの世界の存在のありようを理解することはできません。同じことが釈尊の体験された覚りの世界にもいえます。それは言葉や論理が通用しない世界、だから敢えてそれを表現すればゼロ（シューニャ　śūnya）すなわち「空」という語で表現するのです。存在の究極はゼロ。『般若心経』の空は、存在の根源を表現した語であるといえるでしょう。

一体、存在はどのようにあるのか。それはシューニャ、ゼロ、空であると言明された釈尊の覚り、すなわち無上正覚の内容は素晴らしいものだと思います。先ほど皆さんで読誦しました『般若心経』のなかにあった「阿耨多羅三藐三菩提」が無上正覚です。この無上正覚の内容を一言でいうと、空であるといえるでしょう。

▼諸法の分析

さて、『般若心経』の本文、

「舎利子　是諸法空相　不生不滅　不垢不浄　不増不減」（舎利子よ、是の諸法は空相にして、不生不滅、不垢不浄、不増不減なり）

を読み続けていきましょう。

このなかの「諸法」とは、一切の存在をいいます。本当に仏教は科学に匹敵するほど、また心理学に劣らないほど、存在に対して分析を加えています。その結果、（前回も申しましたが）五種のグループ（心・心所・色・不相応行・無為）に諸法を大別し、全部で百種類の存在の構成要素に分類しました。それを「五位百法」**（次ページ図参照）**といいます。

しかし分析する目的は、決して自然科学の目的と同じではありません。例えば先に行なったネクタイに対する分析は、ネクタイへの執着を除くためなのです。五位百法はもちろん自然や事物の構成要素をも含みますが、もともとは人間を構成する要素と考えて下さい。自分を分析すると百種の構成要素から成り立っていると見るのです。このように百種にまで分析するその分析力は、すごいものですね。このような「存在の分析」を、「アビダルマ」（abhidharma　阿毘達磨）といいます。そしてこのような分析を行なう仏教を「アビダルマ仏教」といい、大乗が興る前の部派仏教がこれに属します。

分析といいましたが、仏教の分析が自然科学のそれと違う点は、一つは、その目的が無我である、あるいは空であることを証明するためであることと、もう一つは、分析の場が心のなかであるということです。皆さんも、ヨーガ（瑜伽）の実践のなかで試みて下さい。本当に自分というものが有るのかどうかを観察・分析してみて下さい。ヨーガを組みながら「自分、自分」と言葉を出してごらんになったらいいと思います。有るのは唯だ影像だけ、世界はまさにさまざまな心が織りなす世界であることが分かってまいります。静かに坐ろうと思っても、いろんな思いが次々と生じてきます。また目を開ければ庭が見えたり、小鳥のさえずりなどが聞こえてきます。

五位百法　一覧

五位				
心	心所	色	不相応行	無為
《八識》眼識・耳識・鼻識・舌識・身識・意識・末那識・阿頼耶識	《遍行》作意・触・受・想・思／《別境》欲・勝解・念・定・慧／《善》信・慚・愧・無貪・無瞋・無癡・勤・軽安・不放逸・行捨・不害／《煩悩》貪・瞋・癡・慢・疑・悪見／《随煩悩》忿・恨・覆・悩・嫉・慳・誑・諂・害・憍・無慚・無愧・掉挙・惛沈・不信・懈怠・放逸・失念・散乱・不正知／《不定》悔・睡眠・尋・伺	《五根》眼・耳・鼻・舌・身／《五境》色・声・香・味・触／法処所摂色	得・命根・衆同分・異生性・無想定・滅尽定・無想報・名身・句身・文身・生・老・住・無常・流転・定異・相応・勢速・次第・方・時・数・和合性・不和合性	虚空・択滅・非択滅・不動滅・想受滅・真如
八法	五十一法	十一法	二十四法	六法
合計：百法				

私も三年前、この興福寺の本坊の部屋の奥のところで、「四度加行」という行をさせていただきましたが、夏だったものですから、虫の声の素晴らしさに気づきました。人間って本当に「定」の心になると、その定心に存在がありのままに見え聞こえてくるのですね。本当に自分が無くならなければいけないのですね。

水面に喩えると、風が吹けば波立ちますが、心という水が波立つ原因は、「自分」という風であります。自分がひょこっと出てきたときにザワザワと心は騒ぎ始めます。私も若いときは人前に立つと心が波立ち、心臓がドキドキしました。そこに「自分」というのが出てくるわけですね。さあ、その「自分」というのは本当に有るのか、どうなのか。これをヨーガを修し、禅定のなかで観察してみて下さい。禅定を、ヨーガを修するとは、遍計所執性の世界から依他起の世界に戻って、遍計所執性の「自分」を融解させることといえるでしょう。そのような自己融解の時間を持てば持つほど、だんだんと、いままで気がつかなかったものが見えてきます。それは本当に貴重な時間です。そういう時間を持つと、釈尊が語られた言葉の向こう側にあるものが見えてきます。釈尊の言葉だけではありません。先達が書き残したさまざまな経典・論書を勉強して、かつそれら言葉の向こう側にあるものを追体験していくことが、釈尊や先達への恩返しではないかと思います。

そういった意味で、この唯識思想が説く五位百法を学ぶべきだと思います。

▼夢の如し

五位（心・心所・色・不相応行・無為）のうち、前回（第六講）は、「心」と「心所」とを説明しました。

「心」には眼識・耳識・鼻識・舌識・身識・意識・末那識（まなしき）・阿頼耶識（あらやしき）という八つの心があります。これに対して「心所」というのは、これら八つの識と相応して共に働く細かい心の働きをいい、全部で五十一種類あります。

第三番目が「色」。これについてはすでに第五講などで説明いたしましたので、ここでは詳しい解説は割愛させていただきますが、簡単に復習してみましょう。色とは、簡単にいえば「物質的なもの」、すなわち眼識からないし意識までの六つの対象、すなわち色（しき）・声（しょう）・香（こう）・味（み）・触（そく）・法（ほう）という六つの境であります。このうち意識の対象である「法」には、現代でいう物質と異なったものが含まれています。その一つが、禅定に入って、例えば真っ赤な燃える太陽を想像して下さい。そうすると本当に真っ赤な太陽が心のなかに現われてきますね。そのとき、私たちは、「その太陽は自分が作り出した影像であり、それはあくまでも影像であって、それとは別に目を開けて見たときの太陽は心の外に有る」と考えます。そして前者の太陽と後者の太陽のうち後者の太陽は本当に有るが、前者の太陽は自分が心のなかに無理に作り出したもので本当は無いのだと考えます。しかし、はたしてそうでしょうか。後者の太陽も「唯識所変（しょへん）」の理にしたがって自分が作り出したものにすぎないです。皆さんのなかで自分の外に抜け出て太陽そのものを見た人はいますか。自分の外に抜け出していないのに、なぜ心の向こう側に太陽があると断定できるのでしょうか。ここが重要なポイントです。

ここで、心の外にものが有るとみる外界実在論者は、次のように唯識論者に問題を提起してきます。それは、「外界にものが無くてなぜ種々の認識が起こるのか」という疑問です。これはヨーロッパにおいても、観念論者と実在論者との間でずっと論争されてきた問題です。外界にものが無いのに、なぜ、例えばこのようにチョークを認識できるのかという問い掛けです。外界に何らかのものが有り、それから光の波長がきて、角膜（かくまく）を通って網膜（もうまく）に至り、脳細胞がそれを受け止めてチョークという影像を心のなかに生じるのではないかと反論するのです。これに対して唯識思想は、

「夢の如し」

と一言でその反論を退けてしまいます。ここがすごい。本当に、夢のなかでは、外界が無いのに現実と同じような出来事が展開しますね。だから、この現実、覚醒の世界でも外界にものが無くして種々の認識が成立することができるのである、というのです。これは論理としてかなり強い説得力を持っています。これに対してなかなか反論ができません。なぜなら、私たちが現実と思っているこの世界は、実は夢の世界であるからです。皆さん、いま、夢を見ているのです。それなのに夢ではない、現実なのだ、ものは有るのだと固執して我他彼此（がたぴし）の対立の世界に、遍計所執性の世界に生きて、苦しみ争っているのです。例えば、パレスチナの情勢はますます悪化しています。そのような大きな極端な争いから、小は身近な家庭内の、親子の、夫婦の争いに至るまで、もう無量無数（むりょうむすう）の争いが毎日この地球上で繰りひろげられています。なんと嘆かわしいことではないでしょうか。

そういった意味で、「事実を事実として見ていこう。この現実は夢である」という唯識思想の主張を世界に訴えることで、いろいろな問題が解決されうるのではないでしょうか。「事実を事実として見る」。「一体何か」。これを一人一人の人が確認をしていくとき、まずは家庭内が平和になり、会社のなかが平和になり、社会が、そして世界全体が平和になっていくのではないでしょうか。もちろんこれは頭のなかで考えたプロセスであり、これを実行に移すのは大変なことです。しかし大変だから

とあきらめてはいけないと思います。

▼不相応行とは

色はこれくらいにして、次に「不相応行」に移ります。この不相応行はインド哲学でも他にはない仏教独自の考えです。不相応行とは「非色非心行（ひしきひしんぎょう）」ともいわれ、色でも心でもない、そのようなものをいいます。物でも心でもないもの、物質でも精神でもないもの、といわれても、なかなか理解できません。しかし仏教は、唯識思想は、そういったものを全部で二十四種あげます。そのなかの一つが、先に挙げた名句文すなわち言葉です。もちろん声となった言葉は聴覚すなわち耳識と対象ですから、広い意味での色（物質）に含まれますが、声となる以前の言葉そのものは物でも心でもないと考えるのです。また生（しょう）・住（じゅう）・異（い）・滅（めつ）という不相応行があるといいます。これはなかなか理解困難ですが、ものが生じ、住し、変化し、最後に滅していくためには、生・住・異・滅という不相応行がなければならないと、こう考えていくのですね。それから空間のことを「方（ほう）」、時間のことを「時（じ）」といいますが、この空間と時間、方と時も不相応行に含まれます。皆さん、いまこの空間を見て下さい。さあこれは物質なのか、心なのか。なかなか決着はつきませんね。

このように、不相応行として全部で二十四種を立てるのですが、いまは「生」と「滅」とに注目して下さい。後で「不生不滅」ということが問題になってまいりますが、これはどういうことでしょうか。ある一人の人が生まれ、そして死んでいった、といいますが、本当にその人は生まれ死んでいったのでしょうか。他人の生死は自分の心のなかで織りなされる現象であります。人が亡くなると、「死んでかわいそう」と嘆きます。しかし静かに心のなかを観察すると、それは感覚のデータと思いと言葉でもって死人にしてしまうのです。その人そのものを、私たちは決して見ることも聞くことも触ることもできないのです。そうすると生とか滅とかいうのは一体何なのでしょうか。もちろん生も滅も有ることは有るのですが、それはいわば紙の表での出来事で、もう一つ紙の裏から見たときは——換言すれば「般若の智慧」で見たときは——不生不滅の世界に変貌するのであると、『般若心経』は説いていると理解すべきなのでしょうか。

釈尊は無上正覚を獲得されて「不生不老不死の世界に触れた」と言明されました。私たちはそこまでいかなくても、少しずつ般若の智慧の光を自分のなかに養成していくと、自分が生きていること、自分が死んでいくことが、だんだん解決されてくるのではないかと思います。自分の依他起としての心を中心として、上へ行くと円成実性（えんじょうじっしょう）の覚（さと）りの世界に、下へ行くと遍計所執性の迷いの世界に到ります。さあ、私たちは、どちらの方向に行くことになるのか。それは自分の決意と努力いかんにかかっています。

▼無為＝涅槃＝真如

五位の最後の「無為」の説明に移ります。無為とは原始経典からいわれる「涅槃（ねはん）」のことです。唯識思想ではそれを「真如（しんにょ）」ともいいます。サンスクリットを漢訳した場合、サンスクリットの原意から離れて、訳語に基づいてさらにその語の意味を深く考究するところが、中国仏教のいいところであります。法相宗（ほっそうしゅう）においてもそれはなされています。その一つの典型的例が真如であります。この真如の原語はサンスクリットで「タタター」（tathatā）という一語ですが、玄奘三蔵がそれを真如と訳したことから、「真」と「如」との二面から考察されるようになりました。真如の原語タタターは、「その如くにある」という意味ですので、「如」あるいは「如如」と訳される場合もあります。タタターとは、簡単にいうと、「あるがままにあるもの」ということができます。私たちは自分のはからいとか分別によって自分を変え、他者を変え、自然を変え、宇宙を変えていっているのですね。そのようなはからいや分別を離れ、さらには深層心の段階から浄化しきった心、「あるがままにあるもの」に戻った心、それがタタターであるといえるでしょう。

ところがこの語を真如と訳すことによって、「真」は真実にして虚妄に非ず、「如」は如常（恒常的であること）にして変易（変化すること）に非ず、とさらに詳しく定義するに到りました。このような真如は、三性でいえば円成実性に当たります。したがって円成実性は、真実にして如常なる世界です。しかし私たち凡夫は、その反対の虚妄にして変易する世界、すなわち遍計所執性の世界に生きているのですね。本当にこのような唯識の教えを知ると、生きていることが恐ろしくなってきます。私たちは全く存在しない「もの」のなかで、すなわち遍計所執性の世界のなかで一日を生き、一週間を生き、一月を生き、一年を生き、そして一生を生きて最後に死んでいくわけです。なんと恐ろしく虚しいことか。真如を学ぶたびに、私は「虚妄に生きるな、真実に生きよ。変易に生きるな、如常に生きよ」という声が深層から吹き出てきて、これではいけない、こういう生活を送っているならば、死ぬときに一体どういう思いで死んでいくことになるか、と反省の思いにかられます。

このように遍計所執性から、最後は真如の円成実性の世界に到ることが要請されます。でも、少なくともまずは途中の依他起性の世界ぐらいには戻っていこうではありませんか。眠りに入る前に、布団の上で、静かに坐る（ヨーガや禅定を行なう）時間を持ちましょう。坐って元の「なま」（生）の心に戻り、そして翌日また、物あり、人あり、愛あり、憎しみある世界に戻っていく。この往復運動の生活を続けるうちに、心が柔らかく広くなっていくものと信じています。

ところで、原始経典では「常」という言葉は禁句だったのですね。しかし釈尊は素晴らしい教育者ですから、本当は常なるものが有るのに、それを敢えていわなかったのではないでしょうか。なぜなら人間はその言葉に負けて、「常なるものが有るのだ」とそれをつかもうと思い、それに執着するからです。しかし大乗仏教になってまいりますと、大乗仏教を興した人びとはブッダの覚りを自らも追体験し、常なるものがあると確信し、「常」という言葉を前面に用いるようになりました。言葉は本当に多義的です。

釈尊は、まことに素晴らしい教育者であります。我は無い、無我であると説きながら、弟子のアーナンダに「他に依るなかれ、自（ātman　自分）に依れ」という言葉を最後の遺言として残されました。有名な「法灯明・自灯明」のなかの自灯明です。自分を灯明として生きていきなさいという遺言です。釈尊は、汝よ、常なるものがある、それを目指して生きていくならば生まれることも老いることも死ぬこともない世界に達することができる——と、アーナンダを励ましたのではないでしょうか。

▼虚空とは

最後に、無為の一つである「虚空」について考えてみます。

虚空は仏教だけではなく、インド人一般が考える概念で、そのなかに何も存在しない無限の空間を意味します。このような無限の広がりを持つ三次元の空間は、決して仏教やインド一般の考え方だけではなくて、例えばニュートン力学もそういった空間の存在を前提としています。すなわちニュートンは絶対空間があり、絶対時間があると考えていました。しかし二十世紀に入って、アインシュタインたちによってそのような空間論が間違っていることが判明しました。時空は相対であるという相対（そうたい）性（せい）原理が発見されたのです。

とはいえ本当にそのような自然科学的な空間は有るのでしょうか。唯識思想からすれば、そのような空間は否定されます。すなわち「人人（にんにん）唯識」であり、一人一人の心が空間を作り出していて、すべての人に共通な空間は無いからです。空間が有るとすれば、心を空間と考えることができますが、心は三次元の空間ではありません。一体存在するものは何なのでしょうか。私たちは感覚のデータ、皮膚感覚に負けて、三次元の空間が有ると思い込んでいますが、そんなものが本当に有るのでしょうか。

静かに心のなかに住してみると、心だけしか有りません。本来は有るも無いもないのですが、一応それを「心」と呼び、そこで「心の虚空」というものを考えてみましょう。そのなかから、あらゆる束縛や障害が取り除かれ、全く何も無くなった状態の心を、一応「心の虚空」と呼んでおきたい。心の障害としては、「煩悩障（ぼんのうしょう）」と「所知障（しょちしょう）」とがあります。束縛としては、「相縛（そうばく）」と「麁重縛（そじゅうばく）」とがあります。相縛とは表層の心の束縛で、心のなかに生じる相すなわち影像に束縛されることです。麁重縛とは深層の心すなわち阿頼耶識のなかにある束縛で、相縛によって濁（にご）りに濁った表層の心の働きが阿頼耶識のなかに、いわば濁った種子（しゅうじ）を熏習（くんじゅう）し植えつけ、その植えつけられた種子が重く深層心を束縛することをいいます。そのような障害や束縛がぬぐいさられ、全くガランとなった心、それを「心の虚空」と呼んでおきたい。

このような心の虚空をイメージとして描き、いつかそのような心の状態になりたいと思って努力するとき、心は次第に清らかになっていくのではないでしょうか。

▼空相について

以上で「諸法」についての説明を終わり、次に「是の諸法は空相にして」のなかの「空相」について考えていきます。相というのは、サンスクリットの「ラクシャナ」(lakṣaṇa) の訳語で、「〜を特質としている」という意味です。したがって「是の諸法は空相である」とは、「すべての存在は空というあり方を特質としている」という意味になります。すべての存在すなわち五位百法の百法すべては、空というあり方を特質としているという意味です。

では、「空」とは一体どういうことか。これについて、第五講で述べたことと一部重複しますが、次の二つの定義を挙げておきます。

①「あるもの（A）のなかに、あるもの（B）が無いとき、それ（A）はそれ（B）として空であると如実に見る。さらにそこ（A）に残れるもの（C）は有ると如実に知る」

（『瑜伽師地論』三十六巻）

②「実に、二（所取と能取）の無と、無の有とが空の相である」

（『中辺分別論』第一章第十二頌）

まず、①の定義について説明いたしますと、空といえば一切が虚無であるとニヒリズム的に考えていく人が当時いたようであります。それを「悪取空者」すなわち間違って空を理解する人であると、『瑜伽師地論』のなかで説かれています。これに対して空を善く正しく理解する人のことを「善取空者」と呼んでいます。このうち後者の善取空者が理解する空を定義したのが、①であります。これは空の定義としては有名で、『瑜伽師地論』だけではなくて、唯識の論書のあちこちに出てまいります。これは『小空経』という経典のなかにあるものを唯識の人びとが好んで引用したのです。まず「あるもの（A）のなかに、あるもの（B）が無いとき、それ（A）はそれ（B）として空であると如実に見る」と定義されていますが、あるものとはAですね。そのAのなかにBが無いとき、AはBが無いという意味で空であるというのです。例えば幽霊というのは本当は無いのに有ると怖がっていた人の心のなかから、幽霊という影像が払拭されて無くなったとき、その人の心は幽霊としては空であるといえる、というのです。いま「払拭されて無くなった」といいましたが、もっと具体的にいえば、何らかの実践を通して、存在を心のなかで観察し、幽霊は存在しないという智慧を獲得した、といえるでしょう。つまり、空というのは決して論理ではなく、空と観る「空観」でありますから、そこには空じるという力が必要になります。

いまは幽霊というものを例に挙げましたが、心のなかに生じるすべての影像をまとめて「相」といいます。だから空と観ることを「遺相」すなわち「相を遺る」といいます。前に述べた相縛から解脱していくことですね。

さて後半は「さらにそこ（A）に残れるもの（C）は有ると如実に知る」と定義されています。すなわち、すべての相を否定し除去したときにも、「そこ」すなわち心のなかには「残れるもの」は有ると如実に知る、というのです。ここが唯識思想が悪取空者に対して強調したい点であり、これはやはり体験に基づいた言明であります。この「残れるもの」が先ほど述べた「真如」であります。心のなかを空じ、空じきった否定の極限に真如が顕現してくるのである、と唯識瑜伽行派の人びとは強調するのです。真如、これがいかなるものであるのか、体験していない人には分かりませんが、しかし少なくともこの空の定義を、論理的には理解することができるのではないでしょうか。

この定義から、「空じる」ことの大切さを学ぶことができます。これに関して思うことは、「捨て去る教育」の重要性です。現代はあまりにも知識と情報を詰め込む教育が中心ですが、はたしてそれでよいのでしょうか。むしろ心のなかからそれらを除去する教育が、いま求められているのではないでしょうか。

相を空じて真如を顕現せしめることを「遣相証性」すなわち「相を遣って性を証する」といいます。これが「瑜伽行」（ヨーガ）という実践の目的です。相から性に到ることが唯識思想の目標なのです。この意味で、唯識を学ぶことを性相学というのです。唯識は、ヨーガを通して虚妄なるものを心のなかから除去して心を浄化していくことを目指す実践的な教理であるということを、心に銘記していただきたいと思います。

次に、②の空の定義の検討に移りましょう。これは弥勒作・世親釈といわれる『中辺分別論』にある定義です。前半の「実に、二（所取と能取）の無」の二＝所取と能取とは、「取られるもの」と「取るもの」、「認識されるもの」と「認識するもの」、現代的にいえば「客観」と「主観」の二つのことです。これは認識を構成する二つの要素ですが、この二つが対立している限り、それは迷える心であります。だからまずその対立を無くす、これが「二なるものの無」であります。しかし「無」だけといってしまうと悪取空者になりますから、続いて「無の有」というのです。この「無の有」も体験に基づいた言明であって、前の定義のなかの「残れるものは有り」に相当するといえるでしょう。このように「二の無」と「二の無の有」という両者のうち、「二の無」は、ヨーガや禅定を修すれば分かってまいりますし、例えばいま皆さんが、一生懸命私の講義に成りきって聞いているときには、自分も横山も無い。これもヨーガなのですね。ヨーガとは、まずは二の無を体験することです。

ところで、心は依他起性でありますから、どうしようもない縁起の力によって主観と客観に分かれています。その二元対立の心を一つにする力が「念の力」であり、その念から定と慧とが生じてきます。ヨーガとは念・定・慧と展開する心であるといえますが、やはり最初の念が大切です。念によって乱れる心を静めていくことができるのですから。とはいえ、初心者はなかなか難しい。いろいろな雑念が起こってきます。でも、あきらめないことが大切です。続ければ続けるほど念の力がついてきます。念こそ本当の自由、すなわち自らに由る世界に入る門であるといえるのではないでしょうか。

自由とは、一体何であるか。私たちは依他起の世界に身をまかせると、そこに自由はありません。生まれたくて生まれてきたのではありません。目を開く。見たくなくても見ざるをえません。雑念を起こしたくないのに起こってきます。そこに自由はありません。だからそこを「他に依って起こる」すなわち依他起性であるというのです。そこには自らに由るという自由がありません。その不自由を自由にしていく力、その最初の力が念であります。だから念を起こすことは自己変革への重要な第一歩であります。

▼否定と肯定

このように、二つの空の定義がありますが、後者の定義のなかで注意しなければいけないのは、「無の有」という言葉を聞くと、「無が有るのだ」と概念的に考えて、その「無」が実体として有ることであると捉えてしまうことです。それは二重の否定を経て得られる「有」であって、普通にいう「有る」という場合の有ではない点に注意すべきであります。二重の否定。これを理解することが大切です。最初は「所取と能取との二が有る」世界に生きています。それがまず否定され、「二の無」の世界が現われます。しかしそこにだけ住していれば、悪取空者に陥ってしまいます。しかしそこでもう一回の否定が行なわれます。すなわち「二の無」が否定されて「二の無の有」の世界に移り住むのです。このように空観には、二重の否定が行なわれています。この二重の否定こそが自分を変革していくことのできる重要な論理であると思います。「人間は人間でないから人間である」。「人間は人間でない」。ここに最初の否定が行なわれました。続いて「人間でないから人間である」という第二番目の否定が行なわれました。人間が復活したのですが、その人間は最初の人間とは違い、二重の否定を経てきた人間です。真の人間となった人間といえるでしょう。もしこの論理を信じるならば、「よし、いま迷える人間としてのこの自己を否定し、さらにもう一度否定して真の人間になるぞ」という意志と勇気が湧いてくるのではないでしょうか。

この二重の否定の論理を、人間だけではなく、すべての存在に当てはめてみることが大切です。例えばこのチョークはチョークではないからチョークである、他人は他人ではないから他人である、と考えてみましょう。するとチョークや他人に対する見方や態度が変わってくるのではないでしょうか。

否定から肯定へ。または否定即肯定。これをいい表わした術語が「真空妙有」です。真空だから縁起の理にしたがって消滅する諸法が有ります。この言葉は大切な事実をいい当てています。春の新緑は秋になると枯れて落ちていきます。自分の皮膚は年々衰えていきます。そのようなことがなぜ起こるのか。それは縁起の理がそこに働いているからです。その縁起の理が働きうるのは真空であるからです。私たちはヨーガを修することによって心を浄化すればするほど、すなわち真空に近づけば近づくほど、この事実をますます確信していくことができるのではないでしょうか。この真空なる心、それが不生不滅のものといえるのではないでしょうか。

真空を喩えていえば、依他起の心という海の一番深い底、深海であると考えてみてはどうでしょうか。静かに坐る。しかしまだ心という海の浅いところを漂っています。それが一年二年三年とヨーガや禅定を修していくうちに、ますます深海に入っていきます。真空に近づいていきます。そして一番深い底に到り、そして再び浮上して大波小波の渦巻く表面に到る。すると縁起の理に支配されて生滅する存在が、生き生きと見えてくる。ああそうなのだ、これでいいのだと思えるようになるのではないでしょうか。真空だから縁起の理にしたがって生滅する諸法がある。この言葉から大切なことを学ぶことができます。

次に「真空妙有」の「妙有」だから、それら諸法は「一如」であるといえます。なぜなら「残れるもの」は、「平等」であり「一味」であるからです。そこには差別がありません。すべてが平等として存在するからこそ、そこに真の意味での慈悲行が展開されます。真空は覚りであり、智慧であり、自利行です。これに対して妙有は慈悲であり、利他行が展開していく力です。『般若心経』は一見、否定の言葉ばかりですが、否定が目的ではありません。二重の否定を経て獲得された般若の智慧に基づいて六波羅蜜多を実践し、苦しむ人びとを救済することを目指しているのです。あの膨大な『般若経』群を作成した人びとのなかにも、理屈抜きで慈悲行を実践した人が多くいたのではないでしょうか。

以上、少し難しい論述でしたが、一応「空の定義」を説明させていただきました。

▼不二の世界

次に、本文の「不生不滅　不垢不浄　不増不減」を検討いたします。不生不滅・不垢不浄・不増不減は、まとめて「不二」ということができます。すなわち「二つではない」というこの世界は、般若の智慧に照らされた世界であるといえるでしょう。

まず「般若」について考えてみましょう。一体何が本当に存在するのか。この「一人一宇宙」の世界がいわば爆発して全体に還ったとき、究極の存在としてあるのは一体何なのか。この問いに対して『般若経』を作った人びとは、それは「般若」であると答えたのです。『般若経』群を作成した人びとが大乗を興したのですが、彼らにはストゥーパ（舎利塔）信仰がありました。すなわちストゥーパを作って釈尊の舎利（遺骨）をなかに安置し拝むのですが、その舎利は釈尊が獲得された「般若」を象徴したものだったのです。舎利を崇拝するとは、般若を崇めることだったのです。だからこそ、その信仰が膨大な『般若経』群を生み出したのです。

「般若」は、もともと小乗仏教では「法の簡択（けんちゃく）」と呼ばれ、得失や善悪を分別する智慧という意味でありましたが、大乗仏教になって、いわば存在全体に遍在する、宇宙にみなぎる智慧として考えられるようになりました。私たちは存在的には「一人一宇宙」であって、さびしいですね。しかし「あなたのなかにも般若の智慧があるのだ。私のなかにもあるのだ」という信仰をもってお互いに心を磨き、般若の光を増大せしめ、般若の光でお互いに照らし合っていくという生き方になれば、素晴らしいですね。般若の光で照らすと、他人が、いままで思っていたのとは違う、別の人物になって見えてくるでしょう。そうするとだんだんと自他対立の世界がなくなっていくのではないでしょうか。

最後に「不生不滅・不垢不浄・不増不減」の不二について考えてみます。まずこれを検討するに当たり、弥勒作といわれる『大乗荘厳経論頌（だいじょうしょうごんきょうろんじゅ）』真実品（しんじつほん）第一頌に、勝義諦（しょうぎたい）（究極の真理）の特徴として挙げられている、次の五つを述べてみます。

①有るのでもなく無いのでもない。
②その如くでもなく異なるのでもない。
③生ずるのでもなく滅するのでもない。
④減ずるのでもなく増すのでもない。
⑤清浄にされるのでもなく、また清浄にされる。

これらをまとめると、次のようになります。

①存在的不二（不有不無）
②差別的不二（不一不異）

③生成的不二（不生不滅）
④量的不二（不増不減）
⑤質的不二（不浄不不浄）

では、なぜそれぞれにおいて「不二」なのか。この理由を『大乗荘厳経論頌』の世親釈に見ていくと、次のように説明されています。

①存在的不二（不有不無）
「勝義諦は遍計所執と依他起との相としては有ではなく、円成実の相としては無ではない」
②差別的不二（不一不異）
「円成実は遍計所執と依他起との二つと一性でないからその如くではなく、その二つと異性ではないから異なるのでもない」
③生成的不二（不生不滅）
「円成実は業と煩悩とを縁として生ずるのではないから生ずるのではなく、不生の法は滅することはないから滅するのでもない。すなわち円成実は無為を自性とする」
④量的不二（不増不減）
「輪廻の時と涅槃の時とにおいて円成実は減ぜず増さない。それはあたかも虚空の如くである」
⑤質的不二（不浄不不浄）
「勝義諦は本性として汚染されることがないから清浄にされず、客塵（きゃくじん）煩悩を離れるから清浄にされないことはない」

右の五つの不二のうち、存在的不二が一番基本であります。勝義諦というのは円成実性のことで、勝義諦は遍計所執性と依他起性の相としては有ではない。だから「不有」である。しかし円成実性としては無ではない。だから「不無」である——と、このように論理的に不二を理由づけしていくのです。以下、他の四つにおいてもそれぞれの観点から不二であることが論理的に論証されています。

この五つの不二のうち、最後の三つが、『般若心経』にある「不生不滅・不垢不浄・不増不減」に相当しますが、いずれも唯識の術語である円成実性あるいは勝義諦という語を用いて説明している点に注目しましょう。これまで不生不滅などについての解釈を、唯識の概念でもって説明した『般若心経』の講義はあまりなかったのではないでしょうか。そこで敢えて唯識の経論にある論証をここに引用いたしました。唯識思想は存在を遍計所執性と依他起性と円成実性という三性（さんしょう）に分けます。すると三つに分けられたから、それぞれは違うのだと、つい分別してしまいます。だが存在そのものは言葉では表現できないのだから、三性という言葉に執着するな、存在の全体から見ることが必要なのだ、という立場から、五つの不二が提示されているのです。静かにあるがままの世界に戻ったら、言葉は通用しない、必要ではない。とはいえ、迷っている人間には、まずは言葉による導きが必要です。遍計所執性の世界から依他起の世界に入って、最終的に円成実性の世界に到ろうと説かれています。ありがたい教理です。しかしその言葉に執着してしまい、遍計所執性・依他起性・円成実性の三つはそれぞれ異なるものだと考えるとき、そこにまた迷いが起こってくるのです。遍計所執性などの三性も、そして迷いも覚りも、私たちのほうから与えた分別にすぎないのです。そこで「不二」ということが説かれるのです。このあたりを『般若心経』の真意に即して論理的に説明したのが前述した世親釈の解釈です。

最後に、①の「不有不無」と③の「不生不滅」の二つの不二との関係で、「私はいま生きているが、死んだら地獄、あるいは極楽に、生まれるのか生まれないのか」という思いを検討してみましょう。まず、この思いのなかにある「私」「生きている」「死ぬ」「地獄」「極楽」「生まれる＝有る」「生まれない＝無い」は、すべて言葉があるのみではないかと、問題を提起したい。このことを皆さんは、ヨーガを修するなかで、ご自分で確認してみて下さい。

いま生きていていずれ死ぬというのは、「時間」ですね。地獄か極楽か、そこには「空間」の存在が前提となっています。しかし本当に時間や空間は有るのでしょうか。問題は最後の「有る」か「無い」かという分別です。熱いフライパンの上に水を一滴二滴垂らすと、それははじけ飛んでしまうように、存在に成りきって成りきっているとき、「有る」「無い」という言葉を出すと、それははじけ飛んでしまいます。そのとき「有」と「無」とはこちらから出す心のなかのゴミであり、塵(ちり)のようなものであると気づきます。この気づく心、自覚する心が大切です。なぜなら、このように自覚することによって、そこにもう一人の「自覚する自分」が現われたからです。

そしてまた自覚する自分に気づいたら、その自分に「ありがとう」と感謝してみたらいかがでしょうか。するとまたそこに「感謝する心」が現われたのです。本当に心は奥深く不思議な存在です。

皆さん、ヨーガによって不思議な心の神秘を解明する第一歩を、ともどもに踏み出しましょう。

一応これで「不生不滅・不垢不浄・不増不減」という難所を越えたことにいたします。

（平成十二年十一月十一日の講座より）

第八講

五蘊・十二処・十八界

▼存在の分類法

今回は、『般若心経』のなかの、

「是故空中無色　無受想行識　無眼耳鼻舌身意　無色声香味触法　無眼界乃至無意識界」（是の故に空の中には、色も無く、受想行識も無く、眼耳鼻舌身意も無く、色声香味触法も無く、眼界も無く、乃至意識界も無し）

という部分を拝読します。

まず、「無い」とその存在を否定されているものは、次のような五蘊と十二処です。

五　蘊……色・受・想・行・識

十二処……眼根・耳根・鼻根・舌根・身根・意根の六根と、色境・声境・香境・味境・触境・法境の六境

続いて「眼界も無く、乃至意識界も無し」によって、十二処に眼識・耳識・鼻識・舌識・身識・意識の六識を加えた十八界が否定されています。

このように五蘊から始まって、次にそれを開いてさらに詳しく十二処とし、またそれをさらに開いて十八界とする、このような存在の分類法を「三科の分類」といいます。

いま、存在の分類法といいましたが、その存在は、もともとは自分という存在、この己れという存在、すなわち「我」という存在の構成要素の分類であり、決して自然科学的な意味での分析・分類ではありません。仏教の分析は、すべて無我を証明することを目的とします。このことは唯識論書の各所で強調されています。ここが自然科学と根源的に違う点であります。

では、分析するとなぜ無我が分かってくるのでしょうか。まず、私たちは視覚と聴覚に惑わされているという事実に気づきましょう。例えば皆さん、鏡の前の像を見て、これは「自分」だと判断しますが、鏡像を自分と思うのは間違いです。鏡像を本当に「自分」といえるでしょうか。また、ここに「服」を着ているといいますが、服といったものなど、どこを探してもありません。よく見れば、あるのは繊維です。しかし、繊維もない。では何があるかというと、分子、原子が、そして最後には、陽子、中間子、電子といった素粒子があることに気づきます。ここまでくると、あの「服」という存在が一体何であったのでしょうか。

『華厳経』のなかに、「心は工画師の如し、種種の五陰（＝五蘊）を画く、云々」という一文がありますが、本当に私たちは絵師の如くに、各人の心のなかで、感覚のデータと思いと言葉との三つが織りなす世界を描いているのです。これは事実です。「否、そんなことはない、自分の眼で見る通りに存在があるのだ」といい張る自然科学者がいたら、彼は事実を事実と見る科学者ではありません。

▼科学の観察と仏教の観察

とにかく、仏教の分析は無我を証明するためです。そこでまず、「自分」というものは色・受・想・行・識という五蘊すなわち五つの構成要素から成り立った仮の存在であると見るのです。そうすると私たちはまたその五つの構成要素にこだわっていくようになります。例えば、色という身体が、物が、受・想・行・識という心があると執着してしまいます。そこで五蘊をさらに分析して十二処があると見るのです。これによって、例えば色が五根、五境、法処所摂色に分かれ、身体や物という存在が消えていきます。

五蘊のなかの色蘊は、このように身体を構成する五つの感覚器官（眼・耳・鼻・舌・身の五根）とそれらの五つの対象（色・声・香・味・触の五境）と法処所摂色との三グループにさらに分析されます（第三講などで詳しく述べたので、参照して下さい）。このなかの法処所摂色は、意識の対象ですが、禅定のなかで意図的に作り出す影像もこのなかの一つに含まれています。また、眼を閉じても何かの色が見えますね。この色は第六意識が見ていると唯識では考えるのです。眼をつぶっていても色や形が見えるのです。本当に不思議ですね。また禅定に入っているとき、種々の影像を意図的に作り出すことができます。すなわち唯識所変です。そしてこのことを禅定の世界から現実の世界にも当てはめ、一切は唯だ識のみがあるにすぎないと主張するのです。

そうすると、外界実在論者が次のように反論してきます。外界に事物がなければ認識は起こりえない。外界に事物があり、それからの刺激があって初めて心のなかに影像ができるのであるからと。それに対して、例えば世親の『唯識二十論』では、「夢の如し」と、一言で片づけてしまうのです。本当に、外界に事物がないのに夢をみますね。いや、夢と現実とは違うのだ、とさらに反発する人がいるかもしれません。でも、夢と現実とのどちらが本当の夢なのでしょうか。もしかしたら、いま現実と思っているこの世界のほうが夢であるかもしれません。私たちが知りうるのは「夢の世界」と「覚醒の世界」の二つしかありません。だから、どちらが夢でどちらが本物か、判断がつかないのです。

この問題はプラトン全集のなかにもありますし、あの「胡蝶の夢」もそうです。荘周（荘子）がうたた寝をして夢をみた。そのなかで蝶になって野原を飛んでいたが、眼が覚めると、もとの荘周に戻っていた。そこで彼は、蝶が荘周になったのか荘周が蝶になったのか、どちらであるか分からなくなってしまった――という、『荘子』のなかの有名な話です。

確かに、夢も覚醒もいずれも夢であります。だが私たちは覚っていないから夢と覚醒を分けてしまうのです。両者が共に夢であると覚るのは、仏陀すなわち「目覚めた人」のみに可能です。

三科の話に戻りましょう。五蘊から十二処へ、そして十八界へと分析を細かくしていくのは、自分というものが多くの要素によって構成されており、仮に存在するものにすぎないと知るためです。このように、より細かく分析をしていく方法は、自然科学においても同じことですね。それによって、とうとう一番小さな素粒子であるクォークに行き当たりました。そのように考えると、科学の観察と仏教の観察とは、同じ方向を向いているのですね。つまり、科学も仏教も、仏教的な言葉でいうと「法の相」の何たるかの解明を目指し、それを覆うヴェールをどんどんと剥いでいって、仮の存在の、そのまた奥に何があるかを追求していくのです。

その相を覆うヴェールを剥ぐのが、「念」という力です。念の力でもって相の奥にあるものを引きずりだす。あるいは念の刃でヴェールを切り払い、相の奥に入っていく。すると、いままで気がつかなかったものに、どんどんと気づいてきます。これがヨーガという観察方法です。その観察するいわば道具が身体です。身体を道具とし、心でもってより奥にあるもの、より細かいもの、より本質的なるものを見ようとする、これがヨーガの目的です。同様に自然科学の場合は、実験器具、例えば電子顕微鏡を用いて素粒子を見ようとするのです。両者を比べて、身体と実験器具とは違うと思うかもしれませんが、同じことなのです。なぜなら実験器具は身体の延長ですから。例えば電子顕微鏡は眼の延長であって、実験器具が見ているのではなくて、やはり自分の眼が見ているのです。

だから、科学者の眼とヨーガ行者の眼とは、行き着く先は同じであると、私は確信しています。

▼無明を滅して「明」を得る

このように自分とは、五蘊ないしは十八界から構成された仮の存在であると学んで、よし今日から我をなくそうといっても、なかなかなくならないものです。どうしても我が出てきます。その我が出てくる原因として、「無明」と「末那識」があります。

このうち「無明」というのは、なかなか理解が困難な概念です。そこで、いま、無明とは、字の如くに心のなかに明が無い状態、喩えていえば、心にいまだ電灯がつかず真っ暗な状態をいう——と定義しておきましょう。皆さん、眼を開けると明るい世界のなかにいると思いますが、しかしこれは知覚によって誤魔化されているのです。皆さん、宇宙の果てを知っていますか。生まれる前の世界を知っていますか。死んでから行く世界を知っていますか。全く知らないですね。これらに関しては真っ暗闇なのです。このように誰も知っていない、この無知を無明というのです。

しかし釈尊は、六年間の修行の結果、十二月八日に、明星と共に「無明」を滅して「明」を、すなわち無上正覚を獲得された（成道された）のです。自分の世界に電灯をともされ、生まれることも、老いることも、死ぬこともない世界に触れた、と言明されたのです。

「不生・不老・不死の世界に触れる」、なんと素晴らしいことでしょう。できれば私も触れてみたい。触れるためには、まずはその言葉を信じ、そして次にそれを論理的に考えていかねばなりません。しかしこの論理的思考ということには注意が必要です。それは、この論理的に思考することは最終的には直観に至るための方便であり、また論理的思考は知的直観に裏づけされたものでなければならないということです。論理的思考だけでは強い力を発揮できません。そのために論理的思考が知的直観に裏づけされる必要があるのです。そのためにはヨーガなどの修行をしていかなくてはなりません。

仏教では聞慧・思慧・修慧の三つの智慧を説きます。これを聞思修の三慧といいます。まず釈尊の「不生・不老・不死の世界に触れた」という言明を聴聞し、それを何度も何度も心のなかに熏習せしめる。これが聞慧です。次に、自らこの言明の内容を考える。ここが仏教が哲学性を持っている点です。論理で考えていくことが要求されるからです。しかし、前述したように、論理的思考と知的直観との二つで考えていかなければなりません。時には言葉を用い、時には言葉なしで考えるのです。これが思慧です。そして最後に、言葉なしで繰り返し修行することによって、釈尊が触れられたのと同

無明から苦が生じる過程

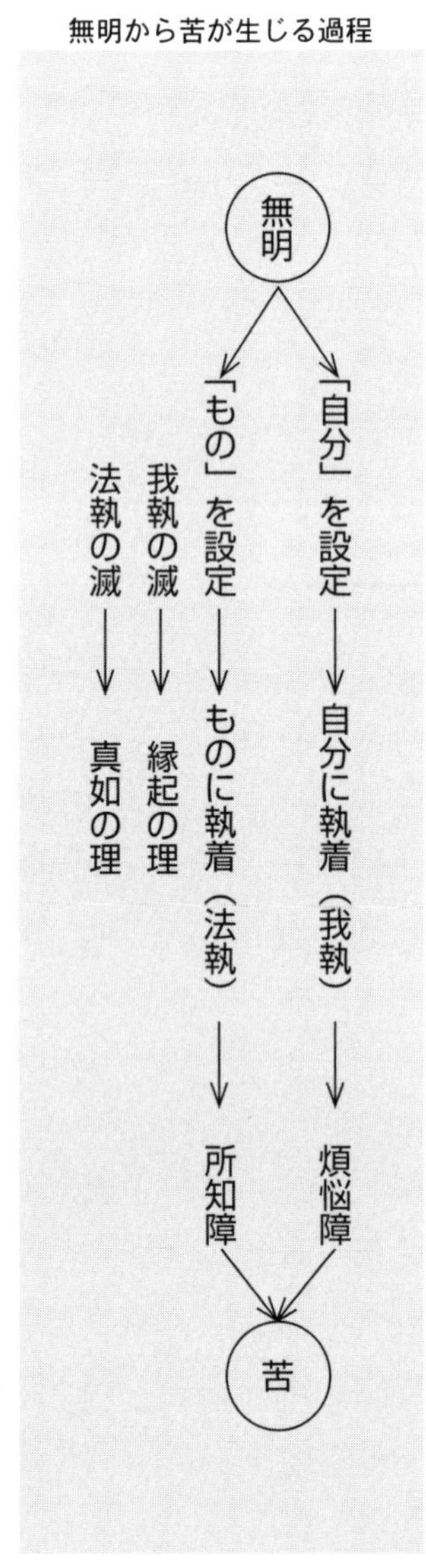

じ世界に自らも触れる、これが修慧です。このように聞慧→思慧→修慧と展開するのですが、この展開を、言葉を浮き袋に喩えて、次のようにいうことができます。

「水泳ができるようになるには、最初は浮き袋がいる。そのうち少し巧くなってくると、時には浮き袋を離れて泳ぐし、時には浮き袋につかまったりする。そして最後はもう浮き袋なしで泳げるようになる。そうなると海そのもののなかにずーっとひたり続けることができる。このように最後の修慧に至ると、もう言葉なしでいつもあるがままの世界、すなわち不生不老不死の世界にずーっとひたりきることができる」

と、このように私は不老不死というものを考えております。

ここで、無明から苦が生じる過程を図にまとめてみましたので、それを見てみましょう（右図参照）。

一番上に無明があります。心のなかに明るい電灯がついていません。または真っ赤に燃える太陽が現われていません。暗い闇の心のなかで、私たちは「自分」を設定し、「もの」を設定します。このうち前者によって自分に執着する我執が生じ、それによっていろんな煩悩障を起こして苦しみます。さらに後者によってものに執着する法執が生じ、それによって知るべきものをさまたげる所知障が生じて苦しむことになります。

以上の因果関係を知ると、「よし、心のなかから、苦しみを生む執着を、障りを、ヴェールを除去しよう」という決意が湧いてきます。その決意を実行に移すために、「我執を滅して縁起の理を覚り、法執を滅して真如の理を覚ろう」という思いを起こすことが必要です。人間はもともと何かの理に則して生きていかなければなりません。仏教はその理として、縁起の理と真如の理とを説きますが、この二つの理にすべての他の理が包括されていると、私は最近強く思うようになりました。

このうち縁起の理とは、すでに繰り返し述べてきましたように、「Ａ有ればＢ有り、Ａ無ければＢ無し」という法則です。これは自分（我）への執着がだんだんとなくなってくると、ますますはっきりと見えてくる理です。また逆に縁起の理に気づけば気づくほど、自分がなくなってきます

人間は何か緊急事態に遭遇したら、我がなくなるのですね。三日前に私の大学の講師室で、ある女性の先生が頭が痛い、気分が悪いといい始められ、段々意識がなくなっていかれたのです。脳に異常が起こったのではないかと思ったのですが、どうすればよいか、私も周りの人もあわて始めました。とにかく大学の診療所に電話して救急車を呼んでもらうことにしました。救急車が来るためには正門を広く開けて、通りやすくするために部屋の机や椅子を移動させたりしました。そしてみんなで救急車が早く来てほしい、早く来てほしいと祈りました。後でそのときの自分を考えると、もちろんウロ

ウロとあわてたのですが、とにかく思いはその女性に向けられていました。みんなもそうだったと思います。これから考えられることは、緊急事態に遭遇すると、日頃の自分がなくなるということです。これは特別な縁ですが、日常の生活のなかでも、この「縁起の理」に即して物事を観察していくと、本当に我がとれてきます。憎い人と思っていた人への憎さがとれて、その人の普遍的な命に気づいてきます。他人によって生かされているということが分かってきます。だから「感謝の気持ち」が起こってきます。そしてその感謝の気持ちが、慈悲行となって展開していきます。

人間の二大尊厳性は「智慧」と「慈悲」であるということもすでに述べましたが、智慧が慈悲になる間に、「感謝する気持ち」が必ずあります。その感謝する念が起こるには、生かされているという事実を知る必要があります。この「知る」ということが大切なことです。「人を愛しなさい」と倫理道徳はいいます。でも、なぜと考えてしまいます。倫理道徳を教えるべきであるという教育基本法の改革案が出されましたが、上から一方的に押しつけるのではなく、その前に、「一体何か」「自分とは、他人とは、自然とは、宇宙とは一体何か」と問いかけるような教育を、小中高で行なってもらいたいと思います。

▼あるがままにあるもの

次に、法執がなくなると真如の理が見えてくるということについて考えてみましょう。広く「もの」はあると思い、その「もの」へ執着すると、それがいわばヴェールとなって、あるがままにあるものを見ることはできません。しかしその覆いがとれると、あるがままにあるもの、すなわち真如の理が分かってきます。

突然、科学の話になりますが、量子力学の発達で、存在観が全く一変しました。ハイゼンベルグの不確定性原理というものがありますが、電子を観察するとき、位置が分かると運動量が分からなくなり、運動量が分かると位置が分からなくなることが発見されました。マクロの普通の世界では、物体の運動量と位置とは同時に観測され、何秒後、何分後のその物体の位置は予測されますが、ミクロ世界ではそれが分からないというのです。科学も、とうとうそういう世界にまで至ったのですね。いままでは、ここにこの「物」があり、その物は、最小の大きさを持つ素粒子から成り立っていると考えられていたのですが、その素粒子には大きさがなくなり、しかもマクロの物体とは全く様相を異にした振る舞いをすることが分かりました。「物」から「原子・分子」へ、原子・分子から「素粒子」へ、そして素粒子からまた何か新しいものが発見されていくことでしょう。

このように科学でも、あると思っていた「もの」を次々と否定して存在の深奥に迫っていき、「存在は唯だ心が変化したものである」とまではいかなくても、とうとう観察者自身も存在に関与していることが分かり始めてきました。そしてさらに観察を深めれば、「自分」と「もの」とを含めた存在全体の「あるがままにあるもの」に近づいていくことができるであろうし、いずれそうなるのではないかと期待しています。

こういうふうに、量子力学を唯識思想に近づけて解釈することには問題があるかもしれませんが、私は、唯識思想、特にそのヨーガという観察方法は、科学的観察にも通じたところがあるという確信を得たいま、そしてますます科学技術が発達する二十一世紀を迎えるいま、科学者の眼とヨーガ行者の眼との共通性を探っていかなければならないという思いがますます強まってきました。

▼我執はなぜ起こる

ではここで、我執がなぜ起こってくるのかを考えてみましょう。
まず、自分という判断には次の二つがあります。

①「これは自分である」
②「これは自分のものである」

普通私たちが考える自分は、②の判断のなかの自分です。そういう判断は、もう無数にあります。例えば、自分の身体、自分の心、自分の財産、自分の会社、自分の地位などです。この際、身体ないし地位といった「もの」を対象として「自分」が起こってくるのですね。もしも対象とする「もの」がなければ「自分」はない。バラモンの四つの生活期間（学習期・家住期・林住期・遊行期）の最後の遊行期は、何も所有せず、すべてを捨てて各地を放浪し、そして死を迎えるという期間ですが、それは自分への執着を断ち切るためです。何も持たなければ、そこに自分というものは起こってきません。自由に、本当にこだわりなく、生き生きと生きていくことができるようになるでしょう。私たちも晩年になってきたら、そういうふうに所有物を少なくして生活態度を改め、自我への執着を徐々になくしていきたいものです。しかし最後の最後に残るのは、「自分」という存在に対する執着です。

でも、このとき、「唯だ五蘊だけがある。唯だ色受想行識だけがある。唯だあるのはこれだけである」という釈尊の教え、唯識思想の教理を思い出し、日頃思っている「自分」という言葉や思いに対応するものが本当にあるかどうかを、心の内に住して静かに観察してみましょう。

次に、「これは自分である」という判断について考えてみましょう。皆さん鏡を見て、「この顔は自分だ」と判断しますが、それは正しい判断ではありません。正しくいうなら「これは自分の顔である」と所有格を付して判断すべきです。手を見て「これは自分だ」とはいいませんが、鏡のなかの顔を見ると、「これは自分だ」といってしまいます。それは間違っているのです。

さあ、「これは自分だ」と判断できる、そういう「もの」が本当にあるのでしょうか。これをヨーガや禅定を実践し、静かに観察してみて下さい。決して見出すことはできません。

とはいえ、私たちは、いつも「自分」あるいは「自分のもの」と言葉で語り、そしてその自分に執着してしまいます。それはなぜでしょうか。それに対して唯識思想は、次の二つの原因を考えます。

①無明
②末那識

このうち無明から我執が生じることは、すでに述べました。唯識思想は、さらに末那識という深層に働く自我執着心を発見し、それが表層における「自分」への執着を生じさせる原因であると考えるのです。とはいえ、末那識があることはなかなか分かりません。そこで表層心がいつもエゴ心で濁(にご)っているという事実、すなわち自分の行為は常に自分に跳(は)ね返って来るという事実から、末那識の存在を推測することができます。例えば善いことをしても、善いことをしたのだという思いが自分の心をくすぐります。本当にすべての行為は自分に跳ね返ってきます。それはエゴ心に濁った善であり、「有漏善(うろぜん)」といいます。このように善が有漏善であり、すべての行為が有漏業(ごう)にならざるをえないのは、深層に末那識がある証拠であるということができるでしょう。

▼「見」と「観」

本当に私たちには、生きていく苦しみ、老いていく苦しみ、死んでいく苦しみがあります。そういう苦しみをなくすためには、我執をなくす必要があります。では、そのためにはどうすればよいか。それはやはり「教→行→証」と進む仏道を歩まざるを得ません。まず、教えを聞くことから入ります。そしてそれを理解する必要がありますが、我執をなくすための一番よい教えが「仮和合」であると思います。そのために前述した三科の分類を学び、自分というものは五蘊ないしは十八界という構成要素から成る「仮の自分」（仮我）であると、まずは知的に理解することが必要です。

しかし言葉による知的理解は、あくまでそこまでで、具体的に我執をなくすためには、言葉が消え去っていくような、そういう心を何らかの実践を通して養成していくことが必要です。その実践の一つがヨーガです。

ヨーガは、まずは散心を静めて定心になることから始まります。私たちの普通の心は散乱し、いわば心が外に流れ出ています。だから眼を閉じてみましょう。眼を閉じると何も見えなくなりますが、それだけ眼による心の乱れ、心の外への流散がなくなります。しかしまだ聴覚が働いています。その聴覚をなくすには、どうしたらいいのでしょうか。そのためには、心全体をある一つのものに集中せしめればいいのです。すなわち念の力で心の全エネルギーを一点に絞っていく（集中していく）と、聴覚が統御されてきます。心が聴覚の対象に流れ出ることがなくなっていきます。

このようにしてだんだんと表層心が静かに定まってきますと、深層心が観えてきます。これは決して視覚で「見る」のではなく、心で「観る」というべきでしょう。「眼で見る」と「心で観る」とはどう違うのか。見と観、この言葉を手がかりに心のなかを探ってみられたらよいでしょう。

ヨーガを修する第一歩は、外への心の流散を止めて心を内に住せしめるために、ある一つの対象に成りきっていく念の力を養成することです。その方法の一つが、吐く息、吸う息に成りきっていく随息観です。息は、自分で息してるのではないですね。本当に依他起の存在で、他に依って起こっているのですね。その息のなかに「私が」という言葉と思いとを溶かし込んでいく、それが念の力であると思います。ヨーガといいますが、最初はこのように念の力をつけるために、随息観で押していってよいでしょう。

▼阿頼耶識からの顕現

我執をなくすためには、まず仮和合という教えから、自分は「仮の存在である」と知的に理解していくことから始まるといいましたが、この「仮」を「似る」ということから唯識的に考えてみましょう。

唯識思想は、自分とか手とかいったものは存在しない。唯だあるのは、自分に、あるいは手に似た影像があるだけであると主張します。皆さんも手を見て「自分の手だ」と自分と手とがあるように思います。しかし「自分」に似た心、「手」に似た心があるにすぎないというのです。この主張に従って、心のなかを静かに観察してみましょう。ここにあるチョークの白いとか長いとかいう色や形は、外界にある属性なのでしょうか。静かに観察し考えれば、それらは外界にある属性でないことが分かってきます。なぜなら私たちは決して外界に出たことはなく、外界に物があるとしても、それ自体を直に見たことはないからです。やはりこの白いとか長いとかいう属性は心が作り、しかも心のなかにある影像であると結論せざるをえません。

本当に自分がそのなかに閉じ込められている、具体的な世界のなかにあるすべての存在は、自分の深層心から流れ出たものであるという唯識の考えは、なかなか否定できないでしょう。また、人間だから白いとか長いと見るのですが、人間以外の動物は別のように見るでしょう。人間が見ているものだけが本当なのだという考え、すなわち人間は万物の尺度であるという考えが間違っていることは、直観的に分かります。

阿頼耶識説からすれば、私たちは人間としての阿頼耶識を持っているから、その阿頼耶識から一気にこの世界が顕現してくるのです。だからチョークがあるのではなく、一方にはチョークに似た心が現われ、他方にはそれを見る心が現われるのです。このように心が二つに分かれるのは、そこに縁起の理が働いているのであって、全然自分というものが関係していません。眼を覚ましたとき、よし、いまから世界を二つに分けるぞといって分けるのではなくて、起きた瞬間に世界が二元化されてしまうのです。本当にそのときには自分というものはありません。それが、心が似た「自分」と、同じく心が似た「もの」とを言葉と思いでもって心の外に投げ出し、自分がいるのだ、ものはあるのだと考え、そしてそれらに執着をして苦しんでいるのです。術語でいうと、心のなかにある「似我似法」を「実我実法」と執するから生死輪廻するのです。

ところで、『般若心経』には、「色も無く、受想行識も無く……」と、無という語による否定の連続ですが、この「無」にこだわってしまうと、何もないという虚無主義に陥ってしまいます。そこでこの誤りに陥らないためには、「有に似て有に非ず」という意味での無であると唯識的に解釈することが必要です。この「有に似て有に非ず」ということを、心のなかで静かに考えてみましょう。するとこれが真実であることが分かってきます。

唯識の教理の素晴らしさは、それを自分で確認をしていくことができる点です。皆さんも心のなかで、自分という言葉、自分という思いを対象にして、それが何であるかを観察してみて下さい。またお金に執着する人は一万円を前にして、それは一体何だろうと観察してみて下さい。釈尊は、死体がたくさんある場所で修行されたといわれています。そこで「死とは何か」を探り、追求し、最後に「死なき世界」に触れられたのです。さあ、私たちも、実際にヨーガを組み、心の内に住して、「死とは何か」と追求していきましょう。すると、生まれることも老いることも死ぬこともない世界があるのだという思いが、だんだんと強くなっていくことでしょう。

今回はこれで終わります。来月はいよいよ二十一世紀。では、二十一世紀にお会いしましょう。

（平成十二年十二月九日の講座より）

第九講

正聞熏習と無分別智

明けましておめでとうございます。今年（二〇〇一年＝平成十三年）は、二十一世紀の開闢（かいびゃく）という特別の新年です。考えてみますと、それはヨーロッパの年号でいうことであって、仏教とは関係がないという人もいますが、これも方便（ほうべん）で、竹が節を作って成長するように、私たちも、ときおり節目を作って飛躍し発展する契機とすべきです。

▼言葉と事物

さて、『般若心経』の本文を拝読してまいりますが、今日は「言葉」とは何か、この点に絞ってお話をさせていただきます。

まず、

「言葉で認識する通りには事物は存在しない」

ということを考えてみましょう。

本当に私たちは、言葉通りに事物があると思い込んでいますが、そうではありません。すでに何度か述べていることですが、手を見て誰の手であるかと質問しますと、当然「私の手である」と答えます。そのとき確かに手は見え、手という言葉に対応するものはすぐに認知できますが、しかし「私」という言葉に対応するものをいくら探しても見つかりません。結局は「私」というのは言葉の響きがあるだけなのです。広くいえば、私という生命体があるのだと思っていますが、それは実は存在しません。そのことを「人無我」といいます。

ところで、「私」はないにしても「手」はあると思われたかもしれませんが、静かに観察すれば、実は「手」も言葉の響きがあるだけということが分かってきます。手というのは、自分自身を構成する構成要素の一つですね。それら構成要素をひっくるめて「諸法」といい、唯識思想では全部で百の要素に分析し、それを「百法」と呼ぶということは、すでに第七講などで述べましたが、部派仏教までは、「私」は存在しないにしても私を構成する構成要素すなわち諸法は存在するという立場をとりました。しかし大乗仏教は、そのようなものも言葉の響きがあるだけで実際には存在しないという「法無我」を主張しました。このことが、いま拝読している次の一文のなかに述べられているのです。

「是故空中無色　無受想行識　無眼耳鼻舌身意　無色声香味触法　無眼界乃至無意識界　無無明　亦無無明尽　乃至無老死　亦無老死尽　無苦集滅道　無智亦無得」（是の故に空の中には、色も無く、受想行識も無く、眼耳鼻舌身意も無く、色声香味触法も無く、眼界も無く、乃至意識界も無く、無明も無く、亦た無明の尽きることも無く、乃至老死も無く、亦た老死の尽きることも無く、苦集滅道も無く、智も無く亦た得も無し）

「空の中には色も無く」以下、「受」から始まって「得」に至るまでの仏教術語で表わされるものの存在が、すべて否定されているのです。これは存在の構成要素は存在するという見方を否定するための、そして言葉通りには事物は存在しないということを主張するための言明であるといえるでしょう。色というのは、広くは物質的なるものを意味しますが、狭くは感覚器官を有する身体（有根身）のことですから、「手」がないというのはこの一文でいうと、「色が無い」ということのなかに含まれます。とにかくこの一文は、「言葉でもって考える通りに事物は存在しない」という事実をいうために否定の文句を繰り返していると解釈できます。

このように、事実は「我」も「法」もない。しかし私たちは我執と法執との二つの執着を起こし、その結果、苦しんでいる。そういう因果関係を断つために、この『般若心経』のなかで、言葉で表現されるすべての存在を否定していくわけであります。

ちなみに、ヨーロッパ哲学においては、認識論と存在論とが別々なのです。ギリシャ哲学以来、存在とは一体何であるかを追求する存在論が主流でした。それが近世になって人間の理性というものが復活して、理性ははたして神といったものを扱うことができるのか、理性は一体どこまで認識できるのか――などを考える認識論が盛んになってくるのです。そういった意味で認識論と存在論は、ヨーロッパにおいては別なのです。

しかし仏教、特に唯識においては、「言葉で認識する通りには物事は存在しない」というように、認識論と存在論とが一つになっています。私たち日本人は明治以降、ヨーロッパの概念を使ってしか物事を考えることができなくなっているのですね。

仏教は宗教であるだけではない、それは科学性と哲学性とを兼(か)ね具(そな)えた思想であるということは、すでに繰り返し述べてきました。レリジョン（religion　宗教）、フィロソフィー（philosophy　哲学）、サイエンス（science　科学）を別々に考えるのは、ヨーロッパの概念であって、インドにはありません。したがってもともとインドの思想である仏教は、この三つを兼ね具えたものであるのです。だから私たちは声を大にして「仏教は宗教ではない」といおうではありませんか。もちろん仏教は宗教性は持っていますが、宗教性だけを持つ思想ではないとはっきり認識すべきです。科学性をも持っています。だから科学技術がもはや最高度に達しようとする二十一世紀に相応(ふさわ)しい思想であります。

話を「言葉でもって考える通りに事物は存在しない」ということに戻しますが、まず、言葉で捉える以前の存在に注目してみましょう。皆さん、いま目を閉じて、そして目を開けてみて下さい。ものが見えますね。これは本当にありがたいことですし、考えてみると不思議なことです。なぜならいま皆さんはこの黒板を見ていますが、黒板も原子・分子からできた「物」、目という感覚器官も同じく原子・分子からできた「物」、この二つの物同士が認識関係に入ったとたんに視覚という「心」が起こるのですね。さあ、これは一体なぜなのか。この問題をもしも解決できたら、ノーベル賞をもらうことができるでしょう。

なぜ解決できないのか、それは私たち人間が、いわば「なまの存在」を言葉で切り取って「物」と「心」とに変貌(へんぼう)せしめてしまったからです。「言葉でもって考える通りに事物は存在しない」。だから「物」や「心」といった、言葉で捉えたものは本来的には存在しないのです。生命とは何か。それは身体と心から成り立っている。生命を司る根源はＤＮＡである……と、このように生命を考える。しかしこれらは、すべて生命というものを言葉と記号でもって客観的に捉えたものです。もちろんＤＮＡなどの科学的な生命観も必要ですが、忘れてはならないのは一人一人の人間が背負っている、「なまの存在」としての生命です。その「なまの存在」としての生命は、例えば目覚めた瞬間に、自分の周りに、いわばビッグバン的に展開してきます。唯識的にいうならば、阿頼耶識(あらやしき)のなかの種子(しゅうじ)が芽をふいて、現行(げんぎょう)を生じたのです。そしてその瞬間の存在は、物でも心でもないものですね。まさにそのときは、ただ「なまの存在」があるだけです。それを人間が分別して物と心に分けてしまうのです。それゆえ、敢えていうならば、「存在は物でもない心でもない、物質でもない精神でもない」というべきです。だからデカルトに「何を証拠に精神と物質の二つの実体があるというのか」と反論したい気持ちです。『般若心経』は、このように私たちが言葉でもって「Ａか非Ａか」に分けていくこと自体が大きな認識の間違いであることを主張するために、否定を繰り返しているといえるでしょう。

では、存在をどのように見ていくべきか。それは、「般若の智慧で空と見る」べきであると説かれています。その「空」は、本来は言葉では表現できません。しかし、敢えていえば、否定的には「Ａに非(あら)ず非Ａに非ず」と、また肯定的には「Ａ即(そく)非Ａ」ということができます。もっと厳密にいえば、Ａといったら非Ａ、非Ａといったら非非Ａ、非非Ａといったら非非非Ａというべきです。これを専門用語で「百非(ひゃっぴ)」といいます。存在そのものは言葉では表現できないというのが、『般若心経』の裏にある精神です。

▼縁起を見るものは法を見る

朝、目を覚ますと再び世界が現出します。この現象世界を「有為（うい）」といいます。作られたものという意味です。では一体何が、誰が作り出したのか。これに対してバラモン教には、例えば大自在天（だいじざいてん）という神が遊びのためにこの現象世界を作ったのだという説があります。または、ブラフマー神が一人では淋しいから、その淋しさを紛らわすために自分以外の物を作ったのだという神話もあります。

これに対して仏教は、そのような神を立てません。釈尊は静かに禅定に入られて、事実を事実として——いわば科学的な目をもって、己の存在を観察されたのです。そして発見されたのが、「A有ればB有り、A無ければB無し」という縁起の理でありました。そしてなぜ有為の世界が生じるのか、それは因と縁によって生起してくると説かれたのです。なぜ目が見えるのか。それを物と心とに分けて、物と物とからなぜ心が生じるのかと問えば、それは解決できません。なぜ目を開けたら見えるのか。これを仏教的に答えれば、「縁起の理によって見えるようになるから見えるのである」といわざるをえません。

この縁起の理を信ずることが、まず要請されます。だから釈尊は、「縁起を見るものは法（真理）を見、法を見るものは縁起を見る」と説かれたのです。

この縁起の理によって、一人一人の有為の世界が生じます。その有為に対して私たちは、言葉でもってそれを分けて把握します。いま、静かに観察してみましょう。そして観察したことを、言葉で表わしてみましょう。「ここに自分というものが存在する。その自分に手があり、その手を動かしている心がある」と、このように考えます。そして「自分」「手」「心」といったものが、実体として、いわば固定的・不変的に存在すると思いますが、すでに繰り返し証明したように、そのようなものはありません。すべては「諸行無常（しょぎょうむじょう）」であって、エネルギーの変化体が渦巻いているだけです。そこには自分で自分を統御できるような固定的・不変的な「自分」など存在しません。これも繰り返し実験しましたが、目を開けるとものが見えますが、それは「自分」が見ているのではなく、見せられているのです。ここを確認することが重要です。

とにかく、このように縁起の理によって、唯識的にいえば阿頼耶識から生じる心の変化体すなわち有為の世界があるだけです。それなのに私たちは、その有為に対して、強引に言葉を付与して複雑極まりない世界を現出させているのです。

▼有為と言葉

ここで、有為と言葉との関係を考えてみましょう。まず言葉の働きですが、言葉があって初めて、ものがものとして認知されます。目を開けて何も考えずに、私が手にしているこれ（コップ）を見ていただきたい。これに言葉を付与しなければ、これが何であるか認知できないですね。しかし、何かがありますね。否、あるともいえないですね。そのとき、「コップ」や「ある」という言葉を出して考えたとき、初めてそこに「コップがある」と認知するようになるのです。

このような、言葉と対象との関係はいかなるものかと、心のなかでの出来事を静かに観察することが、ヨーガの一つの方法です。もちろん、禅宗的な、黙って坐る坐禅もヨーガの一種であります。とにかく、何でもいい、「無」に成りきれ、と禅は教えます。これもいいですし、それによって覚りに至ることもできます。しかし、そういう修行方法だけでしたら、何が何やら分かりません。自分も納得しないし、人にも説明できません。やはり、「言葉とは何か。言葉にはどういう働きがあるか。言葉と有為すなわち心とはどういう関係にあるのか」を、しっかりと心に知っておくことが大切です。

言葉とは何か。言葉の働きは何か。言葉の限界は何か。以下、これについて考えていきましょう。

言葉は、すでに第七講などで述べた通り、「名・句・文」の三つから成り立っています（左図参照）。

このうち「名」とは名詞で、最小限それが何であるかが認知できる単語です。例えば「諸行無常」という場合の「諸行」や「無常」が名であります。次の「句」とは、例えば「諸行は無常である」という文章のことです。最後の「文」は、「し・よ・ぎ・よ・う」という一つ一つの文字のことです。

このうち最初の名によって言葉を代表させますが、まず言葉は対象が何かと認知する働きがあり、同時に対象を実体化する働きがあります。例えば「それはチョークだ」といえば、それがチョークであると知り、かつチョークというものがあると考えます。

次に、言葉の限界についていえば、言葉と対象とは決して一致しないということです。普通、「そ

名・句・文について

名（nāma）	諸行・無常	（名詞）
句（pada）	「諸行は無常なり」	（文章）
文（vyañjana）	し・よ・ぎ・よ・う	（文字）

れはチョークだ」といえば、それがチョークであると思って何も疑いませんが、チョークと名をつけられる以前の「なまの存在」はチョークではありません。チョークというのはあくまで言葉（名）であり、対象（義）そのものではありません。言葉と対象とは一致しません。このことを術語で、

「名と義との相互客塵性」

といいます。ある家を訪れる客、あるいは鏡の表面に付着した塵は、家にとって、また鏡にとって本来的なものでなく一致しないように、名（言葉）と義（対象）とは一致しない、イコールではないという意味です。確かにそうです。例えば火を見て、火だ、といっても口は熱くなりませんね。「火」と、それが指し示す「もの」とはまったく違うものであるからです。

なぜ「名」と「義」とは相互に客塵であるのか、これを、唯識思想を体系化したインド人論師・無著（アサンガ asaṅga）の著書『顕揚聖教論』では、次のように理論づけをします。

①名より先に覚は生じない。
②一つの義に多くの名がある。
③名は一定していない。

①の「名より先に覚は生じない」とは、名で呼ぶ前はそれが何であるか知ることができないということです。

②の「一つの義に対して多くの名がある」とは、例えばこれ（チョーク）に対して、英語では「チョーク」といい、日本語では「白墨」というように、一つのものに対して多くの呼び名があるということです。

③の「名は一定していない」とは、例えば時代に応じて呼び方が違ってくるのですね。例えば、釈尊によって説かれた教えを、以前は「仏道」あるいは「仏法」と呼んでいましたが、いまは「仏教」といいます。

このように唯識派の人びとは、ヨーガを通して名（言葉）と義（対象）との関係を厳密に思惟し、観察して、事実を事実として観察した結果、外界には物はなく、唯だ心だけがあるという思想を打ち出したのです。唯識思想には、信仰によって得たものは何一つありません。事実を事実として観察する体験に基づいて「唯識」という思想が形成されたのです。

唯識思想には末那識・阿頼耶識という思想があります。それは深いところにある心で、なかなか分かりません。でも、まず概念的でもいい、それがどのようなものであるかを勉強しましょう。そして、その勉強されたものを今度は実践を通して確認していきましょう。必ずや末那識・阿頼耶識が見えてきます。分かってまいります。

▼言葉が生じる機構

次に、言葉が生じる機構について考えてみましょう。

先ほど私は、「チョーク」という言葉を発しました。このチョークという言葉は、発する前にはどこに眠っていたのでしょうか。それは、唯識的にいうならば、阿頼耶識のなかに種子として眠っていたといえるでしょう。それが縁を得て、具体的な言葉となったのです。では、その縁にはどのようなものがあるのか、まず言葉が生じるまでの過程を図示してみましょう**（次ページ図参照）**。

言葉が生じる過程

想
尋伺
名
義
言説
声

言葉（音声となり意味を持った言明）すなわち言説が生じるためには、上図にあるように、少なくとも想・尋伺・名・義・声が必要です。これを順次説明していきますと、まず目の前に何か対象（義）が現われると、それは何だろうという追求心（尋伺）が生じます。すると言葉が阿頼耶識の種子から生じてきます。「これ」を目の前に置く。すると心のなかに「チョーク」という名前が浮かび、その「名前」（名）が「これ」（義）と結びつき、「それはチョークである」という言葉が声となって発せられるのです。この名前と対象とを結びつけていく力、それが「想」という心所です。この「想」という心の働きは、動物にはなく、人間のみが持つ力です。この、いわば統覚作用とでもいうべき想と、何だろうと追求する尋伺とがあって、初めて論理を持つ言説が生じるのです。

▼正聞熏習の力

　ところで、このようなメカニズムで言葉が発せられるのですが、今回冒頭で指摘しましたように、人間は安易に「言葉で認識する通りに事物は存在する」と思ってしまうところに大きな問題が生じるのです。だから言葉を発するための根源的な心所である「想」がない、無想の心、あるいは無想定という禅定などが強調されるのです。

　とはいえ言葉はすべて否定されるべきものではなく、人間は言葉によって迷っているからこそ、まずは同じ言葉でもってその迷いを是正していかざるを得ません。以下、しばらくこれについて述べてみます。

　その前に「自己変革をもたらす力」として次の二つをあげ、さらに図示しておきます（**下図参照**）。

①正聞熏習（しょうもんくんじゅう）
②無分別智（むふんべっち）

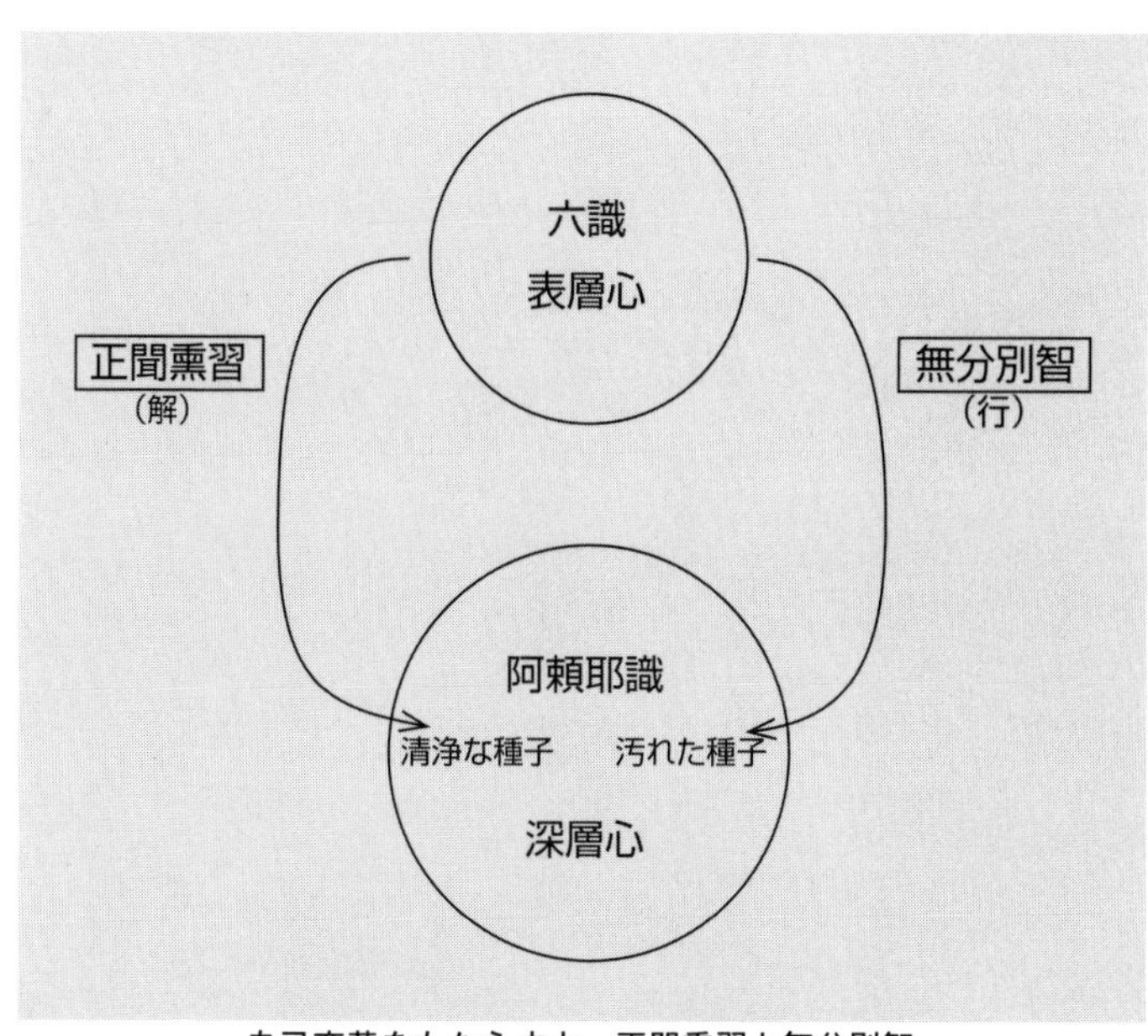

自己変革をもたらす力・正聞熏習と無分別智

まず正聞熏習について。ここでもまた、目覚めた瞬間、または目を開いた瞬間、まだ名前の無い、いわば「なまの存在」が生じる、ということを思い出してみましょう。このなまの存在を唯識では「依他起の法」といい、それは縁起の理によって生じたのです。神も仏も確かに素晴らしい。しかし私たちがまずは認識すべきは、この縁起の理の力です。「縁起の理は甚深なり」といいつつ、この言葉を繰り返し繰り返し心のなかに刻み込まれたらいいと思います。縁起の理は素晴らしい力を持っているのだと、常にいい続けていくことが重要です。このように事実を事実として智り、その智慧に基づいた言葉、それが仏の教え、すなわち仏教です。また例えば、華厳思想に「一即一切　一切即一」という教えがありますが、これを聞くと、私たちは言葉通りに考えて、そんなばかなと思いますが、この言葉を繰り返し心に熏じ、そして禅定を修して一切に成りきり成りきったときに、それが分かってきます。

また『般若心経』の「観自在菩薩　行深般若波羅蜜多時　照見五蘊皆空」（観自在菩薩が深き般若波羅蜜多を行ずる時、五蘊は皆な空なりと照見したまう）の一文を何度も何度も唱え、この言葉を深層心に植えつけていきましょう。般若波羅蜜多を修行しよう、一切は空なりと覚ろう、と心にいい続けていきましょう。そうすると、その言葉が阿頼耶識のなかに潜在する清らかな種子に、いわば水や肥料を与え、それを成育せしめるのです。術語でいえば、智慧の種子、菩提の種子を潤すことになるのです。しかし菩提などという仏教用語ばかりを使うと、なかなか分からない。私は菩提、あるいは菩提心というより、誓願心と、もっと分かりやすくいえば意志力といい換えたりしています。仏教の「無我」、あるいは「大悲闡提」の菩薩（慈悲によって願を起こして敢えて覚りの世界に入らず生死輪廻にとどまる菩薩）の生き方に基づいて、「自分なんかどうでもいい」と自分に繰り返しいい聞かせていく。すると本当に「よし、人のために頑張るぞ」という、燃えるような意志が起こってきます。

　このように正しい言葉、正しい教えを繰り返し繰り返し聞いて、それを阿頼耶識のなかに熏習していく、この正聞熏習が自己変革をもたらす力となります。

　正しい教えを正しく聞く、といいましたが、それは正しい師から聞くことが望ましい。もちろん経典を読んでもいいのですが、経典からくる言葉の力というのは弱いもので、これに対して生身の人間から、それも真理を覚った人間によって語られた言葉というのは、すごい力を持っています。だからよく、信仰の対象として道（真理）と得道者（真理を覚った人間）の二つがあるといわれるのです。坐禅をする人たちが老師を過度と思えるほどに崇める。それに対して私は、若いときはそれが個人崇拝ではないのかと少し反発を感じていましたが、いまは違ってきました。老師は老師であって老師ではないのですね。老師という仮の存在を通して法（真理）を、過去七仏が体得された法を仮の老師が私たちに示して下さっているということが、歳をとるにつれて分かってきました。

　しかし、なかには変な老師もいますから、気をつけて下さい。特に間違った新興宗教につかまらないで下さい。間違った新興宗教に入る若者が多くいますが、彼らは結局はいま問題としている正聞熏習が足らなかったのですね。正聞熏習することによって自分の阿頼耶識のなかに眠っている普遍的で清浄な意志の種子に栄養を与えておらず、あまりにも知的判断のみに終止していたのでしょう。

　知的判断についてですが、命は稀少な存在であるということは事実です。この事実に基づいて、だから「命は大切である」と判断することができます。しかし一方では、そうではないと判断する人もいます。たまたま太陽に対して地球の自転軸の角度がこれこれだったから地球上に生命が誕生したのである。稀少ではあるけれどもたまたま生じたのであって、「命は大切ではない」と判断する人もいます。だいたい八割、九割は命は稀少だから大切であると判断しますが、そんなことはない、偶然だから命なんかなくてもいいんだと主張する人も確かにいます。

学生たちと命について議論すると、いつもこのように二派に分かれます。そのとき私は、もう議論はやめようと訴えます。すべてこれはみんな頭のなかでの概念操作による、論理的な、いわば知的判断に終止しているからです。問題は正聞熏習です。「生命は少なくとも地球以外の太陽系には存在しない稀少なものである」という事実を、情報として自分のなかに繰り返し受け入れていく、すなわち正聞熏習することによって深層心のなかにたたき込んでいく。すると、不思議なことに「命を大切にしたい」という意志が生じてきます。「大切である」という知的判断の前に、普遍的な意志に基づく「大切にしたい」という判断があり、この判断が、えてして忘れられているといえるでしょう。

そういった意味で、この普遍的な意志の種子に栄養を与えて成育させるために、事実を事実として語った言葉を阿頼耶識のなかに熏習していく、すなわち正聞熏習していくことが大切です。この正聞熏習は、具体的方法をどうするかは問題ですが、小中高の学校における一つの教育方法として採り入れるべきではないかと、最近私は強く思うようになりました。

▼無分別智の力

自己変革をもたらすもう一つの力が「無分別智」です。喩(たと)えでいえば紙は表と裏とがありますが、正聞熏習は紙の表であって、紙の裏が無分別智です。正聞熏習が理論、無分別智が実践といい換えることができるでしょう。専門用語でいいますと、理論を「解」、実践を「行」といいますが、この解と行との両方を修していかなければならないのです。皆さんいま、ここで唯識を学び、「AはBである」と知的に判断をしていきますが、それを今度は実践のなかで確認していかなければ、偏った状態になってしまいます。

では、無分別智とは何か。普通私たちは何かを行なうとき、「自分」と「他者」と両者の間に展開する「行為」あるいは「物」という三つを分別します。例えば、施すという行為（布施）のなかで、「自分が人にこの物を施す」と考えます。もちろん施すということはよいことですが、このように三つを分別して施すと、そこに「自分」と「他者」と「施す」という行為とが意識され、それに強く執着することになります。「自分は人を救ったのだ」と傲ることにもなりかねません。それでは本当の布施ではありません。

これに対して、この三つを分別せず、しかも布施をする行為、これを無分別智に基づく布施行といい、このような智慧のことを「三輪清浄の無分別智」といいます。このような智慧を働かせて物事に成りきって生きる時間を、なるたけ多く持つことが大切です。なぜならこの無分別智がいわば火となって深層の阿頼耶識に潜む汚れた種子を焼いていくからです。

ヨーガの実践のなかでも、無分別智が働きます。それは「静中の工夫」です。しかしそれ以上に大切なのは、日常的に行動しながらの「動中の工夫」です。道を歩く、掃除をする、洗濯をする、料理をする、話をする、それらのなかで三輪清浄の無分別智を働かせることが大切です。これは、「よしやるぞ」という意志がなければなかなかできませんが、少しでもそのような時間を多くしていくと、阿頼耶識のなかの汚れた種子、例えば煩悩を生じる種子がどんどんと焼き尽くされてまいります。因果必然の「A有ればB有り、A無ければB無し」という縁起の理が確かに働いています。本当にA、すなわち「無分別智の火を燃やす」ならば、B、すなわち「阿頼耶識が清らかになっていく」という結果が生じます。無分別智で成りきり成りきっていく時間を、多く持つ。それを一年、二年と続けていかれたら、間違いなく、気がつかないうちに深層から自己が変わってまいります。そうなると、目覚めた瞬間から身体的にも精神的にも爽快になってきます。これを「身心の軽安（きょうあん）」といいます。深層にストレスがたまり身心が重い状態、これを「身心の麁重（そじゅう）」といいますが、できれば麁重から軽安の状態に自分を変革したいものです。その実践行が無分別智で生きていくことです。

このように人びとのなかで、例えば無分別智で布施をするということは、他者を救う利他行（りたぎょう）であると同時に、自己の阿頼耶識が清浄になっていく、身心が軽安になっていくという自利行（じりぎょう）でもあるのです。このように「利他即（そく）自利」ということが阿頼耶識縁起という理によって保証されているのです。

▼念の力

最後に、次の図を説明させていただきます（次ページ図参照）。

存在を「分別された存在」と「なまの存在」と「存在そのもの」との三つに分けましたが、三性（さんしょう）でいえば順次、「遍計所執性（へんげしょしゅうしょう）」と「依他起性（えたきしょう）」と「円成実性（えんじょうじつしょう）」とに当たります。分別された迷いの遍計所執性の世界から、なまの依他起性の世界を通過して、最後に存在そのものの世界、すなわち円成

念と無分別智

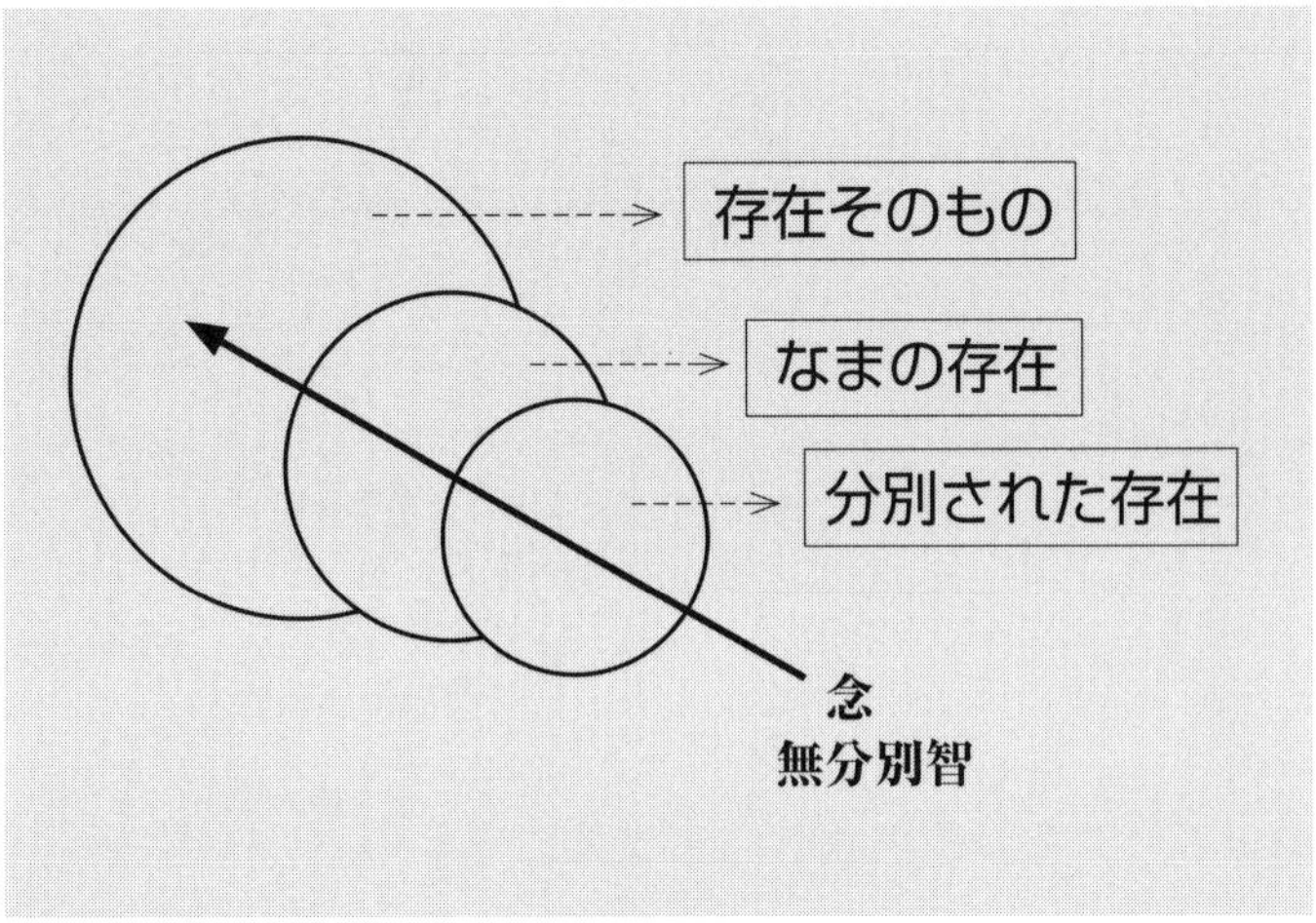

存在そのもの
なまの存在
分別された存在
念
無分別智

実性の世界にまでどんどん入っていくためには、やはり念→定→慧と展開する無分別智を働かせていく以外には方法はありません。本当に、「念」は自己変革をもたらす重要な出発点であり推進力です。

先日、台湾の学会に行ったとき、一人の尼僧の方に、どのような禅を修しているのですかと質問すると、自分は念仏をしている、という答えが返ってきました。どうも日本で普通に修せられている数息観や随息観はされていないようです。詳しく聞くと、その念仏は「南無阿弥陀仏」と称える称名念仏ではなくて、観想念仏すなわち仏のイメージを心のなかに浮かべてそれにずーっと成りきっていく、念じていくという観想念仏でありました。仏のイメージをずーっと思い続けていく。これもヨーガの一つの方法です。

いま私自身は、坐禅をするときには、息に随い息に成りきっていくという随息観に徹しています。現在私が指導を受けている師は「随息観でいくところまでいけるのだ」と、坐っている私たちに呼びかけてきます。

この言葉を聞くと不思議と勇気が出てまいります。それも正聞熏習ですね。

それと、よく「いま、ここ」「いま、ここだ」とも呼びかけてきます。静かに坐っていると、この言葉がどーんと深層に響きわたり、「よし、やるぞー」という意志が起こってきます。本当に「いま、ここ」が分からなければ、何にも分かりません。時間も空間も、みんな人間が作り上げた遍計所執性なんですね。だから「ここ」という一箇所に、「いま」という一点に絞っていかなければ何にも分からない。

「いま、ここ」を念じれば、しばらくでも「なまの存在」すなわち依他起性の世界に戻ることができます。そのなかで、さらに念と無分別智との力で存在のなかをぐいぐいと突き進んでいく。これが、ほとんど遍計所執性の世界のなかで右往左往して生きている私たち凡夫（ぼんぷ）が、まずは目指すべき生き方ではないでしょうか。

「正聞熏習」「無分別智」「念」、この三つの言葉を大切にして生きていきたいものです。

（平成十三年一月十三日の講座より）

第十講

有無を超越した思考

『般若心経』は大乗仏教のエッセンスが織り込まれたありがたい経典であると、一般にいわれてます。しかし読んでみると、「無」や「不」や「非」という否定の言葉ばかりが出てきて、色受想行識（しきじゅそうぎょうしき）の五蘊（ごうん）も無く、十二処（じゅうにしょ）（六根（ろっこん）・六境（ろっきょう））も無く、十八界（じゅうはっかい）（六根・六境・六識（ろくしき））も無い、すなわち釈尊によって説かれた存在の構成要素は存在しない、さらには無明（むみょう）から始まって老死（ろうし）に至る十二縁起（じゅうにえんぎ）も、苦（く）集滅道（じゅうめつどう）の四諦（したい）の存在までもが否定されていますが、これは一体何なのかという疑問を持たれる方も多いでしょう。しかしそれは、前述しましたように、

「言葉で認識する通りには事物は存在しない」

ということを強調するためであるのです。『般若心経』は、まずは「物事、事象、存在は言葉で認識する通りには無い」と説くのです。

今回はこの「無い」すなわち「無」と、無の反対の「有（う）」と、そして有と無との関係について、少し難しい話になるかもしれませんが、考えてみたいと思います。

▼二分法的思考の誤謬

私は最近、「二分法的思考を終焉(しゅうえん)させようではないか」と訴えていますが、皆さんいかがでしょうか。本当に、科学、哲学、宗教のいずれの領域においても、二分法的思考ではない、新しい思考が要請される時代が到来したと、私は強く訴えたい。

私たちは、有るか無いかと、「有」と「無」という言葉を使って生きています。これは常識であります。例えばここに塵(ちり)が有り、それを取ったら無くなると考えますね。そういう塵が有るか無いかはともかく、有と無という言葉を使っての一番の問題は、「自分はいま存在して有るのだ、しかし死んだら無くなってしまうのだ」と思って苦しみ悩むということです。

釈尊も、この人間の普遍的な悩みを背負って出家され、そして六年間の修行の結果、無上正覚(むじょうしょうがく)を得て、この一大問題を解決されたのです。その結果、「非常非断(ひじょうひだん)」の中道(ちゅうどう)を説かれました。私たちは、「死んだら断滅するのか、あるいは死後も常に存在し続けるのか」と考えて悩みますが、これに対して釈尊は、「常にも非(あら)ず断にも非ず、すなわちずっと生き続けるのでもないし、無くなって断じてしまうのでもない」と説かれたのです。この釈尊の言明こそが、まさに二分法的思考を超えた、新しい思考に基づいたものであります。

「常」と「断」とは、「有」と「無」とに換言することができます。死後は有るのでもないし、無いのでもない、すなわち「非有非無(ひうひむ)」であるというのです。また釈尊は、「有想を離れ、無想を離れたところに涅槃(ねはん)がある」とも強調されています。有るという想いと無いという想いを離れよというのです。このように釈尊は、まさに二分法的思考の終焉を訴えられたということを、まず皆さんに紹介いたします。

しかし、二分法的思考を離れよといっても、なかなかそうはいきません。私も六十歳を過ぎると、あと何年生きられるのかという思いがあって、死んだら有るのか無いのかと考える時間がますます多くなってきます。ここでは有想・無想を離れよと偉そうにいいますが、自分の問題になってくると、やはり苦しいですね。年齢には関係ないかもしれませんが、でも年を取るにつれて、ますますこの有と無という二つの概念に対して思考を凝らしていかなければならないと思います。

この有と無という言葉を考えていく場合、もちろん本を読んだり話を聞いたりすることも必要でありますけれども、一番大切なことはヨーガの世界、禅定（ぜんじょう）の世界、すなわち定心（じょうしん）の世界のなかでこの「有」と「無」という言葉を出してみて、さあこの言葉に対応するものが一体何なのかと観察していくことです。いまはヨーガとか禅定という言葉を使いましたが、もう一つ「唯識観」という観法があります。唯識観とは「唯（た）だ識すなわち心しか存在しないのだ」と観（み）ていく観法ですが、いまいったように定心のなかで静かな心に成りきって、一体何かと観察していく観察方法のことです。いまここでは定心のなかではありませんが、まずは言葉を用いて概念的に、有と無について皆さんと共に学んでいきたいと思います。

有無対立の二分法的思考の一つに、すでに述べましたように「常識」があります。これに加えて二分法的思考としてヨーロッパ的思考があります。もちろんヨーロッパにおいても有無を超越した思考に基づく神秘主義的な思想もありますが、やはり基本的には有無対立思考を基本としています。例えばギリシャの哲人パルメニデスは、次のような有名な言葉を残しています。「有るものは有り、無いものは無いと見ていこうではないか」という言葉です。そして彼は人間が歩んでいく二つの道が、すなわち一つは暗い「夜の道」と、もう一つは明るい「昼の道」とがあると、人間の生き方を喩(たと)えで語っています。これは非常に分かりやすい喩えで、示唆(しさ)に富んでいます。

まず「夜の道」ですが、私たちはいまこうやって目を開けると、明るい世界に住んでいます。今日こちらに来る途中の新幹線のなかから、真っ白な富士山を見ました。あの富士川の辺りから見る富士山が一番綺麗ですね。富士山を見ると、富士山は綺麗だなあ、素晴らしいなあと思います。もちろんこれも必要でありますけれども、本当に富士山は存在するのでしょうか。静かに唯識的に考えてみると、富士山は外界に有るのかも分かりませんが、しかし実際に見ている富士山は、自分の心のなかの影像です。これは事実であります。そうすると、三七七六メートルの富士山が自分の心のなかに入っていることになりますから、自分の心は三七七六メートルよりも大きいということになり、広くいえば、心の大きさは一体どのくらいなのかという問題が起こってきます。

しかし、少し考えてみれば、このような問い掛けは全く意味のない戯(たわむ)れの議論であることが分かります。なぜなら大きさというのは三次元の空間についていえることであって、心には色も形も無いのですから、心の大きさはどのくらいかと問うこと自体が成立しないのです。もともと存在には色も形も大きさもありません。それを私たちは有るとか色とか形とか大きさとか、さらには物とか心とかに分けることによって「なまの存在」を全く別の存在に加工し変貌(へんぼう)せしめてしまうのです。この「なまの存在」は、例えば目を開けた瞬間、まだ自分とか他者とかに分かれない以前の世界、西田幾太郎の言葉でいうと「純粋経験」の世界です。唯識の用語でいうと、依他起（えたき）の世界、縁起の世界です。因と縁によって生じた存在、これがなまの存在です。それは毎朝起きた瞬間に体験する存在です。それは目覚めた瞬間だけに体験できるものではありません。いまこうやって乱れている心、すなわち散心（さんしん）をどんどん定心にもっていくとなまの存在に戻っていくことができます。これがヨーガの実践の第一歩であります。

しかし散心で富士山を眺めて富士山は有るのだと考えていますが、富士山は本当にあるのでしょうか。この昼間の明るい世界のなかで見ている富士山は、本当にあるのでしょうか。それが有ると思うのは実は暗い夜道で無いものを有ると見間違っているのと同じではないでしょうか。富士山についてだけではありません。何度も述べていることですが、自分の手を見て「自分の手である」といい、「自分」というものが有るのだと思い込んでいますが、その「自分」というのは言葉の響きがあるだけでその言葉に対応するものは決してありません。

このように、私たちはいま明るい昼間の世界に生きて、「自分」がいて「他人」がいて、さまざまな「もの」があると思ってますが、それは「無いものを有ると見、有るものを無いと見間違う」夜の道を歩んでいるようなものです。それは依他起性から逸脱して遍計所執性（へんげしょしゅうしょう）の世界に生きているといっていいと思います。このようにパルメニデスは人間の間違った生き方を「夜の道」という喩えで指摘しているのですが、これは素晴らしい喩えです。そして彼は「有るものは有ると、無いものは無い」と見ていく昼の道を歩んでいこうではないか。そのためにフィロソフィア（愛知・哲学）をして心を純化させていこうではないかと訴えるのです。このパルメニデスの考えも、人間いかに生きていくべきかということに対して一つの大きな指針となります。でも、彼は、いまだ有と無という二分法的思考のなかにとどまっています。

しかし仏教はそうではない。有と無とを乗り越えた深い存在観に基づいているのですが、これについては後で検討します。

また、キリスト教では「無からの創造」という思想があります。神は無から人間と生物と自然とを作ったという考え方です。旧約外典のマカベア第七章第二十八節に、

「子よ、眼を上げて天と地とそれらの内に在るすべてのものを見て、このすべてを神が虚無から作りたもうたのであると知れ。人類もまた、かくの如くにして生じたのである」

と述べられています。このようにキリスト教には一切の存在は虚無から作られたという有名な考え方がありますが、これはもちろん人間のいわば実存的な虚無の体験から作り上げられたのでしょう。虚無感、これは人間に普遍的な共通的な体験であるといえるでしょう。

ハイデッガーも「人間存在とは無にさしかけられた存在である」と語っています。「さしかけられた」というのは難しい表現ですが、無のなかに半分宙吊りにされたとでもいう意味に解釈できるでしょう。本当に私たちは、生きていながら半分は虚無のなかに足を入れているような存在です。これはいろんな事象や経験からお分かりになってこようと思います。私たちはいつなんどき生を終るかわかりません。死んで虚無になるか分かりません。ハイデッガーはまた「人間存在の根拠たる無は不安によって開示される」と述べています。これも私たちは体験的に分かりますね。このように彼の哲学を理解することができます。

▼有無の超越

しかし、これまで述べた有無相対の考えは、すべて仏教から見ると迷いであります。仏教的思考、それはいわば「有無を超越した思考」であります。非有非無的思考、あるいは中道的思考であるといえるでしょう。有無相対の二分法的思考は、存在全体の一面しか見ていないのです。紙には裏と表があって存在するように、物事にはやはり裏と表があって存在しうるのです。それなのに私たち人間は、そのうちの表だけしか見ることができず、紙の表、すなわち世俗諦(せぞくたい)の世界にのみ住して有るか無いかと分別してしまうのです。

しかし紙の裏、すなわち勝義諦(しょうぎたい)の世界があります。釈尊も最初は紙の裏が分からず、若いときに悩まれました。なぜ老い、死んでいくのか。その問題解決を目指して、二十九歳で出家し、厳しい修行の世界に飛び込まれました。そして覚(さと)られたのが、勝義諦の世界であります。その覚る智慧が「無上正覚」、すなわち『般若心経』のなかにもあります「阿耨多羅三藐三菩提(あのくたらさんみゃくさんぼだい)」という智慧であります。

私たちの心のありようは、大きく「識(しき)」と「智(ち)」との二つに分けることができます。そして唯識思想の目的は「転識得智(てんじきとくち)」、すなわち識を転じて智を得ることであります。この二つの心のうち、識は世俗諦の世界であって、有るとか無いとかが通用する世界です。私たちは普通、この識の世界で、有るか無いかと考えて悩み苦しんで生きています。しかし先ほど述べましたように釈尊は、六年間の修行の末、あの菩提樹(ぼだいじゅ)の下で明星と共に無上正覚を獲得され、「自分がなすことをなし終えたのだ」という確信を得られて成道(じょうどう)を宣言されたのです。

この無上正覚を、唯識の術語で「無分別智」といいます。分別の無い智慧という意味です。釈尊は明けの明星と共に爆発的に覚られたのですが、この根源的なる智慧のことを「根本無分別智」といいます。この根本無分別智によって、言葉では語れない勝義諦を覚られたのです。「勝義」とは、詳しくは「殊勝の境界」といわれ、境界とは対象という意味です。すなわち根本無分別智によって観察された最高に勝れた対象または理を、勝義というのです。いま「理」といいましたが、この理という言葉は、仏教を学ぶ上で忘れてはならない概念です。この理という語を使っていえば、釈尊は明けの明星と共に、勝義諦すなわち最高に勝れた理を覚られたといえるでしょう。

広くいって、理に即して考え生きていくことが要請されます。それを如理作意あるいは如理行といいます。また縁起の理と真如の理という二つの理をつかむことが、仏道を歩んでいく目的であるといっても過言ではありません。

さて、諦すなわち真理には、世俗諦と勝義諦との二つがありますが、『大智度論』という論書のなかに、「仏は二諦でもって法を説く」という有名な言葉があります。これを今日から忘れないでおいていただきたい。真理とは一体何であるかというときに、ヨーロッパ的思考ではただ一つの真理があると考えますが、仏教では「言葉で語れる真理」（世俗諦）と、「言葉で語れない真理」（勝義諦）とがあり、二つの真理を考慮した上で教えを語るべきであると主張するのです。言葉で語れない真理を覚った人が言葉でもって語っていくところに、真理が生き生きと生きてきます。このことは非常に重要だと思います。仏教を一生懸命に勉強されて素晴らしい学者になられた人に対して、「あの方は仏教学者として素晴らしい」といいますが、はたしてその人が語る言葉が本当に生きているのか、どうなのでしょうか。言葉でもって理解していく仏道の領域を「解」といい、これに対して身心あげて実践していくことを「行」といいますが、できれば「解行兼学」の精神で仏道を歩んでいきたいものです。

ところで、世俗諦と勝義諦の「諦」はいわゆる真理の意味ですが、この原語は「サティア」（satya）というサンスクリットであり、satya は as という動詞の現在進行形分詞の sat からできた名詞で、「有りつつあるもの」というのが原意です。したがって真理とは、有りつつあるものということになります。本当に私たちは、「有りつつあるもの」を如実に見ていかなければならないですね。自分のエゴによって自分が作り出したものは、すべて真理ではありません。エゴを無くして純粋に清らかになった目でもって見た存在、それはまさに有りつつあるものであり、それが真理といえるのです。

だから、仏教では苦・集・滅・道という四諦が説かれますが、苦諦とは「苦しいということ」が一つの真理であるというのです。しかし私たちは眼が濁っていて、苦しいことを苦しいと思わないでいるのです。大学で学生に「人生は楽しいか」と聞くと、ほとんどの学生が「楽しい」と答えてきます。しかし彼らは人生は苦であるという真理に、気がついていないのです。あまりにも物質が溢れ、何一つ不自由なく生活できていると、眼がくらんでそのような生活が幸せであると錯覚しています。本当は、生きていくこと自体は苦しいものです。なぜなら、例えば、何も知っていないということ自体が苦です。

それから、次の集諦とは、「渇愛という人間の欲望が苦しみの原因である」という真理です。これについても、最近の若者に「いつ幸福と思うか」と質問すると、ほとんどの学生が「これこれをしているときが幸福であると思う」と答えてきます。そのこれこれしているという内容を黒板に書いてまとめると、その幸福論の全部に、「私が、自分が」が主語となっているのです。みんな自分がしたいこと、欲することをしているときが幸せであると感じているのです。しかし、自己の欲望がかなえられて満足しているときが、はたして真の幸福なのでしょうか。そうではないと思います。なぜなら素直に如実に見ていくならば、自己の欲望が苦しみを生じていくことに気がつきます。このように、欲望が苦しみの原因となるという世俗における因果関係が、集諦と苦諦との二つの真理の因果関係で、見事にまとめられているのです。もう一度強調しますが、仏教でいう諦（satya）とは「現に有りつつあるもの」であり、それは「事実を事実として見る」ことによって観察される真理であります。これが、超越的なる神が真理の根源であるという立場から神への信仰を説くキリスト教と決定的に違う点です。もちろんキリスト教によっても、間違ったエゴをなくしていくことができます。むしろキリスト教者のほうが間違ったエゴ、執われたエゴをなくしていくのには力強い信仰形態を持っています。

とにかく、有りつつあるもの、それが真理であるというところに仏教の真理観の特徴がありますが、では有りつつあるものとは一体何かといったら、この生命を授かった「自分」であります。先ほど述べた「有る」という動詞asから派生してくる二つの名詞があります。一つは「真理」という意味のsatyaであり、もう一つは「生き物」という意味のsattva（サットヴァ）です。先ほどのasの現在進行形分詞のsatに抽象名詞を作る接尾語tvaを付けて出来た名詞sattvaが広く「生き物」一般を表わす語で、衆生とか有情と訳されます。その現に有りつつある生き物の一部が人間であり、その人間としての具体的な存在がこの「自分」であります。このようにサンスクリットの原語から考えていくと、

「真理とは現に有りつつある自分である、あるいは自分のなかにある」ということになります。私たち具体的存在者（sattva　有情・衆生）が真理・真実（satya）にかなって即して生きるところに私たち人間の生きる価値、目的、意義があるといえるのではないかと思います。それとの関連で、ここでインドを独立に導いたガンジーのモットーを紹介させていただきます。

「もしも我々すべてのものが、老いも若きも、男も女も、全く真実に帰し、働くときも、食べるときも、飲むときも、遊ぶときも、目が覚めていればいつでも、生の活動は真実の実現に向けられなければならない。そしてついに肉体がとけて真実と一つになったなら、何と美しいことか」

彼は、「真実（satya）の把握」ということを訴えています。彼のこの言明は、なんと美しく心を打たれる言葉ではないでしょうか。生のすべての活動を真実に向けられなければいけないという、このあたりは、道元禅師の「威儀即仏法」すなわち仏教が説く真理・真実は行住坐臥という威儀のなかに現われているという考えに、すなわち歩いていても止まっていても坐っていても寝ていても常に真理・真実を追求する工夫三昧のなかに真理が実現しているという考え方に通じると思います。また「ついに肉体がとけて真実と一つになったなら、何と美しいことか」というあたりから、真・善・美という人間の追い求める三大価値との関連でいいますと、「真」にかなって生きる（善）とき、そこに「美」が実現する、といえるのではないでしょうか。

釈尊が城の四つの門から町のなかに出かけて見た体験が出家する動機となったという、有名な「四門出遊」の話があります。すなわち最初に老人、次に病人、第三に死人、そして最後に沙門（出家修行者）に会い、その威儀堂々とした沙門の姿に影響されて出家を決心されたのだという話であります。その沙門が真理・真実に即して生きていたからこそ、釈尊にはその姿が神々しく美しく見えたのでしょう。

私は鹿島神流という武術をやってきましたが、真剣を振るときにその振る角度が数ミリでも違うと、真剣はヒューと鳴りません。そして真剣がヒューと鳴ったとき、その真剣は物をよく切ることができ、同時にその振る姿が美しいのです。理に則して真剣を振れば、そこに切るという行為（善）と、美しいという姿が現われてくるのです。本当に不思議ですね。

▼人間の依りどころ

ここで、人間は何を依りどころとし、どこに住して生きていくべきかという問題を考えてみましょう。唯識瑜伽行派の所依の経典であり、「唯識」という言葉が最初に出てきた『解深密経』の分別瑜伽品に、いかにヨーガをしていくか、ということに関して、次のように説かれています。

「菩薩は法仮安立と不捨阿耨多羅三藐三菩提願とを依と為し住と為して大乗中に於いて奢摩他毘鉢舎那を修すべし」

奢摩他は「止」、毘鉢舎那は「観」でありますから、奢摩他・毘鉢舎那で「止観」を意味し、これがヨーガの具体的内容となります。

この一文は、菩薩は、次の二つを依りどころ、支えとして生きていきなさいと説いているのです。

①法仮安立

②不捨阿耨多羅三藐三菩提願

このうち、①の法仮安立とは、仮に安立された、すなわち説かれた教法のことであります。すなわち釈尊によって説かれた教えを、仏道を歩んでいく上で道標として生きなさいと訴えているのです。②は、阿耨多羅三藐三菩提すなわち無上正覚を獲得しようという願を捨てないで生きていきなさいというのです。菩薩の「上求菩提・下化衆生」という二大誓願のうち、上求菩提に当たります。

この①と②のうち、前者は知性の面での依りどころであり、後者は意志の面での依りどころであるといえるでしょう。いまここで皆さんと共に仏教を学んでいるのですが、それは誓願に裏づけされた学びでなければならないということを、先の一文から学ぶことができます。

この誓願に裏づけされた学問ないし知識の獲得ということとの関連で、少し教育論を考えてみます。戦後の教育では、個性を伸ばす、自主的に、自発的に学ぶということが強調されてきましたが、これは戦前の、上から与えられた全体主義的な画一的な教育の反動として現われてきた教育のありようです。もちろん個性を大切にしてそれを伸ばすことは大切ですが、あまりにも「個性、個性」といい過ぎるところに問題があると思います。個性も大切ですが、それを伸ばすためには人間の普遍的な「共性」（共通の本性）とでもいうべきものを養成する必要があります。

共性というしっかりした土壌があって、初めてそこから個性という立派な芽をふくことができるのです。人間すべてにある普遍的な共性を無視して、個性ばかりを伸ばした結果が、例えばオウム真理教に入信し、殺人まで犯してしまうのですね。彼らは確かに理科の面では個性が伸ばされ優秀でしたが、彼らのなかには人間が持つ暖かい共性の養成がなかったのです。枯れた大地には、ひょろひょろした植物が育ちます。しかし豊かな肥えた大地には、太い真っ直ぐな植物が出てきます。このことは教育の面において忘れてはならない大切なことだと思います。

では、なぜ人間は共性、共通の本性を持っているのか。それはホモサピエンスである限り、みんな同じ生命であるからです。本当に三十六億年前に地球上に生じた命の一滴から、すべての生物が枝分かれしてきたのです。だから人間同士だけではなく、植物も動物も、みんな元は同じ生命なのですね。そのような気持ちで植物をじぃっと眺める時間を持とうではありませんか。ちょうどいま我が家では、去年、友人にもらった蘭の花が可愛い芽をふき、花が咲き始めました。それをじっと見ると、命がそこにあるのですね。

じっと生命を見る。これを自分の生命について行なうことも大切です。確かに生命をＤＮＡなどに還元して研究することも大切です。しかしそのような研究をしている人が同時に自分のいわば「なまの生命」を直(じか)に成りきって観察することが、より大切ではないでしょうか。そこに共性が養われてきて、科学の知識を誤った技術に応用するようなことは決してないでしょう。

▼唯識的思考による「有と無」の超越

さて、話を「有と無」とに戻しましょう。仏教は有無を超えた思考をすると述べましたが、ここで特に唯識的思考について考えてみましょう。唯識思想においては、ヨーガによる心の観察に基づいて有と無とがより深く考察されてまいりますが、それにふれる前に、唯識に至るまでの有無観を概観してみます。

まず原始仏教では、「無我」と「無我所(がしょ)」が説かれます。例えば『ダンマパダ』（『法句経(ほっくきょう)』）のなかに、次のように説かれます。

「〈諸法は無我なり〉と智慧をもって観るならば、彼は苦しみを厭う。これ清浄に入る道なり」

「すべての名色（＝五蘊）に我所（わがもの）という思いがなく、それらの消滅においても心が憂えないもの、彼こそを比丘という」

我は無い、我がものは無い。そういう意味の「無」です。

さらに、部派仏教においてもそうなのです。やはり無我と無我所ということがいわれています。例えば有名なアビダルマの論書『倶舎論』のなかで、

「唯だ諸行が有り、我我所は無い」

と説かれています。ここで「唯だ」といわれている点が大切です。すなわち諸行は無常であり、ただ無常なる諸行しか存在しないのです。現象世界しかない。エネルギーの膨大な変化体しか存在しないのです。それなのに私たちは「私」あるいは「私のもの」といっていわば私物化してしまいますが、どうしてそのように私物化する権利があるのでしょうか。静かに智慧をもって観察してみるならば、唯だ諸行しか、唯だエネルギーの変化体しか存在しないのです。

これが、大乗仏教の、インド人論師・龍樹を祖とする中観派になってまいりますと、少し論理的に整理されてまいります。有名な龍樹の著書『中論』のなかに、

「衆の因縁生の法を我れは即ち是れ無（＝空）と説く。亦た是れを仮名と為す。亦た是れ中道の義なり」

と説かれています。因と縁とによって生じたものは「空」であり、「仮」であり、「中」であると、こ

のように論理化されてまいります。と同時に、もう一つは、

「一切法皆無自性」（一切法は皆な無自性である）

という言葉がいわれ始めてきます。「自性」というのは、現代的にいうと「固定的・実体的なもの」という意味です。普通私たちは何か固定的・実体的なものが有ると考えていますね。自分がいる、他人がいる、物が有る、肉体が有る、原子・分子が有る、といって、それらが言葉で語る通りに有る、すなわち自性は有ると思っていますが、静かに考えていくとそれらはすべて因縁所生の法であって自性はない、すなわち無自性であるというのが「一切法皆無自性」ということです。ここまでは「般若の空」に基づく中観派の有と無とに対する考察であります。

さて、以上の流れを経て、唯識思想はさらに有無に関する考察を深めて、「三性」と「三無性」という考えを打ち出しました。

これについては、次回以降お話いたします。

（平成十三年二月十日の講座より）

第十一講

執着を離れるための「無」

▼唯識と菩薩

ここしばらくは、くどいようですが「無」ということについての話を進めております。なぜなら『般若心経』が説く無とか空とかいう一見否定的な言葉の真意を理解することが肝要であるからです。でも、この無の話に入る前に、最近の世の中のいろいろな問題を解決していく上で、キーワードとしていつも私の心のなかに浮かんでくる二つの言葉を紹介させていただきます。それは、

①唯識
②菩薩

という二つの言葉です。

この二十一世紀に入った今、世界に眼を向けてみるならば、地球環境問題から宗教対立、民族紛争が、国内では若者の安易な殺傷事件、教育現場の崩壊、政・官・経にわたる不正事件など本当に枚挙

に暇がないほどにさまざまな問題や事件がたくさん起こっています。このような現状に対して仏教の観点からどのように解決をしていくのかが問われていると思いますが、その具体的方策はともかく、まずはキーワードとして考えられるのが「唯識」と「菩薩」であり、この二つの言葉をよりどころとして解決策を考えていったらいいのではないかと私は最近考えております。私は、この「唯識」と「菩薩」という二つの教えを根拠として思索を練り、そして実践すれば、人間とは一体「なに」か、人間「いかに」生きていくべきかという二大問題が解決できるという確信を持つようになりました。

「唯識」は決して学問の対象としての教理だけではなく、実践に結びつけることができる教理であると、しばしばこれまでも強調してきました。「唯識三年倶舎八年」といわれますが、これはよく唯識を三年やってそれから『倶舎論』に基づく倶舎学を八年学ばなければならないと考えられていますが、それは逆で、まず倶舎を八年学びその後唯識を三年学ぶということです。それも毎日勉強してのことです。このように倶舎学や唯識学は難解な、煩瑣な仏教教理であると考えられています。

もちろんインドにおいて弥勒・無著・世親などの論師たちによって打ち立てられ、玄奘三蔵によって中国にもたらされ、そして奈良時代に日本に伝えられたという歴史のなかで、教理が複雑に、難解になってまいりました。しかしいかなる教理があろうとも、学ぶ人自身が自分の「意志」に基づいて解釈をしていくならば、またそれは別の様相となって現われてまいります。その一つの意志が「よし、この唯識の教理を日常の生活のなかに生かしていくぞ」という意志であり、この思いで唯識を学ぶならば「唯識三年倶舎八年」といわれるような難解な唯識教理が別の新たな教理として、すなわち実践的な教理として自分のなかに現われてくると、最近私は自分の経験を通して主張しております。

しかしこれもよくよく考えてみるならば、前にも繰り返し申しましたが、「如実知見（にょじつちけん）」によって見られた「事実」というのは簡単なものであって、人間がその事実を複雑にしているだけのことです。これも静かに直観で考えれば誰しもが頷（うなず）くことができるのではないかと思います。

とにかく、唯識は「実践的な教理」であると私は強調したい。実践的な教理という表現のなかで「教理」に「実践」が所有格で結びついていますが、このうち「教理」が「唯識」であり、「実践」が「菩薩」行であると考え、その意味で唯識と菩薩との二つがキーワードであると述べたのです。「唯識」を教理として学び、学んで得た智慧に基づいて「菩薩」として生きていく人が増えれば、前に挙げた現代の諸問題のいくつかが解決されるものと私は確信しています。

▼執着とは何か

さて、本題の『般若心経』に入ります。まずは「執着」ということを簡単にまとめてみます。これもすでに繰り返し述べてきたことですが、それに執着することによって「人間を苦しめる四つの言葉」として、「自分」と「もの」と「有（う）」と「無」とがあります（下図参照）。

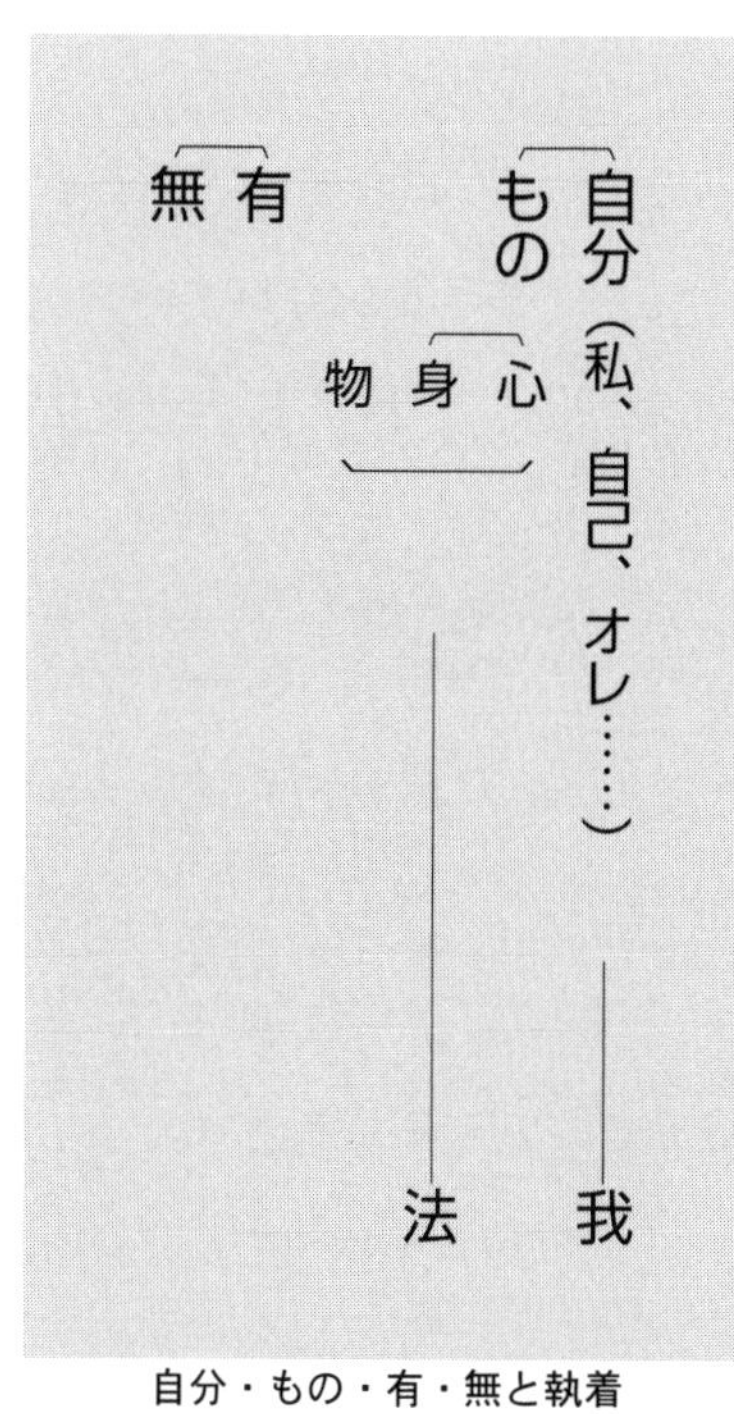

自分・もの・有・無と執着

一つは「自分」、もう一つは「もの」、この二つが執着の対象となって私たちを苦しめるのです。「もの」と和語で表現しましたが、これには心と身体と、それに物質といわれる物との三つを含ませました。私たちは、このように表現される「もの」にこだわっていきます。だから『般若心経』に「この故に空の中には、色も無く、受・想・行・識も無い」と説かれるのです。自分を構成する五つの要素すなわち五蘊のなかの最初の「色」は、いわゆる身体をいい、受想行識は心に当たります。本当に私たちは「自分」と、そしてそれを構成する「心」と「身体」とにいろんなこだわりがあります。私が自分なんかなくせというのは、逆に自分に強くこだわっているからです。私は最近できるだけ鏡の前に立たないことにしています。立ってもあまり顔を見ないことにしています。自分の顔をじーっと見ると、過去の自分の顔と比べてこんなに皺が多くなったのかと寂しい思いにかられるからです。私だけではなく、年を取られた方は誰しもそう思われるでしょう。ここに身体に対して醜いとか美しいとかいう美醜の判断がなされるのです。

　唯識は存在を「相」と「性」とに分けますが、これは大切な分け方です。私たちが、存在するものとは一体「なに」かと追求する場合、例えばいま私が自分の顔を見て美しい顔、あるいは醜い顔であると判断した顔は、「相」に属します。ところで、「相を否定して性に至る」(遣相証性)こと、これが唯識の目的であり、その実践がヨーガです。ヨーガを組みますと、心のなかにさまざまな観念・思い・言葉というものが起こってきます。しかしそれらはすべて生じては消え、消えてはまた生じてくるいわば泡のようなものであって、本当の存在ではありません。それらを否定したところに一体「なに」が現われてくるのか、それを見極めることが大切です。現実に戻っても同じです。さあ、美しい、醜いと思う顔を取っぱらってみると、向こう側に「なに」があるのでしょうか。

自分のことで恐縮ですが、母との思い出を紹介させていただきます。もう十五年ぐらい前ですが、母が癌にかかり痩せ衰えたので、ときおりお風呂に入るのを助け、母の背中を流したりしましたが、母は「こんな姿になってしまって」と嘆くことがありました。そのとき私はずっと唯識を学んできたためでしょうか、「お母さん、お母さんが見ている姿は仮の姿であって本当の姿ではないんだよ」と声を大にしてお袋にいいました。

本当に、顔の向こう側に何があるのでしょうか。美醜と判断される「もの」の向こう側にあるものは一体「なに」なのか、このように常に何、何と追求する意志＝「尋伺」の心を持つならば、私たちは執着の対象を乗り越えて自由に生きる生き方ができるようになるのではないでしょうか。

現代の若者のなかで大きく問題になっていることに、過食症と拒食症とがあります。四、五日前テレビで見ましたが、本当に大変な社会問題になっています。この病気は肥満を治したいとダイエットを始めることから始まるようですが、これは「縁」であって、唯識的にいうならば阿頼耶識のなかにその根本原因である「因」が種子として潜在していたものが、縁をきっかけに芽をふいたといえるでしょう。では、その因とは何か。それは、テレビによれば、両親から暴力を受けたとか両親との関係が良くなかったお子さんのなかで、痩せたいという思いが縁となって過食症や拒食症が起こるということが分かってまいりました。両親との関係がうまくいっていないということが「因」なのですね。幼児や子供時代における親との関係がいかに大切であるかがこれで分かります。

とにかく過食症や拒食症の人は、痩せたいと思う。ここに眼という視覚による迷いが起こってくるのです。人間にとって視覚というのは非常に重要ですけれども、また迷いの原因にもなるということが唯識を勉強してきますと分かってまいりました。眼によって自分が太っていると見て、もっと痩せたいと執着することになるのです。

唯識思想では表層心の六識に深層心の末那識と阿頼耶識とを加えて全部で八つの識を立てますが、表層の六識は大きく「五識」（眼識・耳識・鼻識・舌識・身識）のグループと「意識」とに分かれます。このうち五識は現代でいう五感覚、そして最初の眼識が視覚であり、意識は言葉を用いて思考する心であり、この五識と意識との複雑な協同的働きによって私たちの表層心の世界が作り出されているのです。例えば、いま皆さんは私の講義を聞かれながら、どのような識を働かせているのでしょうか。眼識でしょうか、耳識でしょうか、意識でしょうか。横山の姿はどうでもいい、彼のいっている言葉を論理的に考えていこうとする人は耳識と意識が主に働いているのです。逆に論理なんかどうでもいい、とにかく聞くことだけに徹しようという人は眼識と耳識だけが働いているといえるでしょう。

このように、自分の心のなかを自分のもう一つの心で観察していくことも重要でありますし、これが人間の素晴らしさであるし、唯識思想はそのような心のなかの観察を通して成立した思想であるといえるでしょう。

▼日常のなかで思索を練る

話を元に戻しますが、眼というものが人間の迷いの原因になっているということを訴えたい。しかし他方では、見るという視覚にはまた重要な働きがあります。

いま私は、量子論が発見した事実をどのように唯識的に解釈することができるのかという問題を考えていますが、これは大変な問題です。もう少し量子論を勉強して思索を練っていかなければいけないと思います。もちろん自分自身で実験をすることはできませんから、いろんな本を読んで量子論の知識を得て、それを自分なりに考えていく以外には方法がありません。でも、自分で考えていくということが大切であり、ここに人間の素晴らしさがあります。何度も申しましたが、仏教は聞・思・修の三慧を説きますが、聞くことによって得る智慧が聞慧です。それから聞いたことを自分で考えていくことによって身につく智慧が思慧です。例えば「諸行無常」である、すなわちすべての現象は無常であると聞く。そこで本当にそうなのか、なぜそうなのかと考えていくことが、次に要求されるのです。そのとき、前に述べた五識と意識とを、フルに回転させていかなければなりません。諸行無常ということを聞いて、それを感覚のデータで確かめ、その感覚のデータを整理して自分なりに論理的にまとめていくことが要求されるのです。ここに人間の素晴らしさがあると思います。

皆さんもいま私の唯識の講義を聞かれておられますが、聞いたことを決して忘れることはありません。「聞熏習」が働き、深層心のなかのどこかに残っているから、その教えを、例えば諸行無常という教えを、「よし、現実の生活のなかで自分なりに考えていこう」と決心して、日常生活のなかで思索を練っていく。そして、ああそうなのだ、と納得をする。こういう生き方を仏教は求めているのです。

そういう意味で、何度も申しますように、仏教は科学性と哲学性をも持った思想であるということができます。科学の追求は感覚のデータの収集から始まり、それに基づいて思索を練っていきます。

唯識もまずは五識のデータをはっきりと見極め、それに論理的思考を加えていくのです。その点で科学と同じです。

話を量子論に戻しましょう。素粒子の一つである電子は、波のような状態にあると考えられていますが、しかし人間が具体的に観察したとき、その波が収縮されて粒子のような状態になるとのことです。人間が眼でもって見るときに、「もの」の存在のありようが変化するということが発見されたのです。普通のマクロの世界ではそのようなことはありませんが、「もの」をどんどんと細かくしていって極限に至ったとき、それを見ている「自分」と見られた「もの」とが一つのセットになっているという事実が発見されたのです。いま皆さん、このチョークの落ちるという現象を見て下さい。いまは、チョークという実体があって自分とは全く無関係にチョークが落ちたとお考えになりますね。しかし、チョークを電子にまで分解すると、そのような考えが許されなくなっていくのです。

このような量子論という「科学」から学ぶことは、現象をどんどんと細かく分析して存在のいわば奥に入っていくならば私たちが日常の分別で捉える世界とは全く違った世界になっていく、ということです。この点を、「唯識」がヨーガを組んで存在を観察し、分析して、最後に常識では考えられない「唯だ識だけがあり、外界にはものは存在しない」(唯識無境)という考えに至ったことと考え合わせると、何か両者に共通点があるのではないでしょうか。「科学」も「唯識」も、同じ「場」のなかで観察しているのではないか、という思いが、私のなかで最近ますます強くなってきています。

▼知量受用の思想

顔という身体の一部を見ることから生じる執着の話から、かなり飛躍して量子論まで脱線しましたが、話を執着に戻します。

執着の対象としての「もの」のうちの「物」として、その代表にお金があります。そのお金についてですが、最近、菩薩道の生き方が詳しく述べられている論書『瑜伽師地論』に、興味ある考えを発見しました。それは、

「菩薩は広大なる財位と大事業とを楽う」

という考えです。菩薩は大きく儲け、大きな事業を起こしてもよいというのです。お金儲けしなさいというのです。しかし続いて、「菩薩は大財位・大事業に執着することなく、量を知って使う（知量受用）」と説かれているのです。お金儲けをしてよい。しかし問題は儲けたものを、量を知ってそれを自分のために使い、量を知ってそれを他者のために使うということが要求されるのです。

自分が儲けた財力を他人のために使う。これはなかなか普通の人間にはできませんが、菩薩はできるという点が重要です。全体の財というもの、富というものは不変であって、変わることはありません。お金儲けの世界でも縁起の理が働いていて、自分が儲ければ誰か他の人の財が取られたことになるわけです。これは当然でありますが、ここに資本主義の大きな問題があります。確かに資本主義であるからこそ人間は自分が頑張れば自分の富を得ることができるという保証のもとに資本主義が発達してきたわけでありますが、そこに大きな落とし穴があることも確かです。

このあたりを菩薩の「知量受用」の精神に学ぶことが大切です。受用を「自受用」と「他受用」とに分け、例えば儲けたお金のうち十パーセントを自分のために使い、残りの九十パーセントは人のた

めに使うという方針のもとに事業を行なっていく、これが菩薩の精神です。これは私たち普通の人間には困難なことです。でも、「よし、菩薩になるぞ」と発心(ほっしん)して、菩薩の道を歩み始め、すべての事業家がこのような精神で生きていくならば、世の中は大きく変わってくるでしょう。例えば、池のなかに十粒の雨がぽーんと落ちると十個の波紋ができますね。それらは波紋を広げ大きくなっていき、みんな他の波紋の形を変えることなく対立することなく重なり合って、丸い美しい波模様を描き続けていきますが、私たちの生き方もこのようにありたいものです。この菩薩の誓願、菩薩の生き方は、私たちに大きな勇気を与えてくれます。

また、執着の対象の「もの」のなかに「地位」があります。先日、二人の同級生の定年退職パーティーに出席しました。そのうち一人のは東京・赤坂のプリンスホテルで盛大に行なわれました。華やかなお祝いの会でしたが、しかし退職する友人の表情を見ると、私の主観があったのかもしれませんが、何か寂しくしんみりした顔をしていました。これは人間であれば当然であります。しかし問題はそうではない。その地位を乗り越えた向こう側にあるのは一体「なに」か、これは定年に近づいたら、否、常日頃から考え追求していくことが大切です。地位に執着していくところに大きな苦しみが起こってくることを忘れてはならないでしょう。

▼科学者の怠慢

少し話が横道に逸(そ)れるかもしれませんが、ここで生命を遺伝子に還元する現代の風潮について触れてみたいと思います。結論からいいますと、現代は生命をあまりにも遺伝子という観点からのみ見すぎているると訴えたい。先日、ＮＨＫの特集番組が、いよいよイタリアでクローン人間を作ろうとする医者たちの集まりを放映していました。私はすごく恐ろしいことが起こりそうな予感がしましたが、皆さんいかがでしょうか。間違いなくクローン人間ができます。この現実に対して私たちはどう考え、何をすべきなのでしょうか。

これも私の判断であるかもしれませんが、二十世紀の人類の最大のマイナスの遺産は、原子爆弾を作ったことです。科学の知識が技術に悪用されたからです。核分裂が膨大なエネルギーを出すという科学的な知識が、戦争で人を殺すための兵器作製に利用されたのです。クローンを作る知識も同じですね。その知識を獲得した人間は、それを危ないものに利用してしまいます。危ないと知りながら、何人かの技術者は、その危ないことを実際に行なってしまうのです。いま、牛とか羊のクローンの動物がどんどんと作られていっています。しかし、まだ彼らがどういう病気になるのか、どういう死に方をしていくのか、分かっていません。

そこまで調べていないのに、それを人間でやっていこうとする、あの医師たちの奥にある真意は一体何なのでしょうか。それは表面では、多くの不妊症の人びとが子供を欲しがっているという理由をあげていますが、はたしてこのような理由だけでクローン人間作りを進めていってよいのでしょうか。それは原爆を作ったときと同じではないでしょうか。核分裂のエネルギーが膨大であると知った何人かの政治家や軍人たちが、科学者や技術者と協力して原爆を作ったのです。もちろん戦争を終わらせようという理由があったかもしれません。価値観はみんな違いますが、とにかく人を殺すということのために用いる兵器を作ったのです。この辺を私たちは、静かに考えてみる必要があります。

私たちだけではありません。まずは科学者に考えてほしいと思います。子供を生んだら、その生んだ親が子供の面倒をみることが大切であるように、科学者たちは自分が発見して世に生み出した知識の行く末に責任を持つべきであると思います。知識をおっぽり出している科学者に大きな怠慢があると、私はいま敢えて訴えたい。

▼物心一如の理

ここでいま話題となっている「利己的な遺伝子」について触れてみたいと思います。例えば子供を育てている親の動物が、他の動物がその子供を襲ってきた場合、我が身を投げ打ってでも子供を守るという行動をしますが、それは親のなかにある遺伝子が子に引き継がれた自分の遺伝子を残していくための一番よい方策だからだ——というのがこの「利己的な遺伝子」という考えです。この考えが正しいか否かがまず問われるべきですが、それはともかく、これも一つの解釈として成立することはできるでしょうが、生命をあまりにも遺伝子という「物」で見てしまっているところに問題があります。

人間には、そして動物にも、もっと柔らかく暖かい生命の脈動があります。動物に、子を守る親の愛がないと、誰が判断できるでしょうか。遺伝子がすべてのありようを、行為を生み出しているのだ、自分の生命は遺伝子によって左右されているのだと、生命の根拠をいわば分子・原子からなる遺伝子という「物」にのみ求めすぎ、それにこだわっているところに、すなわち執着しすぎているところに大きな問題があります。

いま「生命の根拠」といいましたが、生命とは何か、その根拠・根源とは何かという問い掛けのなかで、現代のいわば科学的な追求は、生命の根源を遺伝子やＤＮＡに求めるようになりました。

　ところで、さらに奥にある原因は、根源は何か、これは仏教的な追求も同じです。釈尊も、何か、何かと追求され、最後に行きついたのが「縁起の理」でした。なぜ人間は、生まれ、老い、病み、死んでいくのか。その因果の鎖を遡って最後に「無明」という心の無知性にその根本原因を求め、それを「十二縁起」という考えにまとめました。生命の根源を遺伝子やＤＮＡに求める因果性を「物の因果性」というならば、釈尊の十二縁起は「心の因果性」ということができるでしょう。

　私は、これに対して「物でも心でもない因果性」、人間存在に限れば「身心一如の因果性」という観点から生命の根源を探っていくことが大切であると主張したい。遺伝子のＤＮＡの配列がこうなっているから、ある年齢になると癌にかかりやすくなり、性格もこれこれである、とあまりにもいい過ぎているのです。そうではない。人間存在をもう一つ別の観点から、すなわち身体でも心でもない、すなわち「身心一如」のものとして捉え、その観点から物理でもなく心理でもない「物心一如の理」を探っていく必要があります。物心一如の理、これも言葉の綾かもしれませんが、しかし私たちは何か新しい言葉を用いて、その向こう側にある、いまだ発見されていない「新しい理」を模索していくことが大切です。

　この物心一如の理を、あえて唯識の言葉でいえば、「阿頼耶識縁起の理」であると私は考えます。この理は表層心の「六識」のありようと、深層心である「阿頼耶識」とが、いわば相互因果性を保ちながら生命は持続していくという考えです。いま表層心、深層心と、「心」という表現を用いましたが、私たちの表層のありようは物（身）でも心でもありません。それは身心挙げての働きであり、身心一如の存在です。身心を挙げて素晴らしい教えを聴聞すると、素晴らしい力が深層の阿頼耶識のなかに植えつけられていきます（正聞熏習）。身心を挙げて何かに取り組むとき（すなわち無分別智をもって行動するとき）、深層の阿頼耶識はますます清らかになっていきます。そこには確かに物心一如の理が働いているといえるでしょう。

　とにかく、物心一如の理に則して生きていき、ますます自分を深層から浄化していくことが大切です。『維摩経』のなかに「衆生清ければ国土清し」という言葉があります。一人一人が深層から清らかになっていけば、自然も社会も清らかになっていきます。

　多分ご覧になった方もあると思いますが、二週間ぐらい前に私の友人の小出五郎氏がプロデューサーとして製作した、世界のエネルギー改革についてのテレビ番組から、これから何十年先に水素によるエネルギーが中心となるということを知りました。ガソリン車ではなく、環境に有害物を出さない水素をエネルギーとする自動車の時代になるそうですね。または自然エネルギーとして風力発電がヨーロッパでは進んでいるとのことです。人間は愚かだけではなく、賢い面もあります。本当に「衆生清ければ国土清し」です。唯識的にいえば「阿頼耶識が清ければ器世間も清し」です。よし、家族のために、社会のために、自分の阿頼耶識のなかにある清浄の種子に肥料を与えていこう、と一人一人が決心すると、世界は大きく変わってくるでしょう。

　阿頼耶識縁起を信じ、それに基づいた日常生活を送っていかれることをお勧めします。

▼「無」の二つの意味

ここで話を有と無のほうに移します。『般若心経』には「是の故に空の中には、色も無く、受想行識も無く、眼耳鼻舌身意も無く、色声香味触法も無く、（中略）智も無く得も無し」と、「無」という言葉がたくさん出てまいりますが、『般若心経』がこのように「無」を強調するのには、二つの意味があると私は解釈したい。

その一つは、いま問題としている「執着」を離れるために「無」と説いているのです。「色も受も想も行も識も、乃至得も無い」から、そのようなものへの執着を離れなさいと説いているのです。部派仏教までは、真理というものは言葉で語れるのだと考えていましたが、大乗仏教を興した人びとは、釈尊の覚りの世界に戻ろうという精神のもと、それまで言葉で語られたものをすべて否定したのです。言葉で語られものに執着をしてはいけないと強調するために「無、無」と説いたのです。

もう一つは、こちらのほうが中心でありますが、例えば「無明も無く、無明が尽きることも無い」というところを私は「無明が有ることも無く、無明が無くなることも無い」と、このように解釈してみたいと思うのです。同様に「老死が有るのでも無く、老死が無くなることも無い」と読んでみたい。確かに私たちは「有」と「無」とにこだわって生き、そこに愚かな迷いと苦しみとが生じます。皆さん、ヨーガを実践し、定心に入って、静かに「有る」「無い」という言葉を出してみて下さい。そしてその言葉の響きが一体何か、何を指し示しているかを、静かに観察してみて下さい。

普通はこのようなことを考えることはありません。先ほど述べました私の親友の退職のパーティーで、かなり有名な分子生物学者になっている友人に会い、「有るとか無いとかいう言葉を心のなかに出してみると、それは熱いフライパンに落ちる水滴のように、はじけ飛んでしまわないか」といったら、何の話か分からなかったようです。そのとき科学者とはそういうものなのかと痛感しました。

とにかく、『般若心経』の説く「無」は、有無を超えた有無超越的な「無」であります。無には「虚無の無」と「実無の無」とがありますが、『般若心経』の無は、実無の無であるといえるでしょう。よく東洋思想の無と西洋の無とを比較するとき、内容のある無を実無の無、全くニヒルなゼロの無を虚無の無といい分けていますが、『般若心経』の無は実無の無であり「空としての無」であるといえるでしょう。

以上、まとめると『般若心経』の無には、「執着を離れるための方便としての無」と、「有無を超越した非有非無の存在観としての無」との両義があると解釈いたしました。

とにかく、「自分」「もの」「有」「無」というこの四つの言葉に思考を凝らし、それらが意味するものが一体何かを観察し、それらへの執着をなくして自由に生きていくことが大切です。

▼増益と損減の二つを離れた中道

では、「自分の手」を例にとって、今回の講義のまとめをしてみましょう。「これは自分の手である」という判断に対して、部派仏教は、「自分は無いが手は有る」と考えました（我空法有）。

これに対して大乗仏教の中観派の思想は、「自分も手も無い」と主張します（我空法空）。あるいは「一切法皆無自性」（一切法は皆な無自性である）と主張します。すべての存在には自性が無いというのです。本来はそうではなかったのですが、この主張は一見、虚無主義に陥っていく危険がありますし、実際そのように考えた人びとはいたようです。そこでそのような間違った見解を是正するために興ったのが唯識思想です。

唯識思想は、「これは自分の手である」という判断に対して、

「自分も手も有り、かつ無い」

と答えることになります。この「有り、かつ無い」ということが重要なポイントです。このうち「有る」という面を強調して「三性」説が、「無い」という面を強調して「三無性」説が唱えられたのです。このうち三性とは遍計所執性・依他起性・円成実性の三つをいいますが、これについてはすでに折々に説明しましたので、ここでは割愛いたします。ただ遍計所執性は都無（全く存在しない）、依他起性は仮有、円成実性は実有であると説かれていることだけを確認しておきましょう。

しかし人間は、どうしても言葉にこだわります。例えば仮有である、実有であると聞けば、また何かが有ると思い込んでしまう。そこで、これに対して三無性が説かれるのです。このことが、

「愚夫は依他起と円成実とに於て増益して妄って我法の自性有りと執す。この執を除かんがために、仏世尊は有（すなわち仮有なる依他起と実有なる円成実）と無（都無なる遍計所執）とに於て総じて無性を説く」（『成唯識論述記』）

と説かれるのです。増益というのは無いものを有ると考えていくことです。その反対が損減で、有るものを無いと見間違うことです。その増益と損減との二つを離れて物事を見ていくことが中道で、その立場から三性と三無性の二つが説かれるのです。

（平成十三年三月十日の講座より）

第十二講

三性と三無性

▼富士山は存在しない

今日、乗ってきた新幹線の車窓から、富士山を眺めることができました。ちょっと春霞（はるがすみ）でぼやっとしており、しかも雪が溶け始めてシマウマの肌みたいに縞（しま）がある富士山でしたが、やはり富士山は美しいなあと思いながら眺めました。

ところで、――以前にも申したことですが――あの富士山は、唯識思想からすれば、存在しないのですね。そんな馬鹿なと思われる方がおられるでしょうが、自分が見ている富士山は、心のなかにある影像としての富士山に過ぎず、美しい富士山というのはその影像に勝手に自分の思いを付与したに過ぎないと、このように唯識思想は主張するのです。

いま私は、眼を閉じると、先ほど見た富士山の姿を思い出すことができます。確かに再現された富士山の影像は心のなかにあります。しかし私たちは、再現しなくても富士山は自分を離れて外にあるのだと思っています。しかしそのような富士山は存在しない。なぜなら、それは「遍計所執性」としての富士山であって、思いと言葉でもって作り上げたものに過ぎない――と、このように唯識思想は主張するのです。富士山は厳として有ると見る素朴実在論者の立場をしばらく離れて、この唯識思想の考えに耳を傾けて見ましょう。確かに富士山は美しい。でもそれが「なに」なのかということを、静かに考えることが、「いかに」生きるかにつながってきます。

▼聞熏習の重要性

少し脇道に逸れましたが、『般若心経』本文の解説に入ります。今回は、

「是故空中無色　無受想行識」（是の故に空の中には、色も無く、受想行識も無い）

という一文についてです。このなかに説かれている「色受想行識」というのは、繰り返し申しますが、自己存在を構成している五つの構成要素＝五蘊であり、色は身体、受・想・行・識は心です。だから「是の故に空の中には、色も無い」とは身体というものが無いということになります。そこで今回は「身体」という存在に注目して、その身体を三性、三無性との関係で考察してみましょう。

まず、「是の故に空の中には、色も無い」と、色の存在が否定されていますが、しかしその前に、

「色即是空　空即是色」（色は即ち是れ空なり、空は即ち是れ色なり）

といわれています。このように、空のなかに色が無いといいながら、色は即ち空であるし、空は即ち色であるのだというふうに、色と空とはイコールであると説かれています。このことから考えますと、『般若心経』のなかに出てくる「無」というのは、前回も申しましたように、決して虚無の無、すな

わち決して存在しないという意味での無ではありません。私たちは「無い」と聞くと、その言葉にこだわってしまい、「無いのだ」と思ってしまいます。それは一つの極端な考え方であります。また「有るのだ」というのも同様に極端な考え方です。私たちはどうしても有るか無いか、「無」か「有」かと考えてしまいます。例えば、現にいま自分は生きて有るが、死んだら無くなるのかどうかと考えて恐れおののきます。私もだんだん歳をとってきましたので、自分の死を真剣に考えるようになりました。したがって最近は、「有るか無いかは極端な考えで、そんな言葉に迷うなよ」と自分にいい聞かせています。いい聞かせると、それは深層の阿頼耶識のなかにその言葉が熏習されます。それを「聞熏習」といいます。

この聞熏習が大切なことです。私は『般若心経』を読むときには、二箇所を特に力強くお唱えし、それを心の奥底に熏じつけるようにしています。それは、

「色即是空　空即是色」

「心無罣礙　無罣礙故　無有恐怖　遠離一切顛倒夢想」（心に罣礙無し、罣礙無きが故に恐怖有ること無く、一切の顛倒と夢想とを遠離する）

の二箇所です。本当に、心に罣礙が、障りが無ければ恐怖はありません。でも、実際はそううまくはいきません。私の心のなかにはいろいろの思いが次々と浮かんできては私を怖がらせます。その思いを私から出してしまえばいいのですが、浮かんだ瞬間、阿頼耶識縁起の理に基づいて、またその思いは深層心のなかに植えつけられてしまうのです。もう一度心のなかに帰ってくるのですね。これも因果必然の自然的な法則にかなっています。恐怖の思いはこの法則に従ってぐるぐる巡り始め、それが

こうじると鬱病やノイローゼになってしまいます。さあ、それを断ち切るにはどうしたらいいのか。その一つの方法が、「心に罣礙無し、罣礙無きが故に恐怖有ること無く、一切の顚倒と夢想とを遠離する」と声を大にしてお唱えすることだと思います。

さて、それはとにかくとして「色は即ち是れ空なり、空は即ち是れ色なり」と「是の故に空の中には、色も無い」との二文を合わせて考えてみますと、ここでの無は決して虚無の無ではありません。ではどういう無であるかというと、少し難しくなってまいりますけれども、それは「非有非無」の無であるといえるでしょう。もちろんそれは本来は言葉では語れないのですが、しかしあえて言葉で語るならば、「有でもなく無でもない」といわざるをえません。それを肯定的な言葉でいうと「中」であるということができます。「二辺遠離の中道」といいます。有るか無いか、そういう極端な見方を離れた深い般若の智慧を身につけることが要請されているのです。

▼量子論と唯識

その中道について語る前に、まず「色」とは何かを考えてみましょう。前述しましたように色というのは、人間存在に関していうならば身体であります。

その身体を現代科学の眼で見れば、六十兆の細胞から成り立っています。またその細胞も染色体に、染色体は遺伝子に、遺伝子はＤＮＡに、さらにそれは分子・原子に、原子は原子核と電子というふうに還元され、とうとう身体は素粒子といったものまでに分解されてしまいます。身体だけではありません。例えばここにあるマイクや机などの事物、さらには山や川といった自然界も、原子ないし素粒子までに還元されるのです。

いま述べたのは現代科学の分析ですが、このような分析は、すでに仏教にもありました。仏教は当初から科学的であり、事物の究極の構成要素は何かと追求しました。そしてその構成要素として、

①地水火風を考える説

②極微を考える説

の二つの流れがあります。事物を地水火風の四大元素に還元する説は、ギリシャ哲学にもあります。すべての事物はこの四つの構成要素から造られていると見る立場です。

それに対して、事物は極微から造られているという考えがあります。極微とはサンスクリットで「パラマーヌ」（paramāṇu）といい、最高に小さなものという意味で、現代のアトムすなわち原子に当たります。もちろん当時は原子顕微鏡などの観察機械はなかったので、原子核や電子の存在は説かれてはいません。しかし人間が頭のなかで考えられる最小のものを極微と名づけたのです。したがって現代でいう原子ないし素粒子と、仏教でいう極微とを安易に比較することには問題があるかもしれませんが、「ミクロの世界においては、人間は存在の観察者ではなく存在への関与者であると見るべきである」という現代の量子論の結論には、「唯識」との関係で興味が引かれます。素粒子といったものは、人間の意識が観察することによってそのありようが変わってくる。観察者とその対象である素粒子とは、一つのセットである……という量子論が発見した事実は、「唯識所変・一切不離識」という考え方に近づいてきているのではないでしょうか。このあたりを、私ももっと勉強してからお話ができればと思っております。

いま私が真剣に考えているのは、一つは遺伝子やDNAと阿頼耶識との関係――広くは身体と阿頼耶識との関係、もう一つは原子や素粒子と阿頼耶識との関係――広くは自然界と阿頼耶識の関係、この二つの関係はどうなっているのか、という問題です。いまこれらについて、いろいろの本から情報を得ようと勉強しています。でも、情報を得るだけではだめなのですね。得た情報に基づいて、一生懸命考えることが必要です。でも考えるといっても、言葉をひねくり回すだけではだめです。どうやって考えるかといったら、とにかく意識を集中し、ときどき言葉を、情報を心に浮かべながら、禅定に入っているような状態で考えると、ひょこっと心の底からよい考えが浮かんでくるのですね。

仏教に「聞慧・思慧・修慧」の三慧という考えがあります。これは聞いたことを自らが理の如くに、根源的に考えていきなさいという釈尊の教えでありますが、思慧と修慧の大切さが最近分かってまいりました。私は、二十世紀に入ってから展開されたあの量子論の論争史を読むと興奮します。アインシュタインとボーアの大論争が有名ですが、彼らはデータを自分のなかにどんどん入れていきながら、思索・実験をするのですね。そして考えたことをお互いに学会で発表し、それに対して反論し、同意もしていきながら、最終的に皆が納得する考え方が出来上がってきたのです。すごいなあと思いました。まさに彼らは禅定、ヨーガのなかで考えたと私は思います。以前も申したことですが、科学者の眼とヨーガ行者の眼の行き着く先は同じだろうと、私は思うのです。

話を仏教の極微に戻しましょう。仏教のうち部派仏教までは、やはり素朴実在論的な考えが強く、自分の外に事物が有る、自然界が有ると考えていたのですが、しかし唯識派の人びとはそういうものは一切存在しない、極微すなわち原子も自分が作り出した一つの観念に過ぎないのだと主張したのです。量子論もこの考えに近づいてきたのではないでしょうか。少なくとも素粒子といったものは、自分の「外のあそこに」実体として有るのではない、ということが判明してきました。では、自分の「内のここに」有るのでしょうか。それもどうもおかしい、ということになります。

結局は「外」や「内」という概念を乗り越え、外のあそこと内のここの両方に有る、すなわち外も内も両方イコールなのだという事実に、量子論者も気づいてきたのでしょう。

本当に、存在とは不思議なものですね。

▼扶根と正根

話を身体に戻しましょう。仏教は身体を「有根身」すなわち「根を有する身」と捉えます。根というのは感覚器官のことで、原語では「インドリア」(indriya)といい、それはバラモン教の雷神であるインドラ(indra 帝釈天のこと)から派生した名詞で、「力あるもの」というのが原意です。力あるもののなかで一番すごいのは、ものを作り出していく力であります。そういった意味で眼根ないしは身根、すなわち現代でいうと視覚から始まって触覚までの五つの感覚器官は、ものを生み出していくすごい力を持っていますね。

例えば眼を開けると、この眼は色と形あるさまざまのものを見ることができます。しかし、いま「見る」といいましたが、唯識思想はそれらを「作り出す」と考えるのです。感覚器官に能動的な働きがあると見るのです。自然科学的に外界にものがあると考える人は、外界から何ミクロンの波長が眼に届き、それが角膜・水晶体を通って網膜の上に影像を結ぶのであると、このように受動的に考えますが、唯識は逆なのです。眼から、いわばエネルギーが放出され、心のなかに影像を作り上げているのだと考えるのです。これが非常に重要な点ではないかと思います。眼根の根の原語はインドリアであると前述しましたが、この語にはもともとは根という意味はありません。しかしそれを植物の根(ね)に喩(たと)えて「根」と訳したところが素晴らしい。本当にあの一つの小さな種子から根と芽ができて、それが大木にまで生長するのですね。あの屋久島(やくしま)にある樹齢六千年の大木も、最初は小さな種子、小さな根から生長を始めたのです。植物の根は、なんと素晴らしい力を持っていることか。

その巨木の根に劣らず私たちの身体も、ものを作り出すものすごい力を持っているのです。何度も眼を閉じ、目を開けてみましょう。ものが見えます。耳で一生懸命音を聞きましょう。食べるときには味に成りきりましょう。ないし皮膚感覚をとぎすませて、いろいろのものに触れましょう。すると本当に、感覚は受動的ではなく能動的であるということが分かってきます。

感覚器官が能動的であり、それから光というエネルギーを出しているという仏教の考えを、次に紹介してみましょう。仏教では、感覚器官すなわち根として、次の二つを立てます。

①扶根(ふこん)
②正根(しょうこん)

このうち扶根というのは、現代でいう原子・分子から成り立つ感覚器官、例えば眼でいうならば角膜、水晶体、網膜などから成り立つ器官です。現代の科学的考えからすれば、このような器官だけで充分です。しかし仏教は、扶根の奥にもう一つ正根を、すなわち真正の、本当の根を立てるのです。その正根を助けるのが原子・分子から成り立った扶根であるという二重の感覚器官論を説くのです。

扶根と正根

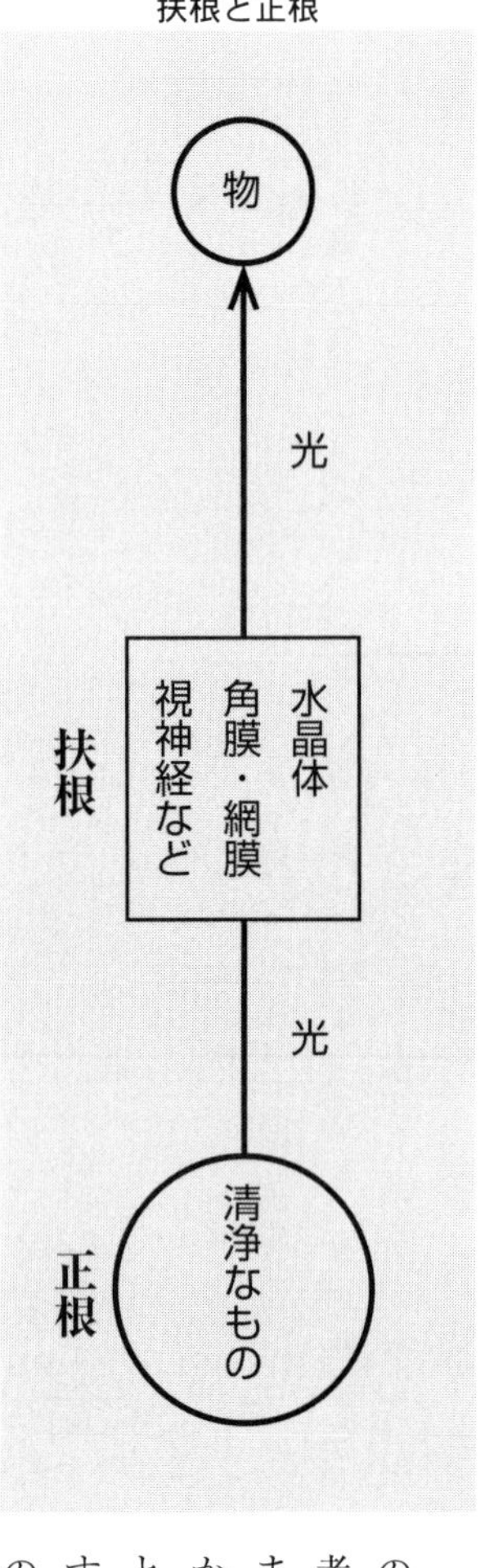

私たちはこの正根という考えから、いままで気がつかなかったことに気づきます。まず、その正根は、眼で見ることはできないという。これは、考えてみると重要なことです。なぜなら、指は決して自分自身を指さすことはできないように、見つつあるものを決して見ることはできないからです。だから、それはあると推量で知るしかありません。

そしてその正根は、「清浄な宝珠の如く光を発している」というのです。光を放出している、ここがポイントです。決して太陽の光線だけが光ではありません。いろんな光があるでしょう。そういった意味で正根が放つ光は、いわば「感覚的なエネルギー」といい換えたい。眼根だけではありません。この身体は「五根を有する身」でありますから、己れの身体というものは、ものすごい爆発的な感覚的エネルギーを放出していることになります。この考え方は、仏教を信仰していないと理解できないような特殊な思想などではなく、誰もが感覚的に頷くことができる、紛れもない事実ではないでしょうか。私たちは深い眠りから目覚めた瞬間に、自分の周りに世界がもう一度復活していきます。それは身体から出る感覚的エネルギーが作り上げたと考えてはどうでしょうか。

以上の、扶根と正根という感覚器官から成り立つ感覚のありようを、図にしてみました（**前ページ図参照**）。

ある物、例えばここにあるコップという物を見る場合、正根から光が放たれ、それが水晶体・角膜・網膜からなる扶根の助けをかりてコップに達して、それを感覚するという過程を図示したものです（唯識的にいえば、根本的な因はすべて阿頼耶識のなかの種子ですので、この扶根・正根はあくまで縁であります）。

さあ、皆さんもこういう思想を学び、そして眼を閉じたり開けたりして、眼の働きを実感してみましょう。また音や声を聞くことに意を注いでみましょう。すると不思議なことに、いままで簡単に、何となく気分と言葉だけで捉えていた身体が、もっとずーっと自分のほうに近づいてきて、新しい身体観が生まれてくるでしょう。

▼三性と三無性とは

いよいよ今回の主題に入ってまいります。唯識的に見て、まず身体に対しての、次のような三つの見方が可能です。

①遍計所執性（へんげしょしゅうしょう）としての身体
②依他起性（えたきしょう）としての身体
③円成実性（えんじょうじつしょう）としての身体

遍計所執性・依他起性・円成実性をまとめて「三性」といいます。唯識の代表的な思想の一つですが、同じ身体をこの三つの観点から捉えることができます。

まず、①の身体観ですが、これは、例えば自分の身体を見て、「なんと衰え始めた身体か」と捉えるとき、それが「遍計所執性としての身体」観です。私たちが普通捉える身体観は、このような身体観です。そこに大きな問題があります。美醜の対象としての身体、老いや死ぬことと結びついた身体、これらはすべて遍計所執性として捉えられた身体観に基づくのです。

またここで、前回も述べた「物的存在すなわち遺伝子やDNAに還元されすぎた身体」観を、敢えて遍計所執性としての身体観として問題提起してみたい。身体は六十兆の細胞に、細胞は染色体に、染色体は遺伝子に、そして遺伝子はDNAへと還元されていき、ヒトゲノムの解読が急速に進んでいます。そしてその成果に基づいてゲノム創薬、遺伝子操作などの問題が生じてきました。DNAの解読が金儲けと結びつき始めたのです。また遺伝子操作技術の発達によって、クローン人間も可能になってきました。イタリアではクローン人間を作ろうとする医者の集まりが開かれたようです。恐ろしいことです。このように金儲けに結びつくDNA解明、クローン人間に結びつく遺伝子操作、これらの問題を「遍計所執性としての身体」観という観点から、大局的に考えることができるのではないでしょうか。

それはともかく、美しいあるいは醜い身体、老い死んでいく身体は、有るのかどうか。これに対して唯識思想は、

「遍計所執性は相無性である」

と主張するのです。美しいとか醜いとかと色づけされた姿、あるいは老いていく、死んでいくと考えられた姿、すなわち相は無いのだ、相無性であるというのです。

ここで、三性と三無性との関係をまとめてみると、次のようになります（左図参照）。三性は詳しくは三自性、三無性は三無自性といいますが、三自性は自性は有るという「有」の面であり、三無自性は自性は無いという「無」の面をいっているのですが、有といえば有にこだわり、無といえば無にこだわってしまう。そのこだわりをなくすために、三性は「有」るわけですから非無、

三性		三無性	
遍計所執性（都無）	—	相無性	空華の如し
依他起性（仮有）	—	生無性	幻事の如し
円成実性（実有）	—	勝義無性	虚空の如し

三性 → 非無
三無性 → 非有
非無・非有 → 非有非無（空）

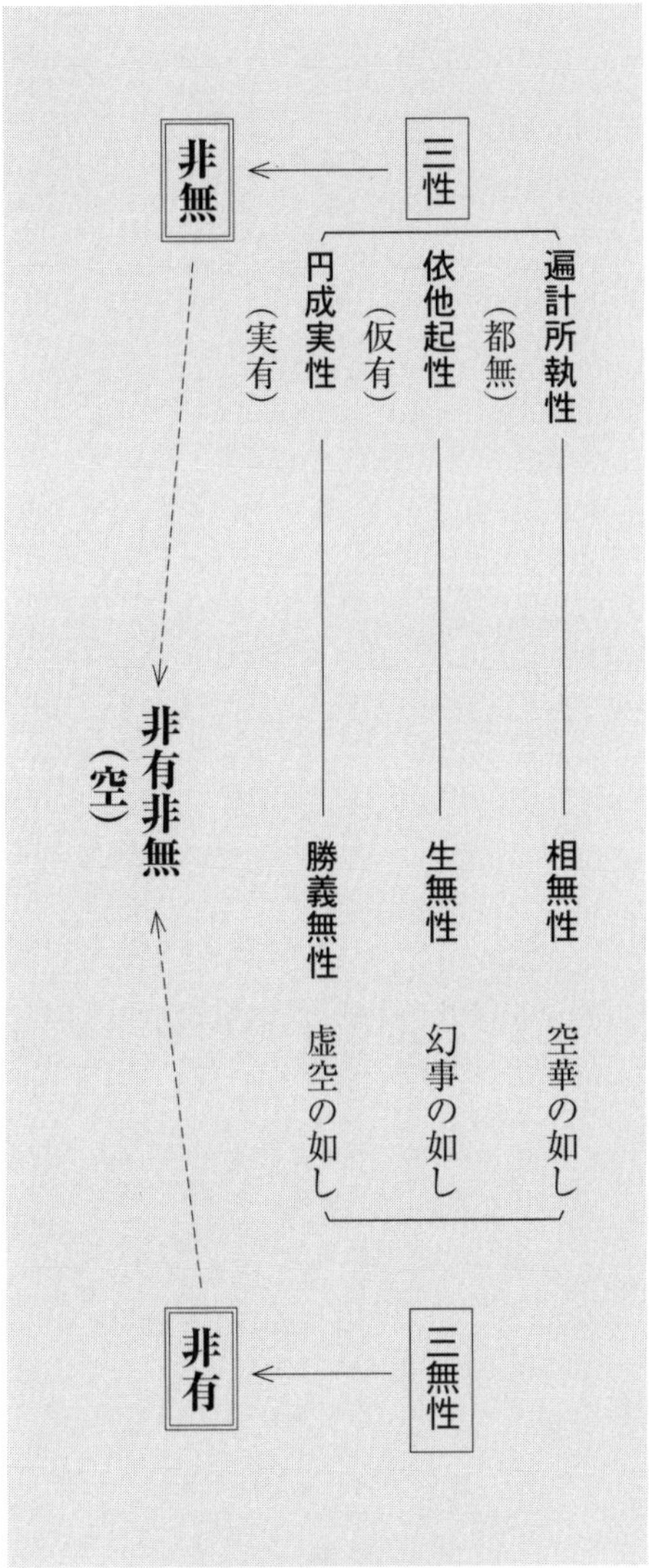

三性と三無性との関係

三無性は「無」いわけですから非有ということになり、三性・三無性の二つによって全体的に見て非有非無の中道すなわち空であるという論理を完成させたのです。

このように唯識思想は、しっかりした論理的な理論を構築したという点ではあまりにも神秘性がありませんが、自然科学が記号や数式で真理を表現しようとするのと同じように、言葉で語れないものをいかに言葉で語っていこうかというその意欲・意志が三性・三無性という理論を作り上げたといえるでしょう。

いま「意志」といいましたが、これが大切なことです。人間は意志を持てば世界が変わってきます。今日、新幹線のなかで読んできた量子論に関する本の最後に、一番重要なのは人間の意志であるということが書かれてありました。仏教が説く行為すなわち業には、身・口・意の三つがありますが、そのうち最も根源的な業が意業すなわち意志の働きです。身体的な動作や言葉を語ることは、すべて意志の表われです。この意志は、量子論でも重要な役割を演じます。例えば電子の運動量を計ろうという意志を起こして観察すると位置が分からなくなってくるし、逆に位置を探ろうという意志でもって同じ電子を見ると今度は運動量が分からなくなってくる。このように、ミクロの世界においては観察する人の意志に基づく「選択」によって観察の結果が変わってくるのですね。この選択を、仏教では「分別」といいます。人間が分ける、分別すると、世界は大きく変わってくるのです。そしてその分別が起こってくる背後に、意志があります。さあ、私たちは日常生活のなかで、どういう意志を起こして一瞬を生き、一日を生き、一生を生きていくのか。これが考えるべき肝要事ではないでしょうか。

ここで、遍計所執性に対する相無性をもう少し考えてみましょう。「相」というのは法相宗の「相」

に相当します。例えば鏡の前に立って自分の顔を見て、美しい顔だ、醜い顔だ、老いた顔だと捉える、そのような顔の姿が相でありますが、この相は心のなかで思いと言葉でもっていわば色づけされたものであって、決して実体としてあるものではありません。これも静かに考えていくと事実であることが分かります。しかし普通はそのような顔はあると考えています。顔だけではありません。本当に唯識を勉強し、三性のなかの遍計所執性を学ぶことによって、自分はなんと全く無いもののなかで日々生きていることかと気づき、恐ろしくなります。存在しないもののなかで右往左往して生きている。だからこそ私たちは充実した日々を送れないのですね。一日、一週間、一月、そして一年生きてみて、虚無感が残ります。それはなぜかというと、私たちは無い遍計所執性を有ると考え、そのなかで生きているからです。

その遍計所執性の世界から脱却する第一歩が、ヨーガという実践によって、まずは依他起性の世界に戻ることです。この講義の後、一時間ほど、みんなでヨーガの実践を行ないますが、その間は「なまのエネルギー」のままでじーっと坐っているのです。そのとき依他起性としての身体を直(じか)に味わうことができます。そのときには、身体も心もありません。敢えていえば、身心一如の理の働きを感じているといえるでしょう。

▼物、心、そして物心一如の因果

次に、②の「依他起性としての身体」観を考えてみましょう。依他起とは他に依(よ)って生起するという意味ですが、では「他」とは一体何か。これは仏教的に考えていくと、無量無数(むりょうむすう)の縁であるということができます。本当にもう数えきれないほどの自分以外の存在や力によってこの身体は生かされてきたし、現にいま生かされてあります。

この無量無数の縁というものを考えるに当たり参考になるのが、身体に関する詳しい自然科学の情報であります。人体は六十兆の細胞から成り立っている。また十万ぐらいあるだろうと思われていた人間の遺伝子が、ショウジョウバエの二倍の四万ぐらいしかなかったということも分かってきました。いずれにしましても、数多くの細胞とか遺伝子によって生かされているということを、科学的な情報として知ることができます。そういう意味でも身体は確かに依他起性的存在です。

ただ、科学は物的な因果関係だけで身体を捉えるところに問題があります。仏教は身体を支える縁として、心をも考慮に入れます。身体を作り出し、それを生理的に維持している根源的なものとして、唯識思想は阿頼耶識を考えますが、それについてはいずれ詳しく触れることにして、いまは静かに心のなかを観察してみましょう。いま皆さん、眼で身体を見ることができますが、その見られている身体は、見ている視覚のなかにあるのでしょうか、それとも身体のなかに視覚があるのでしょうか――と、このように問うことができます。また、視覚は脳の機能であると考える人もいますが、いずれにしてもこれらに対して何らかの結論が出たとして、このように問う、あるいは考える、あるいは結論を出す人の心そのものは、決して観察の対象になることができないという事実に注目しなければなりません。ここが考慮すべき重要なポイントです。自然科学の追求も確かに素晴らしい。でも、あまりに、いわば「物の因果」にのみこだわって「心の因果」を忘れているというのが大きな問題ではないでしょうか。

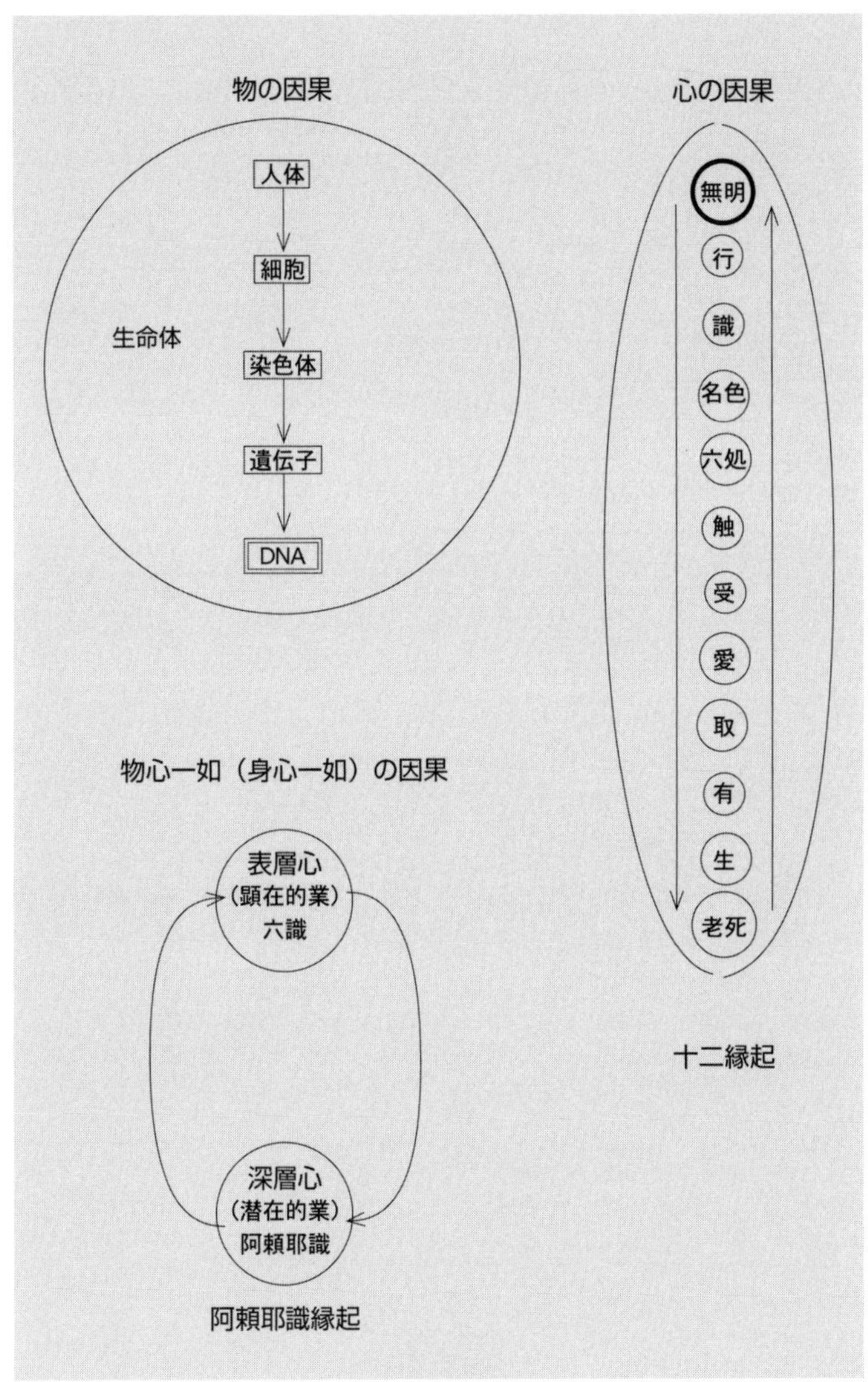
物の因果
生命体
人体
細胞
染色体
遺伝子
DNA
心の因果
無明
行
識
名色
六処
触
受
愛
取
有
生
老死
十二縁起
物心一如（身心一如）の因果
表層心
（顕在的業）
六識
深層心
（潜在的業）
阿頼耶識
阿頼耶識縁起

三種の因果

この「物の因果」と「心の因果」に、前回も述べた「物心一如の因果」という因果を加えて、次のような三種の因果を図示してみました（前ページ図参照）。

このうち、物心一如の因果は「身心一如の因果」といい換えることができます。このような因果を立てることが可能かどうか分かりませんが、私は唯識思想の阿頼耶識縁起に基づいて、敢えてこのような因果を考えてみました。

これら三種の因果のうち、「物の因果」は、身体を含んだ命の根源を考えていく場合に、身体から細胞、染色体、遺伝子へと還元し、そして最終的にはＤＮＡにその根拠を求めます。

次の「心の因果」は、仏教が説く十二縁起の因果性です。なぜ老死があるのか。それは、生があり、有があり、取があり、愛があり、受があり、触があり、六処があり、名色があり、識があり、行があり、最終的には無明という根本煩悩があるからである——と遡っていく因果性です。この因果の鎖を逆にいくと、無明があるから老死があるということになります。

老いることと死ぬこと、これは遺伝子やＤＮＡの研究においても問題とされています。なぜ老けていくのか、それがＤＮＡの段階でだんだんと解明されてきました。いずれ老けていくことを抑制することができる時代がくるかもしれません。でも、できたとしても百年か二百年そこらで、決して永遠に生き続けることはできないでしょう。

これに対して十二縁起の因果によれば、根源的な原因である無明をなくせば、老いることも死ぬこともなくなると説くのです。物の因果では、究極的には老死はなくならない。しかし心の因果では老死はなくなるという。この違いは何なのでしょうか。静かに考えてみるべき問題です。

最後の「物心（身心）一如の因果」は、表層の顕在的な業と深層の潜在的な業とは相互因果関係にあるという、阿頼耶識縁起説に基づいたものです。このような因果を敢えて立てたことで気がついたことは、阿頼耶識という識すなわち心は、身と心に二分したときの心として捉えるべきではないのではないかということです。身体でもない心でもない「心」、非身非心の「心」、それが身体をも心をも生み出す阿頼耶識であると考えてはどうでしょうか。

仏教専門誌『大法輪（だいほうりん）』の（平成十三年の）五月号に、ここ興福寺の貫首（しゅうじ）・多川俊映師が、「唯識と現代」という題で執筆されましたが、そのなかで阿頼耶識の種子を遺伝子であるとみる見解に強く反論されておられました。私も種子と遺伝子との関係はどうなっているのだろうと、ずーっと考えてきましたが、最近、

「阿頼耶識は心だけではなく身体をも作り出し、その身体を生理的・有機的に維持している」

という考えに注目し、阿頼耶識が心と身体とを作り出す源であるとするならば、阿頼耶識は心でも身体でもない識すなわち「非身非心の心」であるというべきではないかと考えるようになりました。阿頼耶識が身体を作り出すのですから、この手は阿頼耶識からできたものですね。厳密にいえば手と認識される以前の依他起性としての手が阿頼耶識からできたものというべきでしょう。また眼識ないし意識の六つの心も阿頼耶識が作り出す。そう考えてくると、身と心とを生じる根源的な心、しかも表層心では気がつかない隠れた心、それが阿頼耶識であるということができるのではないでしょうか。

このような観点から、先に掲げた「物心（身心）一如の因果」の図（＝阿頼耶識縁起の図）をご覧になってください。顕在的な業と潜在的な業とが相互因果関係にあるのですが、このうち顕在的な業と

いうのは、こうやって身・口・意の三業で具体的に行動することですので、そこには身体も言葉も心も、全部一緒に含まれているのです。だからこそ阿頼耶識縁起は物心一如、身心一如の因果であるといえるでしょう。

以上、「物の因果」「心の因果」「物心一如の因果」という三つの因果性があるのではないかと提案をいたしましたが、この考えを私自身、もう少し練ってみなければならないと思っています。

▼湧き起こる「感謝」

次に、依他起性に対する「生無性（しょうむしょう）」について考えてみましょう。他によって生起してくるもの、それを唯識思想では心と捉えます。ところで、唯識である、唯（た）だ心しか存在しない、と聞くと、では心は有るのだと考えて、その心に執着を起こします。その執着を取り除くために、依他起性は生無性であると説くのです。生無性とは、「自ら生じて有るものではない」という意味です。確かに心は目覚めた瞬間に生じます。眼を開けた瞬間に視覚が生じます。いま「生じる」といいましたが、心が、視覚が、自らの力で生じたのではなく、正確には「生じさせられた」というべきです。「生じた」というならば、それは縁起の理、縁起の力によって生じたということができます。だからその存在は無自性であり、空であり、有るというならば幻のような存在なのです。

いま問題としている身体にしても依他起です。自ら生じたものではないというので一番いい例をあげますと、もうかなり前になりますが、ＮＨＫの「人体・驚異の小宇宙」というテレビ番組が一世を風靡（ふうび）しましたが、あのなかでやっとそれらしい形を取り始めた胎児の映像が流され、四、五秒無声が続き、そして突然コツという音とともに心臓らしきものがぴくぴくと動き始めたのです。あの映像を見たときの感動を、いまでも私は忘れることはできません。一体何が、誰が心臓を動かし始めたのでしょうか。とにかく心臓が動き始めたのは自らが動いたのではなく、動かされたのですね。

このように考えていくと、身体は自ら生きているのではなく、生かされてあるのです。だから身体は実体的に独存し、有りて有るものではなく、有るようで無く、無いようで有る、そのような存在です。「色即是空　空即是色」にてらしていえば、身体は空であり、かつ空は身体であるのです。

身体だけではありません。阿頼耶識から顕現し、自らがそのなかに閉じ込められているこの世界全体は、有るようで無く、無いようで有る幻夢の如き存在です。とはいえ私たち凡夫はなかなか幻夢と見ることはできません。この世が夢であるということは概念的には分かりますが、そういうふうには心の底から分かりません。なぜならば私たちはまだ夢のなかに閉じ込められているからです。しかしこの夢から覚めた瞬間、すなわち覚醒して仏陀になった瞬間、世界が夢であると真に覚ることができるのです。釈尊も六年間の苦行を経て、さらに菩提樹下で禅定に入られ、そして明星とともにこの夢の世界から覚められたのです。そして「不老不死の世界に触れた」と語られたのです。この言明を信じて、私も夢から覚めて老いることも死ぬこともない覚醒の朝を迎えたく思います。

依他起としての身体観をまとめますと、身体は生かされてあると気づくなら、感謝の気持ちが起ってきます。起きた瞬間、眼が見えた、ありがとうございます。食事をして美味しいものを食べさせていただいた、ありがとうございます。お風呂に入っていい気持ちになった、ありがとうございます――と、このように感謝の連続となります。

▼真理そのものの身体

最後の「円成実性としての身体」観ですが、これは覚った人のみが初めて分かる身体観ですから、なかなか分かりにくく、また説明が難しい。そこで、これについて、「色身を見る者は仏を見ない。法身を見る者は仏を見る」という一文をあげてみます。これは、釈尊が入滅された後、弟子たちは釈尊は亡くなってしまわれたのだと悲しみますが、しかし釈尊の真の身体は眼で見える具体的な身体（色身）ではなく、真理としての身体（法身）が真の身体であるという考えが起こり、「法身を見る者は仏を見る。色身を見る者は本当の仏を見ることはできない。法身を見なさい」――という考えが強調されたのです。

この身体論は釈尊に対してだけではなく、自分の身体、あるいは他人の身体をどのように見るかということにおいても、大いに参考になります。『瑜伽師地論』のなかに、「真如身」を観察するということが強調されています。円成実性はこの真如のことですから、円成実性としての身体を見ることは真如としての身体を見ることです。この真如とは「あるがまま」という意味ですので、真如身とはあるがままの身体ということになります。これは確かに覚者にのみ観察されるものですが、私たちもまずは実際にヨーガを修し、禅定に入って依他起の世界に戻り、真如身を覚る第一歩を踏み出しましょう。坐って禅定に入り、吐く息・吸う息に成りきったとたんに、この身体が変わってきます。心が変わってきます。不思議なものですね。息に成りきることは素晴らしいことです。本当に息に成りきらなければ、私たちは何も分かりません。この一刹那の息に成りきる。なかなか難しいですが、それ以外には本当に一体何かを分かることはできません。

この円成実性に対して、勝義無性が説かれます。勝義無性とは、円成実性のなかには我も法も無いことと定義されますが、身体でいえば、もう「空っぽになった身体」ということができるでしょう。先日、禅宗のある老師が「覚りとは空っぽだ」と語られるのを聞き、直接には分からないにしても、そうなのかと肯くことができました。

唯識の論書において、勝義無性は、「虚空の如し」と説かれます。虚空というのは、そのなかに何も無い広大無辺の空間のことであります。空っぽの空間です。

目覚めた瞬間に「一人一宇宙」の世界が現出します。その宇宙のなかに、いろんなものがぐるぐると渦巻いていますが、それが全部無くなり、空っぽになってしまった状態が覚りなのでしょうか。このことを道元禅師は、「身心脱落・脱落身心」といっているのでしょうか。

以上、身体を例にとって三性・三無性を説明させていただきましたが、考察の対象は身体だけではありません。それはいかなるものでもよいのです。何か一つのことに、一つのものに自己の全エネルギーを注ぎこんで、一体何か、何かと工夫三昧する日常生活を送っていくところに、生きる勇気が湧いてきます。

（平成十三年四月十四日の講座より）

第十三講

唯識思想の自然観・宇宙観

▼「常識」の否定

いま私たちが学んでいる『般若心経』には、皆さん、たぶん、常識はずれのことが書かれているとお思いのことでしょう。確かにこの『般若心経』の文句は、全く型破りであります。なぜなら釈尊が説かれたお言葉、ないしは部派仏教がそれまで説いてきた概念を全部否定しているからです。

本文を見てみましょう。

「是故空中無色　無受想行識　無眼耳鼻舌身意　無色声香味触法　無眼界乃至無意識界　無無明　亦無無明尽　乃至無老死　亦無老死尽　無苦集滅道　無智亦無得」（是の故に空の中には、色も無く、受想行識も無く、眼耳鼻舌身意も無く、色声香味触法も無く、眼界も無く、乃至意識界も無く、無明も無く、亦た無明の尽きることも無く、乃至老死も無く、亦た老死の尽きることも無く、苦集滅道も無く、智も無く亦た得も無し）

と説かれています。このように、従来の概念を全部否定しているのですが、これに関しては、ここに説かれる「無」は、決して虚無の無ではないということは、すでに繰り返し述べてきました。この一文のなかでの眼目は「空の中には」という点です。「空の中においては」というこの条件つきで「無」が説かれているということに注目すべきです。

やはり『般若経』から始まって唯識思想に至る仏教の教えは、常識とか従来の人間の考え方を、根底から否定をしていくのです。例えば皆さんは、外の庭に生えている木が、自分を離れて「有る」というふうに考えておられますね。そのような考えを「素朴実在論」といいます。私たちだけではなく科学者の多くは、外界に物はあるというこの実在論の立場に立っています。

二日前に友人の理論物理学者に会い、唯識から見た量子論についての私なりの考えを、これでよいかどうかと確認してもらいました。その人とはもう三十年ぐらいお付き合いをしているのですが、彼は物理学者として研究しているなかで、どうしても行き詰ってきた、だから自分の心のありようを変えていかなければ、より向こうに有るものをつかむことができない、という思いから坐禅の世界に飛び込んだそうです。

心というものには色も形もありませんから、なかなかつかみどころがない。したがって、鏡を喩えに考えていけばいいと思います。鏡の表面のありようによって映る像が違ってくるように、私たちの心のありようによって、見えてくるものが変わってきます。幾度も述べてきましたように、本当に「一人一宇宙」であります。その一人一宇宙の世界を顕現させている私たち一人一人の心のありようを変えていきますと、間違いなく宇宙が、世界が変わってまいります。私の友人の物理学者もそのような思いで、もう三十年も坐禅によって心を練っているのです。

その彼に、ハイゼンベルグの不確定性原理などの量子力学の考えを、唯識からみればこうなると、問題提起をして彼の意見を聞きました。素人あるいは門外漢が二つの思想を比較すると、大きな間違いを起こすことになります。だからもしも比較をするとすれば自分の考えを専門家に聞いてもらい、それでよいというお墨つきをもらうことが必要です。

余談ですが、私はキリスト教の大学に奉職してもう二十四年になりますが、その間に幾度もキリスト教の学者にキリスト教に対する私の考えを述べて、それでよいかどうかを質問してきました。最近確認したことですが、神への愛も確かに大切ではあるが、それ以上に大切なのは隣人への愛であるということです。それを聞いて私は、「ああ、やっぱりキリスト教も仏教も同じであるのだ」という思いを強くしました。苦しむ人びとへの愛、これはホモサピエンスであれば、誰もが抱く意志の発現です。この「意志」ということに注目したい。人間の根本的な意志は、他者への愛となって現われると私は信じています。他者に幸せなってもらいたいという誓願となって、発露してくるのですね。仏教ではそれを「菩薩の誓願」といいます。キリスト教では「隣人への愛」といいます。人間の営みは最終的には慈悲行に、すなわち利他行に収斂されます。

話を元に戻しましょう。そこで物理学者の彼に、引力の法則は心の外にあるのか、それとも心のなかにあるのかと質問しました。ここにあるチョークを手から離すと落ちますね。そのとき心の外にあるチョークに、これまた心の外にある引力の法則が働いてチョークが落下したと見るのが素朴実在論者です。友人の物理学者は、自分が知っている物理学者の九九・九九パーセントがそう思っているというのです。しかし彼は、引力の法則は心のなかにあるのだといい切りました。しかしそんなことを他の物理学者にいったら馬鹿にされるというのです。

なぜこのようにものの見方が違ってくるのでしょうか。それは、どういう場所で、何をどのように観察しているのかという、生きている「場」が違っているからだと思います。西田幾多郎の哲学に場の理論というのがありますし、それから量子力学でも場ということをいいますが、世界全体を、存在全体をいい表わすのに、この「場」という言葉を使うと便利ですので、最近私もこの言葉を使い始めました。

▼三性という「場」

そこで遍計所執性・依他起性・円成実性の三性を、それぞれ「場」と考えてみました。

例えば遍計所執性の世界を場と考えて、その遍計所執性の場とは、私たちが言葉で語り、語られたものが有ると考え、しかもそれに執着をして迷い苦しんでいる場です。

もう一つ、言葉を離れ思いを離れ成りきって生きていく場がありますが、これが依他起性の場です。例えば、いま皆さん、座られて講義を聴かれておられ、足が痛くなる。そこで「どうぞ膝を崩して下さい」といっても、痛くなるとどうしようもないですね。でも、その痛みに成りきってみる。なかなか成りきれない。そこに我が出てきますから。でも、一秒でも二秒でも五秒でも、その我を無理してもいいですから無くしてみる。そのなかに自分を没入させ、融解させていく。痛いことに成りきり、成りきっていったときに、その痛みというものが自分と対等になっていきます。そのように成りきった世界、これも一つの場でありますが、これを依他起性の場ということができます。

最後の円成実性の場というのは、これはなかなか私たちは体験できません。それは仏の世界、覚った人間の生きる世界でありますから。

以上のように人間は三つの場、三つの世界に生きる可能性を持っているのです。いわゆる言葉でもって語り、それが有ると思い込んで、それに対して執着し、右往左往して生きる世界というものが一つあります。足が痛い、こんちくしょうと思う。また、いつも喩えに出しますが、あの人は憎い人だと嫌う。あるいは例えばそこにある木々といった自然そのものは、決して美しくも綺麗でもない。それを一人一宇宙のなかで感覚のデータと思いと言葉によって自然そのものを加工して美しいのだというふうにそれを変形してしまうのです。

もともとポーンと心中に出てきたAという存在は、全くニュートラルです。例えば他人を見た瞬間は、憎いも嫌いも、何もありません。目覚めた瞬間に出現する世界全体はニュートラルであります。毎朝、私たち一人一人は、存在の深淵からポーンと目覚めてきます。そしてそこに世界が再現してきます。その瞬間にはその世界はまだ名前がないし、思いもまだ付与されていません。だからこれはニュートラルで中性であります。それはAとか非Aとかに記別されていないという意味で、専門用語で「無記」といいます。人間が自らの分別でもって、言葉でもって、概念でもって、その無記なるものを分けていくのですが、分ける以前の「一人一宇宙」の世界は、無記なるものとして存在し続けているのです。それを私たちは、例えばあそこにある木は美しい木だ、そこに汚いゴミが、汚いヘドロがあると分別してしまうのです。

前回申しました自分の身体に対しても、同じです。老いていく身体というものは本当にあるのでしょうか。ヨーガとか禅を組んで、どっしりと坐ってみましょう。坐っているときには心も身もありません。無いのです。

いまいった「心も身も無い」ということが重要です。この状態に住しているときが「依他起の唯識」の世界に住しているといえるでしょう。唯識は「唯心（ゆいしん）」といい換えることができます。でも、唯心といっても、ヨーロッパでいう唯心論の唯心とは違います。ヨーロッパでいう唯心とは、物か心かという対立の上での唯心でありますが、唯識思想でいう唯心の「心」は、身でも心でもない「心」とでもいうべきものです。なぜなら前回も申しましたように、阿頼耶識（あらやしき）が一切を作り出していくのですから、身体と心との両方を生じることになり、その両者を生じる根源、すなわち阿頼耶識は「身体でも心でもないもの」と定義するほうが適切ではないでしょうか。

いまは、すべて論理的に考えています。「身体でも心でもない」といいましたが、換言すれば「身体であると同時に心であり、心であると同時に身体である」というようにも定義できます。でも、このような定義は常識では考えられません。私たちは身か心か、と二分し、その中間的な存在を決して認識することはできないからです。

しかし、できるのです。「空の世界」に還りついたら、できるのです。しかし空まで還らなくていい。ヨーガを組み、禅を組む。あるいは日常の仕事のなかで成りきっていく。日々の生活のなかの一瞬一瞬に、自分の全存在を没入していくならば、それが分かってまいります。

▼身でも心でもない心

このように、「身でも心でもない心」があるのではないかと問題提起いたしましたが、私にこのような考えが起こったのは最近です。最近関心を持っているのが量子力学と唯識との関係で、それに関する小論を書かねばならないことになり、いま本を読んだりしてそれに関する情報を仕入れているのですが、情報を入れるだけではだめで、それに対して思考を凝らしていくことが必要です。仏教が説くあの聞慧・思慧・修慧のうちの思慧、すなわち思考することによって得られる智慧を養成することが必要です。この思慧は、言葉や論理だけで考えていくのではありません。成りきって考えていく。成りきって成りきって考えていくと、不思議なことに今度は心の底から言葉が逆に出てきます。思いがけず新しい考えが浮かんできます。「身でも心でもない心」、これも一生懸命考えているときに、ポーンと私の心のなかに出てきたのです。もっともそれ以前に、それなりのいろんな情報が私の深層の阿頼耶識のなかにあったのですが、それが成りきって思考することによって、熟していくのですね。それがあるとき、ポーンと心のなかに芽をふいてくるのですね。

そこの庭にある木は外界には存在しない、すべては「唯識無境」であって、唯だ心しか存在しない、というこの唯識の教理を、先ほど待っている間にそこに座ってずっと考えていましたら、次のような喩えが心のなかに浮かんできました。例えば映画を見るときスクリーンの前に座って見ると、映し出されたものが、現実にあるが如くに思って画面に食い入ります。そのときは映像が後ろのプロジェクトから投影されたものであるということに気づいていません。しかし、もしもあのスクリーンの裏側から見たらどうでしょうか。裏側に立つとプロジェクトの存在がはっきり確認され、ああ、なんだ、映像は投射された仮の存在にしか過ぎないのだと分かります。

同じように私たちは、唯識無境であるのに、プロジェクトとスクリーンの間に生きていて、「自分」も「もの」も現実にあるのだと思い込んで、それらに執着して生きています。全く存在しない遍計所執性の世界に生き、一日生きて虚しく、一週間生きて虚しく、一月生きて虚しく、一年生きて虚しい日々を過ごしているのです。考えてみると、本当に恐いことですね。

だから、時には、できれば十分でも二十分でも、元の依他起の世界に戻る時間を持とうではありませんか。ヨーガを組み、心を静める。そのときには、本当に自分も存在しません。身体も心もありません。我も法もありません。綺麗だ、醜い、憎い、好きだ――と、くよくよ悩み乱れる世界から、本当に十分でも二十分でもいい、すーっと元に戻って、有るのでもない無いのでもない、身体でもない心でもない世界に、すなわち縁起の理に任せきる世界に戻ろうではありませんか。そのような生活を一年二年と続けていくと、気がつかないうちに深層の心がどんどん浄化されていくのです。

▼「色」としての自然を考察する

前置きが長くなりました。ここで『般若心経』の、

「是の故に空の中には、色も無い」

という本文の検討に入ります。「色も無い」の「色」として、前回は身体をあげて考えましたが、今回はもう一つの「色」である「自然」について考察してみましょう。

自然の検討に入る前に、「色」には身の周りの物も入ります。このチョークとか、机とか、マイクといったものですが、問題となるのは、例えば「お金」という物です。お金とは、本当に自分を離れて外界に存在するものなのでしょうか。それは存在し、それによって何でも手に入れることができ、自分は幸せになることができるのだ、と考えれば、お金を追い求める生活となります。これが現代人の生き方です。そこに大きな落とし穴が待ち受けています。

その善し悪しは別として、昔は武士道という価値観がありました。主君への忠義のためには命をも落とす。あるいは武士は食わねど高楊枝という価値観がありました。そういう価値観が戦後の日本人にはなくなってしまい、すべての出来事、すべての生き方をお金に換算して考える、いわゆる拝金主義が横行してしまったのです。お金、お金と追い求める日本人は、世界のなかで嫌われ始めています。優美で礼儀正しい民族であると世界の人びとから称えられたあの美しい日本人は、一体どこに行ってしまったのでしょうか。これはみんなで真剣に考えていかなければならない大きな問題です。

さて、「自然」について考えてみましょう。自然は普通、外界に存在すると考えられますが、唯識思想はこれに反対し、唯識思想独自の自然観を説きます。結論からいうと、

「自然は阿頼耶識が作り出し、作り出した阿頼耶識が常にそれを認識し続けている」

と主張するのです。

物から、すなわち原子・分子から成る自然界は、私の外界にある。これはいわゆる常識的、ないしは一般的な科学における見方です。でも、はたしてそうなのでしょうか。たとえ外界にあるにしても、私は私の心の外に抜け出すことができませんから、外にある自然そのものを私は見ることはできませ

ん。したがって、私が具体的に見ている自然は、心のなかの影像なのです。いま、例えば、私は一本の木を見ているとします。その木の影像は、視覚（眼識）の対象です。だからもし眼を閉じるとその影像は消えてしまいますが、しかし私は頭のなかで「私には見えないが、その木は私の外にある」と考えます。しかし唯識思想は「そのような木は存在しない。木は阿頼耶識によって作られ、阿頼耶識がいつも認識し続けている」というのです。

この考え方は、人間の知識は力なり、その力によって自然を支配していこうというヨーロッパの近世以後の人間の生き方が、物質文明を発展させ、とうとう人類のみならず、すべての生物の生存をも脅かす地球環境問題を引き起こした現代の人類に、一つの参考となる思想ではないでしょうか。

表層的な、波立つ心を静めてみましょう。全くの静寂のなかで眼をつぶってみましょう。すると何も見えなくなり、聞こえなくなります。しかしそのとき私には、何らかの「存在感」がありますが、その「存在」のほうが、眼を開けて見る、あるいは聞く存在よりも、より本質的な「なまの存在」であるということができないでしょうか。眼を閉じるだけではなく、表層的な波立つ感覚全体を静めてみると、心のより深い層に沈潜していくことができます。沈潜し沈潜し、阿頼耶識の領域にまで到り、それが作り出し、同時に認識している「もの」を、自ら知りたいという願いが、唯識思想を学ぶにしたがって私のなかに強く起こってきます。

唯識思想が説く自然と阿頼耶識との関係を、図示してみます（次ページ図参照）。

仏教用語で、自然を「器世間」、生物の世界を「有情世間」といいます。自然という器のなかに生物が棲息しているところに、仏教の自然観の特徴があります。この図から、自然には、次の二種類があることが判明します。

自然A——感覚によって捉えられ、思いと言葉によって色づけされた自然。人間同士共有できると考えられる自然。

自然B——阿頼耶識が作り出し、かつ阿頼耶識が認識し続けている自然。「一人一宇宙」のなかにある自然。

Aとしての自然を外界にあると考えるところに、自然が金儲けのために対象となり、森林伐採、ゴルフ場建設などの環境破壊が進みます。

「私が表層の感覚で捉えた自然、そしてそれに思いと言葉によって色づけした自然、そのような自然だけが自然ではない。私の心のなかには、阿頼耶識が対象としている自然があるのだ」

という自然観に基づいて、自然に対する意識革命を行なってはどうかと提案したい。森林の伐採などによる自然破壊を防止するには、もちろん政治的・経済的・社会的観点からの改革・改善が必要ですが、

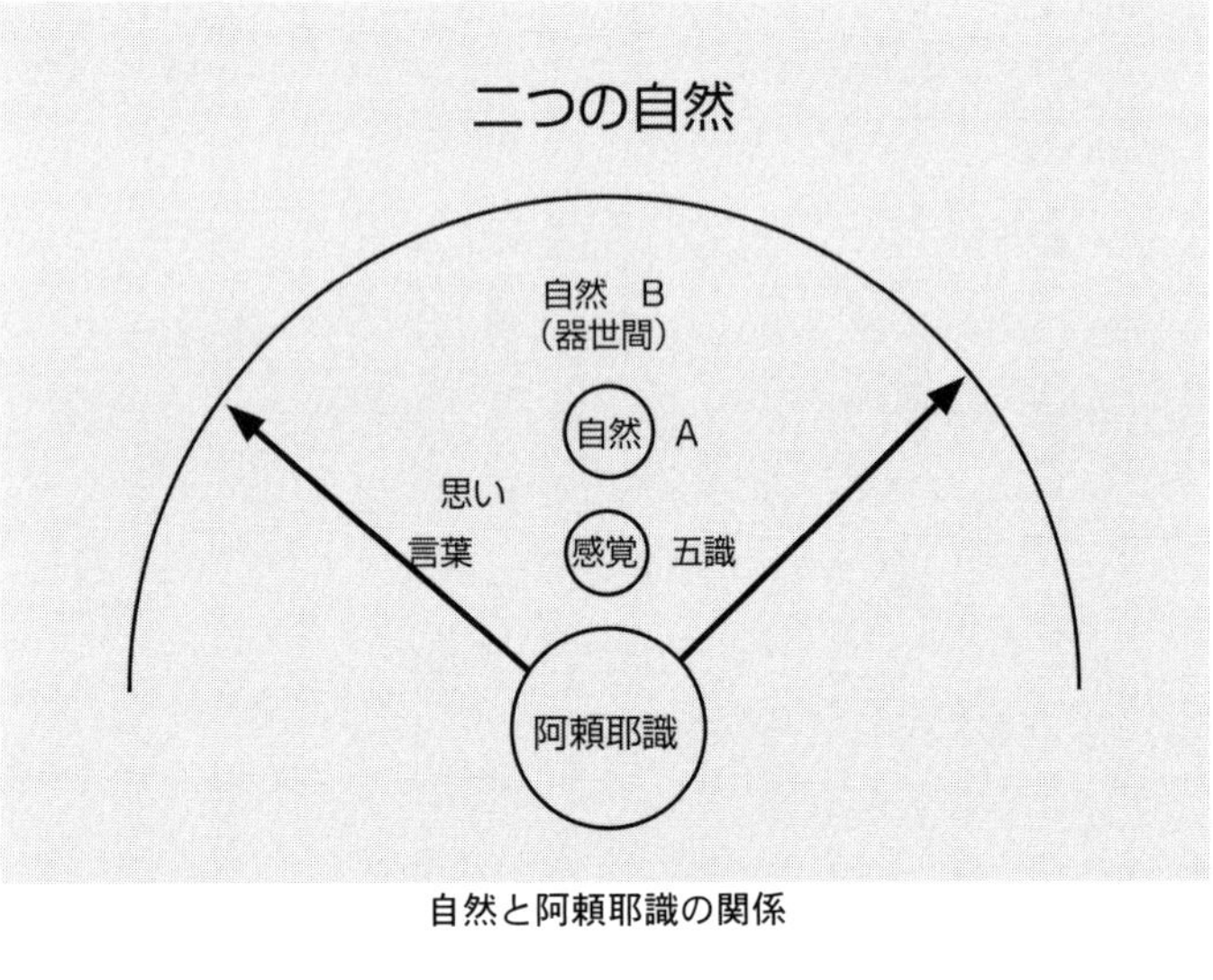

二つの自然

自然と阿頼耶識の関係

やはり一人一人の人間の自然に対する見方を変えていくことが重要です。「自然にやさしく」「自然と共生を」と謳う前に、「自然とは一体何か」、それを自分との関係のなかで静かに問い質してみることが先決であると思います。

感覚のデータと思いと言葉で捉えた「自然」の、いわば向こう側にある「なまの自然」に思いをはせてみましょう。すると、これまで固く冷たかった自然が暖かく身近なものに感じられてきます。

▼仏教の宇宙生成論

ここで、仏教が説く宇宙の生成説を紹介してみましょう。仏教には「四劫」説というものがあります。それは、成劫（宇宙が成立するとき）、住劫（宇宙が発展存続するとき）、壊劫（宇宙が壊れゆくとき）、空劫（宇宙が全く空無になったとき）という四つの劫を経て、生成と消滅とを繰り返すという宇宙論です。劫とは、永遠に近い長い時間のことです。

この仏教の宇宙生成論は、よく現代の宇宙論のビッグバン説に近いということが指摘されます。確かに両者には共通する点がありますが、根本的に違うのは、宇宙が生成されるときのあり方です。ビッグバン説では、なぜビッグバンが起こったのか、その原因を問うことができません。これに対して四劫説では、まったくの空っぽの状態から、

「有情の業の増上力によって器世間の前兆が生じ、虚空に微細な風が吹き始める」

と説かれている点が、科学的宇宙生成説と相違します。これはアビダルマ論書『倶舎論』のなかにある一文です。この考えがどのような体験から出てきたのか、それとも全くの観念操作で作られたもの

か、分かりませんが、いずれにしましても、「有情の業の力」が宇宙生成に関与していると考える点に注目したい。宇宙は無機物として人間から独立したものではないと見る点が大切です。

いまこの唯識の「一人一宇宙」の世界観にてらして考えてみると、私たちはお互いに言葉でもって語り合って、自然というものを設定しているのですね。私たちは一人一宇宙であって、本当はその宇宙の外に抜け出していません。それなのに、なぜ例えば「あそこに一本の木があるね」といってお互いに認め合うことができるのでしょうか。考えてみれば不思議です。

カントでしたら、それは人間はみんな時間・空間という先験的な直観形式を持ち、かつ悟性が先験的にカテゴリーを具えているからである、と説明するでしょう。これに対して唯識思想は、深層の阿頼耶識に共通の業を生じる種子が先天的に潜在しているからである、と答えます。確かに皆さん一人一人が見ている木の影像と、私が見ている木の影像は違いますが、それをお互いに言葉でもって「あそこに一本の木があるね」といい合って、そこに「木」を設定するのです。木だけではありません。広く自然を、さらには世界を、宇宙を設定するのです。

これは事実です。この事実を事実として認め、その上で、人間同士が認め合う自然、世界、宇宙のなかで生きていくことが大切ではないでしょうか。

▼新しい自然観・宇宙観へ

先に、自然には「人間同士が共有する自然」と「一人一宇宙のなかにある自然」との二つがあるということを指摘しましたが、この二つの自然観を兼ね合わせた新しい自然観ないしは宇宙観を形成する時代が到来したようです。前述しましたように、引力の法則も心のなかにあるのですね。ないしは自分は広大無辺な宇宙のなかの一部分ではなくて、逆に広大無辺な宇宙を作っているのだと思うことによって、生き方が違ってくるのではないでしょうか。「一人一宇宙」という具体的なる世界にじーっとひたっていくならば、できれば心の奥深くに沈潜して阿頼耶識が作り出した自然（器世間）を静かに眺めるならば、広大無辺な共通の宇宙があるという宇宙観を持つよりも、「よし、生きていくぞ」という勇気が、意志が湧いてくるのではないでしょうか。

いま、「意志」ということをいいました。何ごとも意志が大切です。すでに述べましたように、量子力学も人間の意志というものを非常に大切にし始めたのです。ハイゼンベルグの不確定性原理という原理は、例えば電子の速度を観察しよう思って観察すると位置が分からなくなり、逆に位置を観察しようと思って観察すると速度が分からなくなる。観察者の意志がもののありように関与していることが判明してきたのです。

意志によって世界は変わる。これは日常の生活でも経験することです。いま皆さん、私の講義を聞きながら、足が痛いので早くやめないかなと思うと、世界は変わります。よし、何があっても聞くぞという思いになれば、足の痛みは少しは薄らいできます。広くいえば、存在のどこに心の焦点を合わせるかによって、世界は変わってきます。このように、意志の働きは重要なのです。

ところで、人間の行為すなわち業には、身・口・意の三業があります。このなかで意業が根本であり、それは思業といわれ、意志の働きのことです。この意志は、真理とは何かという真理論にも関わってきます。真理とは、「AはBなり」という判断が正しく真であれば、それが真理であるということになります。その際、その判断が正しいかどうかを、さらに判断する根拠を単に知的領域にのみ求めるのではなく、その判断が深層心に眠っている意志を目覚めさせるかどうかということにまで求めるべきであると思います。

知性も満足させ、しかも深いところに眠っている意志をも満足させるような「AはBである」という判断、このような判断を私たちは自分のなかで確立すべきです。

例えば「五蘊は我でもなく我所でもない」という教えがありますが、これをまずは論理的に知的に理解し、同時にそれが意志をも満足させるかどうかを問うてみましょう。普通はこの身体や心は、自分のものだと思って、それに執着します。その我執から始まって、例えば妻というものを「自分の妻」だと思って所有する。しかしどこを探しても「自分」（我）とか「自分のもの」（我所）といったものは存在しないと聞き、そうだと判断することによって、「よし、自分のものではないこの身と心とを、他者のために使おう」という気持ちが湧いてきます。そこに新しい人生が始まります。

自然と阿頼耶識との関係について、お話いたしました。少し語り足りませんでしたが、今回はこれで終わります。

（平成十三年五月十二日の講座より）

第十四講　苦・集・滅・道の四諦

▼表と裏

ずっと続いておりました「無」というところから少し離れて、今回はその無で否定されている言葉のなかの、

「無苦集滅道」（苦集滅道も無し）

という一句を拝読いたします。繰り返し申しますが、この無は決して否定的な虚無の無ではありません。もしもこれが否定的であるならば、釈尊が説かれた原始経典以来の教え、さらには部派仏教が説いた教えが、全部否定されてしまうことになります。しかし、決してそうではないのです。

私たちは、否定と肯定とが成立する二つの世界に生きていかなければならないというのが、仏教の「中道」すなわち「中」の生き方といっていいと思います。例えば、いまこの「苦集滅道が無い」という断定は、空のなかにおいて、すなわち般若の智慧によって照らし出された世界においていわれう

るのです。

私たちは、現実には差別の世界に生きています。苦しみもあるし渇愛もあるし、それから修行といった実践もありますし、その結果として、涅槃という素晴らしい心境を得ることもあります。しかし人間はそれだけの世界に生きるならば、喩えていえば、紙の表だけで生きていくならば、どうしてもそこに執着というものが起こってきます。そしてその執着というものが結果として苦しみ、迷い、そして罪悪をも犯していくことになるのです。

このように結果する苦や迷いや悪をなくしていくために、「否定の世界」というものをも知っていなければいけない。すなわち、紙の裏の世界を知らなければいけないのです。だからここで「苦集滅道は無い」と断定しているわけです。したがって、無いから何も考えるな、ということではありません。

以下、今日は紙の表に立って、私たちが迷っているありようと、迷っていることを自覚して、それをなくしていく覚りへの道という二つを考えてみます。すなわち苦集滅道の四諦という仏教を代表する思想を、唯識の思想も交えながら考えていってみたいと思います。

▼四諦とは何か

まず、原語の説明から入っていきますが、四諦の「諦」の原語は「サティア」(satya)というサンスクリットであります。これは以前も申しましたが、「ある」という動詞 as の現在進行形である sat からできた名詞で、「現にありつつあるもの」という意味です。

すなわち仏教は、現にありつつあるものを真理と考えるのです。この点がキリスト教と違います。キリスト教でいう究極の真理は、人間を超えた超越者としての唯一絶対なる神です。だから現にありつつあると認識できないものです。キリスト教の神は決して人間の目では見ることができない、見えぬ神です。仏教でも、仏には法身（ほっしん）・報身（ほうじん）・応身（おうじん）の三つがあるという三身（さんじん）論があり、最初の法身は私たちには姿を表わさない、私たちが見ることができない仏の身体であります。しかしその法身は、キリスト教でいう人間を超えた超越者ではなく、あくまで仏というものは私たちの心のなかにある存在です。

とにかく、現にありつつあるものを真理すなわち諦と考え、その諦として苦・集・滅・道の四つの諦を立てます。まず最初は、「苦しい」という真理、すなわち「苦諦（くたい）」です。それから「集諦（じったい）」。集（じゅう）というのは、この場合は原因という意味です。すなわち苦しみが生じてくる原因としての真理が集諦です。この苦諦と集諦とで迷いの世界の因果関係が説かれているのです。集すなわち原因があるから苦という結果がもたらされるのであるという因果関係です。次に、覚りの世界における因果関係が滅諦（めったい）と道諦（どうたい）です。道諦というのは覚りに到るための道としての真理で、その道を歩んでいって到着する覚りすなわち涅槃が滅諦です。すなわち道諦が因で、滅諦が果です。

このように四諦は、病気を治していく医学の考え方からヒントを得たことはあきらかです。病気になって病院に行きますと、まず「どうしたのですか」と医者に聞かれます。そこで、これこれの症状がありますと答えます。これが苦諦です。そうすると、「最近どういうふうな生活をされましたか」と聞きますが、それによって医者は病気の原因を探ります。それが集諦です。そこで原因が分かったら次に、こういうふうな薬を飲みなさい、と処方箋を出しますが、これが道諦にあたります。そしてその薬を飲むことによって最終的に病気が治る。これが滅諦です。このように覚りの世界においては、道諦が因で滅諦が果です。

このように、釈尊は医学の知識からこの四諦説を立てられたのです。釈尊の素晴らしさというのは、事実を事実として見ていき、現象世界の背後に働く法則すなわち「理」とは何であるかを追求されたことです。そしてすべての存在に働く理として「縁起の理」を覚られたのです。縁起は詳しくは「因縁生起」といい、物事はすべて因と縁とによって起こるという法則です。原因として因（根本原因）と縁（補助原因）とを立てるところも素晴らしい。とにかく、ある結果があれば、その結果を生ずる原因は必ずあるのだ、因果の理は歴然として働いているのだ。その因果の理である縁起の理を信じていこうではないか、と釈尊は強く訴えたのです。当時、バラモン教に反抗していろいろの思想が北インドを中心に起こってまいりましたが、その一つが因果を否定する唯物論的な考え方です。それに対して釈尊は反対され、そのような考えを「因果撥無の邪見」として強く非難されました。

本当に、私たちの行為の一つ一つは必ず結果を生じます。それは二重の意味で結果をもたらします。すなわち一瞬一瞬の行為は、一つは他人に対して影響を与えると同時に、もう一つは自分自身に対しても影響を与えるからです。このことは「阿頼耶識縁起」という縁起観を学ぶと分かってまいります。もともと仏教の業思想では、業といえば、自業自得という点が強調されて自分にのみ結果がもたらされると、いわば対自的な面ばかりが考えられていますが、決してそうではありません。業すなわち行為の働きには対他的な面もあるのです。現代の若者はどうもこのことを忘れているようです。彼らは、こんなことをしても他人に迷惑はかからないと、車内で携帯電話をする。お化粧をする。路上に座り込む。タバコの吸い殻（がら）をポイと捨てる。すべてそれらの行為は他人に対して迷惑という結果を生じているのです。

しかし同時に、一つの行為が自分自身の深層心に影響を与えているということも忘れてはなりません。タバコを捨てる。それは路上を汚くすると同時に、自らの深層心すなわち阿頼耶識を汚すことになるのです。一つの行為がこのように二重の結果をもたらすのに、この因果の理を信じない人びとを、釈尊は強く非難されたのです。

▼阿頼耶識の種子

ところで、因果という場合の因をさらに分析してみると、「因」と「縁」とになります。このうち因は根本原因、縁は補助原因です。例えば植物の種をこの机の上に置いていては、決して芽をふかない。それを地中に植え、水と適当な温度などを与えることによって芽をふいていきます。その水と温度が縁です。私たちが普段、原因といっているものは、ほとんどこの補助的な原因すなわち縁なのです。例えば、「人を憎む」という苦が起こったことを例にとりますと、自分はなぜこういうふうになったのか、なぜこういう結果が起こったのかと考えてみましょう。すると自分の心のなかに憎いという気持ちが起こったから、その人を憎むという結果になったということに気がつきます。その憎いと思う気持ちが縁であるのです。

だから、その人を憎むという結果が生じないためには、縁、すなわち憎いという気持ちをなくしてしまえばよいということにも気づいてきます。

でも、なかなかなくせません。押さえても憎い気持ちがわいてきます。そこで人を憎むという結果のより深い原因を探っていって、唯識思想はそれを阿頼耶識の種子に求めたのです。すべての根本原因すなわち「因」は阿頼耶識の種子であるということが、唯識論書のなかで強調されています。日頃は気がつかないが、深い心の底に潜在している「憎いと思う気持ちを生じる可能力」、これこそが根本原因である――という考えは、私たちを十分に納得せしめてくれます。だからこの考えに対してその後、反論が出ていません。

このように、一つの苦しみの原因を深く掘り下げていってみましょう。すると必ずや深層にその根本原因を求めることになります。そして、ではその根本原因をなくそうという実践への意志が湧いてきます。阿頼耶識のなかの汚れた種子を焼き尽くそうという情熱が起こってきます。

本当に、唯識思想を勉強していくと、日常生活のなかでそれを生かしていこうという思いがだんだん強くなっていきます。私も縁があって三十五年ぐらい唯識を勉強させていただきましたけれども、そのことを本当にありがたく思う昨今です。

▼苦諦について

では、四諦のそれぞれの説明に入ります。

まず「苦諦」ですが、これは「苦しい」という真理であります。ここでは苦として、次の「三苦」を考えてみます。

①苦苦（くく）――寒熱・飢渇（きかつ）等の苦縁より生じる苦
②壊苦（えく）――楽境（らっきょう）の壊（え）するとき生じる苦
③行苦（ぎょうく）――一切有為法（いっさいういほう）の無常のために遷動（せんどう）せられる苦

「苦苦」というのは、苦しみとしての苦しみ、という意味で、暑い、寒い、飢える、喉（のど）が渇（かわ）く、といった苦をいいます。自然などの外界の状況による苦しみです。天災もこの苦しみに含まれるでしょう。本当にどうしようもない地震などの天災もありますが、いま世界各地で起こっている砂漠化などによる飢饉（ききん）は、その根源は森林伐採、地球の温暖化などの人災によるものが多くあるというところに問題があります。

次の「壊苦」というのは、楽境の壊するとき生じる苦です。楽境というのは、自分が好ましいと思っている対象であり、それが変化し壊れてなくなってしまうところに生じてくる苦しみです。これは私たちがよく味わう苦しみです。私たちが感ずる感受作用には、苦しいという感受と楽しいという感受が、すなわち苦受と楽受とがあります。しかしこの楽しいと感じる感受作用も、その本質は苦です。なぜならその楽しいと感ずる対象は、必ずやいつかは変化し、壊れ、なくなっていくからです。本当に私たちは、楽と苦との間を行き来しています。だからその苦と楽を行き来すること自体がまた苦しみとなるのです。

だから、なかなか人間はできませんが、苦でも楽でもないもう一つの感受作用、すなわち不苦不楽（ふくふらく）の感受作用でもって生きていくことが理想なのかもしれません。不苦不楽の感受作用を「捨受（しゃじゅ）」といいます。この「捨」という考えが重要です。捨とは「かたよらない心」ということができます。真（ま）っ直ぐに立って、どちらにもかたよらない、という生き方が、どうも仏教が理想とする生き方であるようです。事実、『瑜伽師地論』（玄奘三蔵がその原本を求めてインドに旅立ったほどの素晴らしい唯識の論書）のなかでも、この、かたよらない心が強調されています。そこでは、阿羅漢（覚りを得た聖者。ただし大乗仏教ではしばしばその覚りは小乗的であるとも位置づけられる）になると、見ても聞いても触っても、何をしても憂うこともなく喜ぶこともない、と説かれているのです。いま私の心に生じてきたのは、あの宮沢賢治の「雨ニモマケズ」のなかの次の一節です。

「アラユルコトヲ　ジブンヲカンジヨウニ入レズニ　ヨクミキキシワカリ　ソシテワスレズ」

あらゆることを自分を勘定に入れずに見・聞・覚・知するという生き方です。まさにこれは菩薩の、阿羅漢の生き方です。私たちは何を見ても、嬉しいとか、嫌だとか、一喜一憂しますが、阿羅漢になると見ても聞いても触っても、何をしても憂うことも喜ぶこともないといいます。本当に自分への愛着をなくしきったら、憂うことも喜ぶこともなくなっていくのでしょうね。

これはすべて、紙の裏のことをいっているのです。その辺がまた非常に重要なことであって、そういう世界があることを知って、そして紙の表で一喜一憂していく。そこには何か矛盾があるようですが、そうではないのです。「仏は二諦をもって法を説く」といわれますが、これが大切なことです。二諦というのは世俗諦と勝義諦ですが、世俗諦というのは、いわば紙の表の世界で、人間が一喜一憂する世界です。勝義諦というのは、いわば紙の裏の世界で、そこでは自分をなくしきったときの世界で、憂うことも喜ぶこともない世界です。「自分は自分でないから自分である」という理にしたがって一度、紙の裏で、自分でないという自分になって、そして紙の表に戻って、再び憂い、喜んでいく。

そのときには憂いも喜びも自分に跳ね返ってこなくなるのですね。つまり、他者に対する憂いと、他者に対する喜びとになるのですね。

これは体験してみなければならないと思いますが、いま皆さんは論理でお分かりになったと思います。普通の私たちの生き方は、「自分」が真ん中にいて、自分が憂い、自分が喜ぶ世界ですが、自分を否定した世界にひたってみましょう。ヨーガや坐禅といった実践を通して、「自分」という幻がそのなかに融解してしまうような世界にひたる。そのひたる時間が多ければ多いほど、自分というものがなくなっていく。そこで、もう一度目を開き耳をそばだてて生きていくと、それまで「自分」のために使われていたエネルギーが、「他者」に向けられ、他者への憂い、他者への喜びとなっていくのです。なかなか凡人には難しいことですが、一つの理想的な生き方として、心のなかに銘じておきましょう。

最後の「行苦」というのは、一切の有為法が無常のために遷動せられることによって生じる苦しみです。これは、すべてに行き渡っている苦しみです。「行」というのは現象的存在ですが、これについては「諸行無常」という有名な言葉があります。「諸行が無常であるから苦である」という、この因果関係は、確かに私たちに働いています。そこで、私たちは「諸行無常」をはっきりと確認していかなければなりません。唯識思想はその確認の方法として、次の二つをあげます。

①現量

②比量

まず「現量」、すなわち感覚で確認をしていくことを要請します。そこで感覚で確認できるものとして、どのような感覚的出来事があるかと考えてみましたが、いまは夏ですので、蝉（せみ）を例にあげてみたい。以前に私は「生きてるぞ、生きているぞと、蝉の声」という句を作ったことがありますが、あの元気に鳴いている蝉も夏の終わりになると、あちこちに死骸（し）となって転がっています。

昨年の秋に、鈴虫を飼いました。鈴虫が夜中鳴いて、楽しませてもらったのですが、だんだんと弱くなっていくのですね。二匹いて一匹が先に死に、一匹も足が食いちぎられていたのですが、足がないまま鳴いていました。でもとうとうそれが鳴かなくなった日がきました。私は涙が流れるほど悲しかったです。このような蝉や鈴虫といった生きものを通して、「諸行無常」であることを現代の若者に知ってもらいたいと思います。

また、いま、病院で死ぬことが問題となっていますが、できれば病院で死んでいくのではなく、例えば、おじいちゃん、おばあちゃんが、家のなかで亡くなっていく姿に接して、人間は確かに死んでいくのだという厳粛（げんしゅく）な諸行無常の理を覚るということも大切です。人間が死んでいくというのは自然の理であり、真理であることを、このように感覚のデータで知っていくことを要請するあたりが、唯識思想が科学性を持った見方をしているということの証拠です。

次の「比量」とは思考することですが、諸行無常であることを、自らが論理的に考えていくことが最終的に要求されるのです。感覚だけでは実感するにとどまりますので、その実感したことを、次になぜそうなのかと論理的に考えていく、そこに人間の素晴らしさがあります。諸行は無常であるということを、いろんな角度から論証することができるでしょうが、例えば因果ということから考えてみましょう。「果」というのは必ず「因」が変化してできたものです。必ず原因が変化して結果となるのですね。これは間違いない事実であります。例えば樹木は種から芽、芽から幹(みき)、幹から枝へと成長しますが、これらはすべて前の原因と結果が違っていますね。そこで無常であると結論できるのです。さらにすべての現象は必ず何らかの原因から生じる。ならば一切の現象は変化するものである、すなわち諸行無常であると、このように論理的に証明することになるのです。このように論理的な思考によって諸行無常の理を最終的に、自分のなかでより強く納得することができるようになるのです。

以上、苦諦の苦を、苦苦・壊苦・行苦の三苦で説明しました。このほかに、苦としては四苦と八苦とがありますが、これについてはすでに述べたこともありましたから、今回は省略いたします。ただ病苦と死苦について少しお話をさせて頂きます。

病いという苦しみも、身体的な苦しみと精神的な苦しみとに分けることができます。このうち、医学はありがたいことに、薬を使ったりして身体的な苦しみをなくしてくれます。しかし病苦は当然、死苦につながっていきます。病気にかかっている人は、その苦しみが死への苦しみにつながっていきます。その死ぬという苦しみ、この心の苦しみのほうが、病気という身体的な苦しみよりも大きな苦しみであるといえるでしょう。しかし医学では、どうしてもこの死苦を解決できません。

そこで宗教が必要になってくるのです。では、仏教ではこの死苦をどのように解決するのか。私はその最初の出発が、釈尊が菩提樹下(ぼだいじゅげ)で無上正覚(むじょうしょうがく)を得て、初めて語られたとされる「不生(ふしょう)・不老(ふろう)・不死(ふし)の世界に触れた」という言明を信じることであると思います。もちろん最終的には、もう生まれることも老いることも死ぬこともない、そのような世界に自らが触れなければなりません。換言すれば「般若」の智慧で「空」を覚ることが必要ですが、そこに到る第一歩が、前述した釈尊の言葉を信じることです。

そして次に、「よし、その世界に到るぞ」と決心して道を歩み始めることになります。その実践のまた第一歩が、十分でも二十分でもいい、静かに坐ってヨーガや禅を行なうことです。それは「依他起の世界に戻る」ことです。例えば、静かに坐り、吐く息・吸う息に成りきったとき、あるいは息に任せきったときには、身体も心もありません。この一瞬に、「いま、ここ」に成りきったときには、本当に生も老も死もありません。もちろんなかなかこの一瞬に成りきれません。でも、「いまここ—、いまここ—」と言葉を出しながら、自分を叱咤激励して全エネルギーを集中していく。これは簡単なようですが、なかなかできません。でも、やればできます。

以上のように静かに坐り、「何か、何か」と追求していくことが、不生・不老・不死の世界への第一歩を踏み出すことであると思います。私たちは一日中、いろんな意味で目を通し耳を通して、与えられた貴重な生のエネルギーをいわば外界に流散し浪費しています。少しでもそのエネルギーを自分のなかに引き戻して、「一体何か」と追求する時間を持つことが大切ではないかと思います。坐るときだけではありません。道を歩いていても何をしていても、吐く息・吸う息に成りきっていく。成りきり成りきっていくところに、不思議な存在の神秘が見えてきます。

▼集諦について

以上が苦諦でありますが、次の集諦の「集」とは、苦の原因であります。では、苦の原因とは何か。それを一言でいえば、煩悩です。その煩悩のなかで一番深く根本である煩悩が、何も知っていないという無明です。無明という根本煩悩によって私たちはさまざまな貪りや怒りを生じます。貪りを貪愛といいますし、簡単に愛ともいいます。愛することと怒ること、この二つが私たちの日常生活で最も心を乱れさす二大原因であります。このうち愛を主に取り上げて、集諦の集、すなわち苦の原因の代表として、それは「愛」であるというのです。

本当に私たちは、何かに愛を、愛着を持つからこそ、執着が生じ、そこに苦が結果することになります。このことは日常生活のなかで体験していることです。

ここでまた「死」を問題としてみます。仏教では、死にたいという思いも一つの愛着であるとして否定します。死にたいというのは、存在しなくなりたいという愛着です。もちろん、いま愛する人もいるし、子供にも環境にも恵まれている人は、もっと生きたい思うでしょうが、本当に不幸な人、苦しんでいる人びとは、死にたい、全く虚無になりたいと思うでしょう。しかし仏教はそれに対して厳しく考察していきます。

なぜなら、生きるとか死ぬとか、また有るとか無いとか、さらには時間とか空間とかいったものは、すべて、人間が考えた愚かなる幻であって、そんなものは本当は存在しないものである、というのが仏教の基本的な立場であるからです。だから、このいま生きている世界に執着をしてはいけないし、死後の世界に対して、虚無になりたい、あるいはもう一度生まれたいと思ってもいけないのです。

▼道諦について

では、どうしたらいいのでしょうか。そこで「無分別智で生きていこうではないか」と唯識思想は訴えるのです。「中」と知り、「中」を行じていこうではないか。すなわち「中道」を歩んでいこうではないかと強調するのです。この中道が「道諦」の道に当たるのです（話の流れ上、ここで道諦を見て、最後に滅諦を見ることにします）。

中道とは何か、釈尊は「非常非断の中道」を説かれました。常でもなく断でもない、すなわち死んだら有るのでもなく無いのでもないと見ていきなさいと説かれたのです。そのような中の見方は、唯識思想においては、「無分別智」で生きていくことであると考えられました。

無分別智とは、この一瞬に成りきり成りきっていくことです。「自分」もない、「他者」もない、その自他の間に成立する「行為」もない。その三つを分別しない「三輪清浄」の無分別智こそが中道であると、唯識思想は強調するに至ったのです。

このように中と見る智慧を、「般若」ということができます。『大般若経』のなかに、次のような一文があります。

「是の如く般若波羅蜜多は能く中道を示す。失路者をして二辺を離れしめるが故に」

失路者とは、路を失った人間、如何に生きていくかということに迷った人間をいいますが、私たちは、普通、有るとか無いとか、自分とか他人とかと二つに分けて生きていますが、そのような極端な考えから離れていくために、般若という智慧を養成し、それによって空を覚り、二辺すなわち極端な考えをなくして自由に生きていこうではないかと、この一文は訴えているのです。

さらに、般若を身につけると、どのような生き方になってくるのかが、次の一文に説かれています。

「菩薩摩訶薩が般若波羅蜜多を修行する時、是の如き等の一切を見ず。見ざるが故に執着を生ぜず」

般若によって空を見る。すなわち般若という無分別智を働かせて生きていけば、分別することがない。一切を見ることも聞くこともない。だからそこに執着を生じない。執着を生じないからこそ自分自身も苦しむことがない。自分自身が苦しむことがない代わりに、自己のエネルギーを他者に対して施していくことができるようになるのですね。それによって、本当の意味での利他行が展開してくるのです。

『般若経』は、究極は何を説こうとしているかといえば、それは自己を滅した利他行を説いているといっても過言ではありません。般若波羅蜜多を行ずることは結局は何を目指すかといったら、生きとし生ける人びとのために生きていくことです。

龍樹の『中論』に、

「不生亦不滅・不常亦不断・不一亦不異・不来亦不出」

という、有名な「八不中道」の文があります。これに関して、学問的にはいろんなことが研究されておりますが、もちろんそれを学問としてお読みになることも結構ですが、それが実践につながっていかなければ意味がありません。

▼滅諦について

最後に、「滅諦」の説明に入ります。

以上述べてきたような中道を歩むことによって、最終的に到るところが、煩悩が滅した涅槃です。

すなわち「滅」とは「涅槃」のことです。
この涅槃について、仏教の各学派はそれぞれに見解を打ち出してきましたが、唯識思想は、涅槃として、次のような四つを説くに至りました。

①本来自性清浄涅槃（＝真如）
②有余依涅槃（煩悩障を断じているが異熟の苦果である残余の依身が存する）
③無余依涅槃（煩悩障を断じ苦果である身をも滅している）
④無住処涅槃（所知障を断じている。大智・大悲の菩薩の涅槃）
大智の故に生死（輪廻）に住せず、大悲の故に涅槃に住せず。

これは完成された涅槃論でありますが、すべての根源を「真如」に求め、心を浄化することによって、その真如がどの程度、心のなかに顕われてきたか、その度合いによって有余依から無住処までの涅槃に分かれるというのが、この涅槃論です。

煩悩障をなくしてはいるが、いまだ身体を持ったままで得られる涅槃が有余依涅槃です。煩悩障がなくなり、しかも身体もなくなった涅槃が無余依涅槃です。しかしこれは小乗的な涅槃であって、大乗は最後の無住処涅槃を理想とします。これは大乗の菩薩のみが至りうる涅槃で、そこでは所知障までもが断じられているのです。すなわち、有るとか無いとか、自分とか他人とかいう思いや言葉が無くなり、知るべきもの、すなわち「真如」を全面的に智り、大智・大悲を持って人びとのために利他行を展開することができるようになるのです。この無住処涅槃の涅槃は、生死と対立する涅槃ではなくて、たとえ苦しみであるにしても人びとのために苦しみながら生きていく、そういう生き方をする涅槃です。

「大智の故に生死に住せず、大悲の故に涅槃に住せず」

という生き方です。生死にも住しない、涅槃にも住しない、そういう生き方が展開されてくるのです。

私は最近、そういう菩薩の生き方のなかに、本当の幸福があるものと確信するようになりました。自分などどうでもいい。そういう思いで生きていくところに、気がついてみると自分の幸せにつながっているのではないかと考えるようになりました。その意味でこの無住処涅槃という考えは、私にとっても大きな支えになっています。私もだんだん死が近づいてきました。いかに自分の死を解決していくかが問題となってきました。そこで、

「よし、自分の幸福などどうでもいい。生まれ変わり死に変わりしてでも、人びとのために生きるぞ。自分は死なないんだ、否、死ねないんだ」

と、この思いと言葉とを心のなかに叩き込んでいくと、死の恐さが幾分薄らいでいきます。

死が恐くて悩んでいる方がおられたら、一度このように考えてみたらいかがでしょうか。

（平成十三年六月九日の講座より）

第十五講

無所得と唯識性

▼無所得と有所得

今回は、『般若心経』の次の一文を拝読いたします。

「以無所得故　菩提薩埵　依般若波羅蜜多故　心無罣礙　無罣礙故　無有恐怖　遠離一切顛倒夢想　究竟涅槃」（所得無きを以ての故に、菩提薩埵は般若波羅蜜多に依るが故に心に罣礙無し、罣礙無きが故に恐怖有ること無く、一切の顛倒と夢想とを遠離して、究竟して涅槃す）

前回は「苦集滅道も無く、智も無く亦た得も無し」というところまで拝読しましたが、最後の「得ることも無い」すなわち「無所得」ということを、今回の話の中心にしたいと思います。

無所得の反対は「有所得」でありますが、皆さん、所得といえば、すぐにお金の所得が有るか無いかということをお考えになられると思います。しかしここでいう所得は、そのようなものではありません。では、それはどのような意味であるのか。そこで今回は、世親の『唯識三十頌』のなかに無所得が出てくる次の一文を参考にして、無所得の内容を考えてみたいと思います。

「乃し識を起こして、唯識の性に住せんと求めざるに至るまでは、二取の随眠に於いて、猶未だ伏し滅すること能わず。現前に少物を立てて、是れ唯識性なりと謂もえり。所得あるを以ての故に、実に唯識に住するには非ず。若し時に所縁の於に、智都て所得無くなんぬ。爾の時に唯識に住す。二取の相を離れぬる故に。無得なり。不思議なり。是れ出世間の智なり。二の麁重を捨つるが故に、便ち転依を証得す。此れは即ち無漏界なり。不思議なり。善なり。常なり。安楽なり。解脱身なり。大牟尼なるを法と名づく」

傍点を置いた「所得無く」「無得」すなわち無所得を考える前に、「唯識性」という重要な概念について考察してみましょう。唯識性とは「唯識たること」といい換えることができますが、唯識思想でいう究極の真理すなわち真如のことです。その真如を証したときに、その証する智が所得の無い状態になるということが、この一文のなかに説かれているのですが、とにかく唯識思想では、唯識性すなわち真如を証することが、「覚る」ということになるのです。この覚るということを釈尊は「涅槃に入る」といわれましたが、その涅槃を唯識思想は「真如」といい換えます。この真如を初めて証する、見る位が「見道」（または「通達位」）といわれ、初めて自他不二の平等の世界に触れることができるのです。

ところが私たち凡夫は、差別の世界に生きています。いま皆さんは、私の声を聞き、私のこの下手な字を見て、横山の声はこういう声だなあ、字は下手だなあ、というふうに差別し、分別をしています。また、あの人は嫌だ、この人は好きだと差別します。あるいは夏は暑いが秋になると涼しくなると考えます。そういうふうに私たち凡夫は種々に差別し分別しますが、覚りの世界から見ると、そのように差別され、分別されたもの、それらすべてが、真如の現われである、一つの根源的なるもののほとばしりである、というのです。

このような考えが、例えば仏の世界から出発して現象世界を解釈していく「華厳」の思想です。覚りから迷いの世界を解釈するのです。これに対して唯識思想は、迷いから覚りに至る過程を、すなわち、いかにすれば迷っている凡夫が仏に成ることができるかを重視した思想であります。このような意味で、覚りに根拠を置く華厳宗や天台宗を「性宗」といい、迷いから覚りに至る過程を重視する唯識宗すなわち法相宗を「相宗」といい、両宗は学問的には論争し合っていますけれども、そんなことはどうでもいい。仏教全体を理解していくためには、この二つの見解をかみ合わせて、具体的に自己が作り出している世界を考えていくべきではないかと思います。

例えばこの（手で机をたたく）「コツッ」という音を、どういうふうに捉えていくのかという問題ですが、性宗からすれば、この音は真如の現われであるのだということになります。また鶯の声、これも真如から現われたものであるということになります。そして、このような考えを聞いて、静かに坐禅とかヨーガを修しているとき、この考えを思い出して、「ホーホケキョ」と鳴いたあの鶯の声は、真如から現われてきたもの、仏の世界から流れ出てきたものであるのだ、と考えて、今度は相宗の立場から、この鶯の声を通して真如に至ることができるのだと信じて、その声に工夫三昧となろうとするのです。鶯の声は、迷いから覚りに至るための媒介です。または雨の音もそうであります。雨の音を通して真如まで至ることができるのです。また、今回、後で読んでまいります『唯識観作法』のなかで、良遍和上がいわれているように、息を観察することによって真如の世界に至ることができるのです。

この真如の世界、それがいま問題となっている無所得の世界であります。また真如は唯識性ともいわれます。また涅槃であるといえます。

この無所得の反対が有所得ですが、有所得というのは、心のなかに何らかの対象が、思いが、言葉がある状態をいいます。簡単にいうと、言葉で捉えた何かがある状態です。いま皆さんも「唯識性」という言葉を聞かれて、唯識たるもの、それが究極的なる真如であるのだと頭で理解して、心のなかに唯識性という言葉を出したり、何らかのイメージを描いた状態です。この段階ではまだ所得が有り、真如としての唯識性そのものに至ってはいません。でも、その究極の世界に至るためには、やはり言葉を手掛かりに出発せざるを得ません。唯識観という観法は、静かにヨーガを組み、禅定に入って、いま自分がその真ん中に住する世界、すなわち阿頼耶識から顕現した「有為」の世界、現象世界といったものはすべて唯だ識の現われにすぎないのだと、まず言葉で考えていきます。そのときはまだ本当の意味での唯識性ではありません。しかしやはり私たちは、言葉でもって出発をしていかざるを得ないのです。

このように、有所得の世界から出発して、最終的に無所得の世界に至るのです。

▼五位の修行の階梯

ここで、前に挙げた『唯識三十頌』の「乃し識を起こして」云々の内容の検討に移りましょう。

この文章には、①資糧位・②加行位・③通達位・④修習位・⑤究竟位という、唯識で重んじられる「五位の修行」（菩薩が仏になるまでの修行の五段階）が説かれています。これについて、順次説明してみましょう。

【①資糧位】

「乃し識を起こして、唯識の性に住せんと求めざるに至るまでは、二取の随眠に於いて、猶未だ伏し滅すること能わず」

この一番最初の文は、資糧位を説いています。この位では、まだ「識を起こして唯識性に住する」とは求めていない段階です。「唯識」と聞いても、「よし、それを覚ろう」と決心しない段階です。この講義を受けられている皆さんは「唯識」ということを聞かれているわけですが、いかがでしょうか。この講義の後に開いております「瑜伽行の会」に、毎回四〜五十名の方々に参加していただいて、非常にありがたく、うれしく思っております。そういう方々は、「よし、唯識性を覚るぞ」というような気持ちを、表面に表わさないにしても、心の深いところにそういう意志があるのではないでしょうか。

しかし講義を聞かれるだけで瑜伽を修しない方は資糧位なのですが、でもやはりこうやってお見えになって講義を聞かれているということは、覚りに向かう第一歩であると思います。ここにもう二十年も続けて聴講されている方がおられるようですが、ありがたいことです。そのような方は、本当に、聞くことによって心のなかがますます清らかになっていかれています。「正聞熏習」によって清浄なる種子がますます栄養を得て成長発展をしていくのですね。だから皆さんのなかで今後、縁があったらヨーガ（瑜伽）を、坐禅を修する方が出てこられるでしょうし、さらにいつか頭を剃って出家される方もおられるかもしれません。この講座を初めて担当させていただいた十二年前には、私は自分が剃髪得度するとは夢にも思っていませんでした。それがここで講義をさせていただいているうちに、だんだんと出家の素晴らしさに気づき、自分のなかに眠っていた、出家したいという意志の種子が成長発展して、とうとうそれが芽をふいたのです。

　この一文中の「二取の随眠」の二取というのは、所取と能取です。この所取・能取という言葉は、唯識思想では重要な術語です。「取」というのは取るという漢訳ですけれども、これは広くは「認識する」という意味です。認識は必ず「認識されるもの」と「認識するもの」との二つから成り立っていますが、前者を所取、後者を能取といいます。この心の二分化、すなわち認識される側と認識する側とに分かれた状態をもたらす可能力を随眠といい、それは阿頼耶識のなかに種子として潜在していると考えるのです。そういう可能力が未だ伏し滅せられていない状態、これが資糧位です。確かに心は二つに分かれますね。私は目を開けた瞬間に皆さんを見、いま自分が皆さんに対して講義をしているのだと思います。ここに自分と皆さんという二つに分かれてしまっているのです。そういう二分化の可能力が未だ残っている段階、これが最初の資糧位です。

【②加行位】

「現前に少物を立てて、是れ唯識性なりと謂もえり。所得あるを以ての故に、実に唯識に住するには非ず」

この文が加行位に相当します。唯識、唯識性と繰り返し聞くことによってそれが深層心に熏習され、だんだん深層心のありようが変わり、「よし唯識性を覚ろう」と発心して、修行に力を加えていく段階です。ここでは「現前に少物を立てて、是れ唯識性なりと謂もえり」と説かれていますが、現前に、すなわち心のなかに少物を——一つの観念なり影像を——立てて、唯識性なんだと思惟(しゆい)する段階です。阿頼耶識から現われ出たこの「人人唯識(にんにん)」の世界、「一人一宇宙」の世界は、唯だ心の現われにすぎないと観想するのです。

いま一人一宇宙といいましたが、少し横道にそれますが、これについてお話させていただきます。私が担当しているNHKのテレビ番組「こころの時代」を見ていただいている方がおられるかもしれませんが、第一回目は「一人一宇宙」というテーマで話を始めましたが、この言葉にかなり反響があったようです。一人一宇宙ということは、本当に誰もが認めざるをえない事実です。これは外界に事物があると見る科学者も、認めざるをえない事実です。この一人一宇宙であるという事実を知ったら人間はどのように生き方が変わってくるかということについて、最近考えたことをお話いたします。

まず一つは、他者に対する判断が謙虚になってくるのではないでしょうか。なぜなら、一人一宇宙でありますから、他者の世界、他人の宇宙のなかに入っていけません。だから「他者」というのは自分の心のなかの影像であります。あいつが憎いんだ、あいつはこういう人間であるのだという判断も自分のなかで作り上げたものなのです。これに気づくとき、あいつは憎い、あいつは嫌な人だと思うその気持ちに対して、自分が勝手にそのような他人像を作り上げてしまったのではないかと反省してみることになります。他者への判断に対して謙虚になり、もしかしたらその判断は間違っているのではないのかと、思い直してみるようになります。

それともう一つは、思いやりの心が生じてくるのではないでしょうか。一人一宇宙であるということは、例えば病気になっている人の世界は、全宇宙が苦しみの世界になっているのです。これに気づけば、できればその苦しみを少しでも軽減させてあげたいという気持ちが起こってきます。人間だけではありません。動物に対しても思いやりの気持が湧いてきます。いまはまさに猛暑の毎日です。暑い。でも人間だけではありません。地上をあちこちと這(は)う蟻(あり)さんたちも暑がっているのです。一人一宇宙は「一生物一宇宙」という考えに発展していきます。蟻も蝿(はえ)もみんな、やはり同じように一つの宇宙を持っているのです。だから人間だけにではなく、生きとし生ける生き物に対して慈悲の心が湧いてきます。私は最近赤ちゃんを見ると、これからの人生大変だなあ、頑張ってね、という思いにかられます。若い学生を前にすると、私の二十歳前後の苦しみを思い出して、これからの人生にどのような苦難が待ち受けていることかと思って、やはり頑張って下さいという気持ちになります。

話を加行位の文に戻しましょう。この加行位では、まだ「所得が有る」のであり、真実の唯識性に住していないのです。なぜなら「是れ唯識性なりと謂もえり」という状態であるからです。所得が有る、すなわち有所得というのは言葉でもって概念的に思い、考えていることです。このように言葉でもって考えられた唯識性のことを「虚妄(こもう)の唯識性」あるいは「遍計所執性(へんげしょしゅうしょう)の唯識性」といいます。しかし遍計所執性といっても、すべて悪いものではありません。言葉で語り言葉で捉えたものは真実ではありません。でも、そのように考えるところに真実に至る出発点があるのです。とはいえ、そこには言葉を出す「自分」と言葉で捉えられた「唯識性」とが向かい合っており、そこに所得が有るのです。これが加行位の段階であります。

【③通達位】

「若し時に所縁の於に、智都て所得無くなんぬ。爾の時に唯識に住す。二取の相を離れぬる故に」

この文が通達位です。通達位は「見道」ともいいます。それは所縁において智がまったく所得が無くなり、真の意味での唯識性に住した状態です。「二取の相を離れぬる」とき、所取と能取との二元対立が無くなり、まったくそこに所得無き世界が、すなわち無所得の世界が現成（げんじょう）したのです。それは真実の唯識性に住した状態です。遍計所執性の唯識性ではなく、円成実性（えんじょうじつしょう）の唯識性に住したのです。それは唯識性そのものに成りきったといえるでしょう。

成りきる、ということはどういうことか。ここで喩（たと）えをあげて考えてみます。それに関して一番分かりやすいのは、重力というものを認識することを考えてみましょう。例えばいまこうしてチョークが落下するのを見て、そこに重力が働いていると理解します。そのとき、そこには、重力によって落下していく対象＝所取と、それを見ている自分＝能取との二つが存在し、重力はあくまで対象化されたものとして認識されたわけであります。それと同じく、言葉でもって捉えられた唯識性は対象化された唯識性でありますから、それを虚妄の、遍計所執性の唯識性というのです。

これに対して、成りきって重力を認識するには、どこか少し高いところから飛び降りてみればいいですね。飛び降りて落ちつつあるときは、言葉も何も無い。能取も所取も無い。自分も重力も無い。

唯だそれだけですね。唯だ、唯だで、所取も能取も滅した無所得の世界がそこに現成しているのです。これと同じく唯識性に成りきるとは、二取の相を離れて無所得に通達する、すなわち真如に通達することです。以上の位を通達位といいます。

【④修習位】

「無得なり。不思議なり。是れ出世間の智なり。二の麁重を捨つるが故に、便ち転依を証得す」

この文が修習位です。

世間智（せけんち）ではない「出世間智（しゅっせけんち）」、これは無分別智といい換えることができます。「二の麁重」とは煩悩障と所知障という二つのヴェールを意味し、阿頼耶識のなかに潜在して障害を起こす種子であります。この二障を起こしていく種子を捨てきってしまったから、転依を証得するのです。この阿頼耶識のなかにある二障の種子を捨て去るには、「十地（じゅうじ）」という長い修行の過程を経ることが必要ですが、この過程が修習位です。その過程の末に、仏になる位＝究竟位に至るのです。

【⑤究竟位】

「此れは即ち無漏界なり。不思議なり。善なり。常なり。安楽なり。解脱身なり。大牟尼なるを法と名づく」

最後のこの文が、転依して至りえた究竟位です。「転依」とは所依（しょえ）を転じることです。私たちは自分がこのように存在していると考えますが、その「自分」が存在する「依（よ）りどころ」、それが所依です。いま「自分」というように、自分にカッコをつけましたが、それには意味があります。そのような自分が本当に存在するのでしょうか。所依があれば能依がなければなりません。その能依が自分でありますが、そのような自分は無い、すなわち無我でありますから、究極的には自分という能依は無いのです。でも有るとしたら、それは仮に有る、すなわち「仮我」でありますので、自分にカッコをつけて「自分」と表記したのです。

とにかく、能依は無い。では、有る所依とはなにか。それは、まずは原始仏教以来の術語でいえば、色受相行識の五蘊であります。さらには、その五蘊を開いた十二処や十八界であります。これら所依を転じて、すなわち変化せしめて別の有りようにしていくことが転依です。例えば『大乗荘厳経論』という論書には、十二処のなかの五根を転じると、「諸根互用」という状態になるということが説かれています。例えば眼根すなわち眼でもって音を聞くことが、逆に耳根すなわち耳でもって色や形を見ることができるようになると説かれています。このような考えをどう解釈するかは難しいことですが、とにかくそれは仏の境界だから、私たち凡夫では思い計ることができないのです。

次に、では、唯識では転依をどのように考えるのでしょうか。唯識思想は、五蘊と十二処と十八界のすべてを識のなかに納め尽くしていきます。だから唯識においては、所依とは、眼耳鼻舌身意の六識と末那識と阿頼耶識との二識を加えた八識です。その八識を転じて、次のような「四智」を得ること、これが転依です。

五識…………→成所作智
意識…………→妙観察智

末那識………↓平等性智（びょうどうしょうち）
阿頼耶識……↓大円鏡智（だいえんきょうち）

これら四智の内容は、専門用語で読むと非常に難しい。これを仏の智慧として学問的に解釈していくだけでは、あんまり意味がないと思います。唯識思想は単に唯識学という学問としてだけではなく、私たちの身近な事柄と関連のある実践学でなければならないと思います。そのような観点から、では、例えば、意識を転じて得る妙観察智を、どのように捉えていくことができるでしょうか。

妙観察智、すなわち「妙（たえ）に観察する智慧」とは、意識でもって「成りきって観察する」ことと「言葉でもって観察する」こととの二つをうまくフル回転させて、存在の奥にどんどん入っていくことといえるでしょう。例えば、このチョークは一体何なのかと問うとき、言葉でもって「それはチョークである」とだけいってしまうと、それで終わりになります。そうではなくて、チョークと名づける以前の、心のなかにある「それ」に成りきり成りきって観察することが、まず大切です。

チョークが問題ではありません。ヨーガの実践のなかで、息に成りきって息を観察していくことが要請されます。息に成りきっていく。それを一年、二年、三年と続けると、息が何であるか、息そのものが分かってきます。そうすると「息は生滅（しょうめつ）の法である」と言葉で理解することができるようになるのです。心のなかの息の影像を「自相（じそう）」といいます。「その息は生滅の法である」と理解されたものは「共相（ぐうそう）」といわれます。すなわち妙観察智は、物事を自相と共相との二つでもって深く観察していく心の働きであるのです。そういう意味で妙観察智は、日常の生活のなかでも生かしていくことができる智慧であるといえるでしょう。

――以上、世親の『唯識三十頌』の文を手掛かりに、五位の修行の階梯を説明しましたが、無所得ということに関していえば、通達位（見道）において初めて無所得の世界に達することができるという点が重要です。

▼所取と能取がなくなる無所得の世界

次に、同じく無所得という語が出てくる、『分別瑜伽論』という論書のなかにある、次の「無著教授頌」を検討してみましょう。

「菩薩が定位に於て、影は唯だ是れ心と観ず。義の想既に滅除し、審に唯だ自らの想なりと観ず。是の如く内心に住し、所取は有に非ずと、次に能取も亦た無なりと知り、後に無所得に触れる」

定位とは、ヨーガや禅定を修して心が定まった状態です。その状態においては、心のなかに現われてくるもの、すなわち影像は心にすぎないことが分かってきます。例えば、いま皆さんは、このチョークをご覧になったら、チョークがここ外界にあるのだと思いますが、静かに禅定に入って観察するならば、チョークは心のなかにある影像にしかすぎないことが判明してきます。それは誰にとってもそうです。科学者であると自認している人にとってもそうなのです。

だから私は、ヨーガ行者と科学者との二つの観察の行きつく先は同じではないかと最近思うようになりました。なぜなら両者の「観察の場所」と「観察の対象」とが同じであるからです。観察の場所は両者とも一人一宇宙の自己の心のなかであり、観察の対象は、いずれもその心のなかの影像であるからです。このように両者の観察の場と観察の対象とが同じあるという、このあたりが科学者には分からない。科学者は、そんなことはない、物は心の外にあり、自分はその心の外にある物を観察しているのだといい張るでしょうが、はたしてそのようなことができるでしょうか。それはできません。なぜなら、一人一宇宙であって、その宇宙の外に抜け出ることができないからです。しかし科学者の先入観をなくすことはなかなか困難です。それは宗教の世界においても同じです。信じ込んだらそれはもう絶対的に正しいと思い、他の思想を受け入れない狂信的な信者がいますが、これは愚かなことです。

それはともかく、本文に戻りますと、「義の想既に滅除する」の義の想（義想）とは、物は心を離れてあるという思いです。しかし定まった心に住するとき、そのような思いがなくなってしまい、すべては自らの心が作り出したものであることが、はっきりと分かってきます。私たちは心のなかにある影像を、言葉と思いで外に、いわば投げ出してしまうのです。だから心の内に住して、言葉を出すことなく、思いも滅して、じーっと成りきり成りきっていく。例えば随息観であれば息に成りきり成りきっていく。これを一年、二年、三年と続けていくと、深い三昧の状態に入ることができるようになります。本当に一日一日積み重ねることによって息に成りきり成りきっていく。そうすると、そこに思いも言葉も出てきません。するとスキーッと観えてくる。

以前も申しましたが、私はいま随息観を修していますが、私を指導して下さっている老師は、随息観で行きつくところまで行くことができると自信を持っていわれます。もちろん公案でもいいし、何でもいい。要は何かに成りきり成りきっていくことです。とはいえ、なかなか成りきることができません。深層の心が常にぐらぐらっと揺れているからです。お時間がありましたら、この講義の後の

「瑜伽行の会」に参加され、いかに成りきることが困難であるかを確認してみて下さい。一度や二度ではだめです。繰り返し繰り返し禅定を修するという熏習力（くんじゅうりき）が大切です。

次の「是の如く内心に住し」の「内心に住する」という表現を、私は好んで用いています。内心に住するとは、ヨーガの心、すなわち止観（しかん）の心に住することです。このうち、「止」とは静かなる心、「観」とはありのままに観る心です。止と観は、『解深密経（げじんみっきょう）』では次のように定義されています。

止……無間心（むけんしん）を思惟する

観……心相（しんそう）を思惟する

無間心というのは、例えば吐く息・吸う息には間隙（かんげき）（すきま）がありませんね。その間隙がない息に成りきっていく、それが止であります。その成りきった状態から離れて吐く息・吸う息を観察していく、それが観です。

いずれにしましても、そういうふうに内心に住していくならば、「所取は有に非ず、次に能取も亦た無なりと知る」ことになります。所取すなわち対象といったものが無いということを知る。そうすると能取がまた無いということを知ることになります。そして所取と能取が無いと知ったとたんに、ついに「無所得に触れる」のです。繰り返し繰り返し禅定を修した末に、あるとき、ついに心のなかが、いわば空（から）っぽになったとき、そのとき「無所得」に、換言すれば「唯識性」に、「真如」に触れるというのです。私はこの「触れる」という表現が好きです。いまだ体験していませんが、何となく分かる感じがします。

いま、例として息を観察の対象としましたが、「自分」というものも重要な観察の対象です。生きるなかで一番問題となるのが「自分」という存在です。自分というものが常にあると思う。だから、「自分は死ぬのだ」ということになると、そこに恐怖が生じてきます。死んでいく自分というのは、「所取」ですね。それに対して恐れる自分がありますが、それが「能取」ですね。結局、なぜ死ぬのが恐ろしいのかといえば、そこに所取と能取とが、すなわち死という対象とそれを恐れる自分とが対立しているからです。だからその対立をなくせば恐れがなくなっていきます。では、その対立をなくすにはどうすればよいか。その方法の一つが、恐ろしいというものに成りきってしまうことです。声を出して「恐い、恐い、恐い」といってみてはどうでしょうか。「苦しい、苦しい」といって、恐さに、苦しさに成りきってしまうと、恐さも苦しさもなくなってしまうのではないでしょうか。いまはこのように論理で考えてきましたが、とにかく実践してみることが大切です。

とにかく、成りきることによって所取と能取とがなくなり、そこに無所得の世界が現われてきます。しかし現実の私たちの世界は、なんとこの両者の対立が激しいことか。弱い自分、死んでいく自分、あるいは憎いという他人、お金というもの、課長・部長という地位、これらはすべて所取であって、これに能取が対立して、私たちは疲れきった毎日を送っているのです。疲れたときは、「所取も能取もないとき無所得に触れる」というこの「無著教授頌」の教えを、静かに思惟してみましょう。

▼『唯識観作法』に説かれる「無所得」

最後に、やはり無所得という言葉が出てくる、良遍和上の『唯識観作法』の次の一文を記しておきます。

「先ず、禅室に入りて縄床に踞す。次に結跏坐す(或いは半跏坐、身に堪える所に随う)。次に衣帯を解く(緩く結んで左に在す)。次に定印に住す。次に其の身を正す(先ず身を四方に動かし、次に像仏の坐すが如くにす)。次に穢気を吐く(一二返許りか)。次に口を閉じる(堅く閉合すべからず。歯も亦た爾り)。次に舌を齶に着ける(亦た堅く着けず、鼻息を通さんと為る)。次に眼を閉じる(亦た堅く閉じず、開くに非ず閉じるに非ず)。次に気息を調う(都て其の音無く、出入自在なり)。次に心を正し住す(緩まず、急がず、浮かず、沈まず)。是の如く入り已りて正しく止観を修す。先ず自心の念々の生滅を知る(息に就いて之を知る)。次に生滅・虚仮・空寂を知る。次に空念を止めて無所得に住す」

唯識観という、唯識独自の修行の方法が述べられているのですが、坐り方は禅宗の坐禅と全く同じです。読んでいただければ容易に理解できると思いますので解説は省略いたしますが、最後にやはり「無所得に住す」とあるところに注目したい。

『般若心経』、『唯識三十頌』、「無著教授頌」、そしてこの『唯識観作法』、すべてにおいて「所得が無いこと」すなわち「無所得」が、至るべき境界であると説かれているという点を確認し、ヨーガを一日、二日、一年、二年と実践して、できれば今生において「無所得の世界」に触れたいという誓願を、皆さん共々に起こそうではないかということを提案して、今回の講義を終わりたく思います。

(平成十三年七月十四日の講座より)

第十六講　「心に罣礙なし」とは

▼無所得＝空＝真如

今回も、前回と同様、次の文を読み進めていきたいと思います。

「以無所得故　菩提薩埵　依般若波羅蜜多故　心無罣礙　無罣礙故　無有恐怖　遠離一切顛倒夢想　究竟涅槃」（所得無きを以ての故に、菩提薩埵は般若波羅蜜多に依るが故に心に罣礙無し、罣礙無きが故に恐怖有ること無く、一切の顛倒と夢想とを遠離して、究竟して涅槃す）

前回は、「無所得」（所得が無い）ということを詳しく検討しました。所得というのはお金が有るとかそういうことではなく、心のなかにいろんな思いとか言葉とか、さらには煩悩というものが有るということです。だから「所得が無い」とは、思いや言葉や煩悩が無いということです。

例えば私たちは、「覚りたい」という思いがあります。あるいは「覚りとは空である」と、あるいは「唯識」と聞いて「唯だ心しか存在しないのだ」と言葉で考えます。このように、まずは言葉でもって真理に迫っていこうとしますが、そこにはどうしてもまだ言葉が残っています。そういう段階では、言葉が指し示す「それそのもの」を、決して捉えているのではありません。例えば『般若心経』で問題となっている「空」そのものに触れてはいないのです。

この所得ある状態が、「無所得」となって初めて「空」に触れることができると、この文は説いているのです。言葉でいえば「空とは無所得である」ということができます。表現を換えれば「一人一宇宙の世界のなかが空っぽになった」ということができます。本当に「一人一宇宙」です。毎回申しますが、一つの共通の宇宙があるのではなく、ここに二百人おられたら二百の宇宙があるのです。その一人一宇宙の世界から思いや言葉や煩悩がまったくなくなり、一切が空っぽになった状態が空であります。長い修行の末、そのような世界に触れる、それが覚りであります。自分のなかに残った最後の塵が、あるとき、スパーッと払拭された瞬間、自も他も、内も外もない、一も二もない世界に触れる、そこを「無上正覚」すなわち「阿耨多羅三藐三菩提」を得るといいます。

しかし、空っぽである、空であるといっても、決して虚無ではありません。「無所得に触れる」といわれるように、触れる対象があるわけです。その対象を敢えて言葉でいうならば、「真如」ということができます。真如とは、真実にして如常なるものであり、究極の知るべきものでありますが、大乗仏教、特に唯識思想は、この真如という言葉を非常に重要視するようになりました。

以上をまとめますと、無所得＝空＝真如ということができます。

▼「物」への疑問

次の菩提薩埵は、縮めて「菩薩」といいます。菩薩については、すでに第二講などで詳しく説明いたしましたが、菩薩とは簡単にいいますと、一つは「一体何か」、もう一つは「人間いかに生きるか」という二大問題の解決に向かって努力精進する人のことです。「一体何か」、これはすべての問いのなかで根本的な問いであります。

私のことで恐縮ですが、子供のときの体験をお話させていただきます。私は、小学校の四年か五年の頃の一年の間に、三回ばかり気を失って倒れる病気にかかったことがありましたが、その最後に倒れ、そして意識が戻って気づいたとき、ちょうど夕日が寝ている部屋の格子窓(こうしまど)から射(さ)し込んできていました。私はそれを見た瞬間、心の底から「一体何か！」という言葉が、爆発の如くに生じてきました。それまで子供心ではありましたが、「自分」があり、その自分の周りに自然があると思っていましたが、その瞬間にそれらすべてが虚無になってしまったのです。言葉でいえば「一体何か」と叫んだのですが、その根底には無所得とまではいきませんが、何かものすごいものに触れたということができるでしょう。いまにして思えば、そのときすべての価値観が瓦礫(がれき)の如くに崩壊してしまったのです。

子供の頃には、「自分」というものに気がつきません。自分以外の「物」に対して強い興味を持っているからです。それが小学校四年、五年になってまいりますと、哲学的とまではいきませんが、般若の智慧が目覚め始めるのでしょうか、「自分」とは「物」とは何かと考え始めてまいります。私の場合はそれがたまたま病気を縁にして私のなかに目覚めたといえるでしょう。いまから考えればそれはありがたいことでありました。このように頭がガンガンと痛むなかで、「一体何か」という疑問が爆発的に湧いてきました。それは広くいえば「物」への疑問、「世界」というものへの疑問であったといえるでしょう。

その後、誰しも経験することですが、二十歳前後になってまいりますと、「自分」というものへの執われに苦しむようになりました。いまはこうやって人前でもしゃべられますが、昔は人前に立つと胸がドキドキして、顔が赤くなったりしました。いつも「自分」というものを意識して、なかなか他人のなかに入っていけない。そういう自分に私も執われ苦しんでいました。

そういう自分というものから逃れたいという思いで、二十一歳の頃だったしょうか、北鎌倉の円覚寺に飛び込んで、坐禅を始めました。人間というのは、自分というものに極限まで悩んだら、その反動としてものすごいエネルギーが出るものですね。そこで最初の日に、指導して下さる僧の方から、とにかく無に成りきってみろ、無に徹してみろ、坐っていても、掃除しても、洗濯しても、常に無に成りきってみろ、といわれてそのように成ろうと頑張りました。人間、それしか救われる道がないと思うと、本当に素直になれるものですね。私も素直になって一週間ばかり「無ぅー、無ぅー」と努力しました。

そして一週間経って北鎌倉から横須賀線に乗って東京に帰る電車のなかで、周りの風景が明るく美しく見え、電車に乗っている人たちがみんな笑っているように感じたのです。わずか一週間の頑張りによって世界は、自分はこれほどに変わるものかと驚き、禅とはすごいものだなあという思いを強くしました。この素晴らしい体験が、私がこのように剃髪得度するに至った強い縁の一つであったと思っています。

このように自分の経験を通してみても、最初は「物」というものに対する疑問ないし執われから始まって、次に「自分」というものに対する執われに気づいてきます。それを仏教の術語でいえば、物への執われを「法執」、自分への執われを「我執」といいます。そういう二つの執われを、私の体験を通して具体的にお話させていただきました。

この二つの執着からの解脱を目指し、「法」すなわち存在とは一体何か、自然とは一体何か、三次元の空間とは一体何か、空間のなかにある存在とは一体何か、それを見極めていくぞという誓願を起こした人が「菩薩」、すなわち菩提薩埵です。

このうち「菩提」というのは、覚悟すなわち覚りの智慧であり、その智慧を獲得するぞという誓願を起こした人、それが菩薩であります。菩薩はもう一つ「生きとし生ける人びとを救うぞ」という慈悲の誓願をも起こした人です。つまり智慧と慈悲とを追い求めていく人間、それが菩薩であります。

▼罣礙とは何か

本文にはそのような菩薩は、すなわち「菩提薩埵は、般若波羅蜜多に依るが故に、心に罣礙無し」であると説かれています。すなわち菩薩は、般若を身につけることによって罣礙が無くなると説かれています。心を覆い、心を塞ぐ障りが無いから、恐れが有ること無く、一切の顛倒と夢想を離れて究竟して涅槃に至ると説かれています。このうち今回は、罣礙について考えてみます。

罣礙の原語は、サンスクリットで「アーヴァラナ」(āvaraṇa)といい、これは「覆う、包む、妨げる」という意味の動詞 vṛ に接頭語 ā- が付いた ā-vṛ から派生した名詞で、障げる、妨げるというのが原

煩悩と随煩悩

煩悩	貪・瞋・癡・慢・疑・悪見
随煩悩	忿・恨・覆・慢・悩・嫉・慳・誑・諂・害・憍・無慚・無愧・掉挙・惛沈・懈怠・放逸・失念・散乱・不正知

意で、ここでは罣礙と訳されていますが、普通は「障」あるいは「障礙」と漢訳されます。

では、そのような「障」（障り）とは何かといいますと、それは、

煩悩障と所知障

という二つの障りです。このうち煩悩障というのは、煩悩という障りです。この煩悩は、細かくは、図のような「煩悩」と「随煩悩」とに分かれます**（右図参照）**。

煩悩は根本的な六つの煩悩で、それから派生する細かい汚れた心が随煩悩です。

これらの煩悩・随煩悩が生じるのは、その真ん中に「自分」があるからです。自分という意識があるから煩悩が起こってくるのです。この「自分」があると考える心を我見といい、その自分に執着する心を我執といいますが、この我見・我執について少し考えてみましょう。

今日はこちらに来る新幹線のなかで新聞を読みましたら、けっこう面白く、為になる記事がいくつかありましたが、そのなかの一つを紹介をさせていただきます。

それはスクールカウンセラーの方が、いま高校生の間で問題となっている「自傷行為」、すなわち

ナイフで自分の身体を切るなど、自らを傷つけるということについて意見を述べていました。そのなかで、カウンセラーはそれには大きく二つの原因があると述べていました。一つは家庭環境のなかで親から期待されて教育を受けてきたが、その期待に応えられない自分が惨めになり、身体を傷つけるようになるというのです。立派な人間になりなさい、いい大学に入りなさいと子供のときから親にいわれ続け、結局親の要望に応えられなかった。そこで親の期待にそえない自分というのが嫌になって、自らを傷つけることによって、気持ちが少しはさっぱりするというのです。

もう一つの原因は、切って血が流れたときに、「自分は生きているのだ」と実感することができるからであるというのです。自分の人生を虚しく感じて、目的が全くない。どういう価値観でもって生きていってていいか分からない。そのような状態で一年、二年と過ぎていって、自分の未来は全く希望がない。そこで身体を傷つけて血を流した瞬間に、自分は生きているのだという実感をすることができるというのです。

私も若いときは、大なり小なりそういうことを経験してきました。ただ、ありがたいことに前者のようなことが原因になることはありませんでした。親から、勉強しなさいと一度もいわれたことはなかったです。ただ、母からはいつも「体に気をつけて」とだけはいわれました。それは父が胸を病んでずっと寝ていたからです。子供が同じ病気に罹らないように母は食事にだけは非常に気を使ってくれました。とにかく体を丈夫にしなさいという教育を受けました。だから親からは立派になれ、よい大学に入れというような期待を受けませんでした。それはいまから考えればありがたいことでした。

しかし私自身も小学校、中学校頃から、やはり目的がありませんでした。先ほど申しましたように小学生のある日、すべての価値観が瓦礫の如くに崩れ去ったからです。

とにかく、以上のような自傷行為を起こす二つの原因があるというのです。このうち前者は後天的に植えつけられた自我意識によるものです。親から期待されて、あなたこうなりなさい、といわれる。そうすると「自分」はこうしなければいけないと考える。そのように教育や環境によって植えつけられた「自分」という自我像、自我観といったものが形成されてきます。この自我像に負けて自傷行為に走る、これが前者のタイプです。すなわち後天的に他人から植えつけられた「自分」というものに対して、悩んでいくわけであります。そのように悩む若者は、「本当の自分」というものを知らず、「虚偽(きょぎ)の自分」に執われているといっていいと思います。

後者のほうは、この「自分」の人生の目的は何なのか。何のために「自分」は生きているのかと、やはり自分、自分と考え、その自分に執われているのです。そのように考えられた自分というものは本当は存在しないのに、あると思い間違いをしているのです。繰り返し指摘しましたように、「自分の手」といいますが、その「自分」という言葉に対応するものは決してありません。「自分」という言葉の響きがあるだけなのです。それなのに、「自分」ってなんと駄目なんだろうと悩む。または「自分」の人生は一体何なのか、「自分」の人生の目的が何か分からないと苦しむ。そこにはすべて「自分」というものがあると思い込んでいるのですね。ここに大きな間違いがあるといっていいと思います。以上、このような自我観も、やはり他者によって植えつけられた自分であります。

では、このように「自分」を設定し、その自分へ執着するようになるのはなぜであるのか。その辺のメカニズムを、唯識思想は「末那識(まなしき)」という心でもって見事に説明しています。

表層の心のなかで「自分」という意識が起こってきますが、それはヤカンから噴き出してくる泡沫(ほうまつ)のようなもので、深層の心のなかに常に煮えたぎった自我執着心があるということを唯識瑜伽行派(ゆがぎょう)の人びとは発見し、その自我執着心を「末那識」と命名しました。この深層に、寝ても覚めても働いている末那識というものがあるからこそ、表層で自分が、オレがという意識が起こってくるというのです。この唯識思想が打ち出した末那識というものを学ぶことが、「自分」とは何かを追求していく出発点になります。また実際にヨーガや禅定(ぜんじょう)を組んで表層の心を静めて、自らこの末那識に触れてご覧になれば、生きているというこの生のエネルギーはもっと深いところに根づいているのだということがお分かりになってこようと思います。

このように、一つは持って生まれた先天的な自我執着心、もう一つはそれからいわばほとばしり出てくる後天的な自我意識、この二つの働きによって「自分」というものを設定しているのです。皆さん、この「自分」が、この「俺」がと思ったときに、その意識は先天的なのか、後天的なのかということを確認されてみてはいかがでしょうか。

例えば手を見ると、これは誰もが「自分の手」と思いますね。人間である限りみんな手を見て、誰の手ですかと質問されると、自分の手だと答えますね。だから自分の手と思うその自分というのは、先天的な、しかも表層的な自我意識なのです。それから、例えば赤ちゃんにしても抱き癖(ぐせ)というのがありますね。まだあまり感覚器官ができていないのに、抱かずに寝かせるとわーっと泣く。それは赤ちゃんには、先天的な、しかも表層的な自我意識がある証拠です。

ところで、このような先天的な自我執着心はともかくとして、後天的に植えつけられた自我意識なり自我像なりが問題なのです。家庭や教育の現場で、親から、あるいは教師からこういう人間になりなさい、頑張らなきゃいけないといわれて形成された「自分」とは、本当の自分ではないのです。少し大袈裟にいえば、そのような自分などはどうでもよいのです。

▼「自分」という存在の分析

では、本当の自分を発見するにはどうすればよいのか、その出発点は一体何なのかということを考えてみましょう。「自分」という存在を分析すれば、次の三つがあると思います。

①分別された存在
②なま（生）の存在
③あるがままの存在

このうち「分別された存在」というのは、思いと言葉によって形成された自分です。専門用語でいえば「遍計所執性」としての自分です。先ほどの高校生たちの問題でいいますと、親から「立派にならなきゃいけない」といわれ、頑張ったけれども駄目な「自分」だと思うときの自分が、分別された存在としての自分です。自分は善い、悪いと「善悪是非」なるものとして分別された自分です。善悪是非といいましたが、分別のなかで一番問題なのは、この「善い」「悪い」という判断です。それから是と非、すなわち日常生活のなかで、こんなことはしても「よい」、そんなことはしては「わるい」と軽い意味でいわれる「よい」「わるい」という判断がありますね。私たちは本当にこのような判断のなかで右往左往しています。特に現代は情報過多の世界であって、もう溢れんばかりの情報を植えつけられて、私たちは、特に若者は、どのような方向に歩んでいったらよいか分からず、右往左往して生きていき、迷い、苦しみ、ときには罪悪をも犯すことになるのです。

では、その右往左往する生き方を直すには、どうすればいいのでしょうか。そのためには「分別された存在」から、まずは「なまの存在」に戻ることです。「なまの存在」に戻るには、静かに坐り、ヨーガや禅を行なうことです。例えば吐く息、吸う息に成りきり成りきって坐っているときには、自分も他人も、有も無もありません。何も分別されたものはありません。でも、坐るといってもただぼーっと坐るのではなく、いつもその奥には「一体何か」という追求心がなければなりません。自分とは、他人とは、宇宙とは何か、生きる死ぬとは何かと、激しく問う心がなければなりません。すなわち発菩提心、発心を持たねばなりません。発心は誰でも潜在的には持っています。若い青少年も持っています。問題はそれをいつ発芽させるかということです。その発心の芽をふかせる方法が、いまの教育の現場にないことが悔やまれます。

とにかく、一体何かという追求心を持って坐っているとき、そのときに「なまの存在」に戻っているといってよいのではないかと思います。十分でも二十分でも坐る。そこには有るも無いもありません。心も身も分別されていません。念でもって無分別智になったときに、その瞬間は「なまの世界」に帰っているといえるでしょう。

そこには「自分」は有りません。でも後で考えれば「自分」は有るということができます。もちろんその自分は括弧つきの「自分」です。分別され執着された「自分」ではありません。例えば念でもって集中して坐っているときは、この「念」という「自分」が有るということができるのではないでしょうか。広くは、「五蘊」という「自分」、「諸行」という「自分」、「唯識」という「自分」があると考えることができます。

このように「自分」を考えると、「自分」というものが少し影が薄くなっていきます。例えば、「自分の妻」ではなく、「妻の自分」と考えてみましょう。他者を最初に置いて、その他者の所有格の自分だと考えてみましょう。しかしこの考えは、事実に即しています。本当に静かに事実を事実として観察するならば、敢えて自分ということをいうとするならば、「手の自分」「五蘊の自分」「色受想行識の自分」というべきであるということに気がついてきます。それに気がつくためにも、「なまの存在」すなわち「依他起性の世界」に戻ることが必要です。

▼所知障と無明

次に、二つの障りのうちの「所知障」について考えてみましょう。所知障とは、知るべきものを覆って知らしめない障害です。現代は自然科学といったものが発達し、例えば遺伝子やDNAについて詳しく知ることができるようになりました。ゲノムの解明が急速に進んでいます。それは本当に科学技術の素晴らしい成果です。仏教もこの自然科学的な知識というものを決して否定しません。ただそれは有為の世界、現象世界についての知識です。仏教は有為について「知る」だけではなく、さらに無為について「智る」ことを要請します。

尽所有性と如所有性という術語があります。尽所有性というのは有為の世界、現象世界です。それに対して私たちはあるがままに知っていかねばなりません。あるがままに知るためには、ヨーガを組む、すなわち禅定を修して静かなる心すなわち「定心（じょうしん）」になることが必要です。例えば「いのち」とは何か。これをＤＮＡや遺伝子として知るのではなく、グーッと坐り、定心でもって「いのち」に成りきっていく、そのような知り方を仏教は強調するのです。

以上が尽所有性というわば横の世界を知ることですが、さらに如所有性の世界、すなわち縦の世界、無為の世界を智ることが要請されるのです。海で喩（たと）えると、表面の大波小波の世界だけではなく深い深海の水を智ることが必要なのです。それはあるがままにある無為の世界、理の世界、すなわち究極の知るべきもの、すなわち「真如」の世界です。

この、究極の知るべきもの、すなわち真如を覆って見えないようにしている障り、それが所知障であり、それは具体的には、「無明」であります。

この無明には、

①煩悩相応（そうおう）無明
②独行（どくぎょう）無明

の二つがあります。

「煩悩相応無明」とは、煩悩と共に働く無明です。「独行無明」とは、煩悩と共でない独自に働く無明です。後者の無明とは現象の背後にある「理」すなわち「縁起の理」と「真如の理」とを知っていないことです。縁起の理とは、何度も申していることですが、「A有ればB有り、A無ければB無し」という因果の理です。すべての事柄は、この因果の理によって生じては滅していっているのです。私たちの心のなかの現象、または人間関係の問題など、全部この理に即して生じているのです。

私たちは本当に、繰り返し心のなかで、この「A有ればB有り、A無ければB無し」という法則を確認をしていくならば、生き方がスキーッとしてきます。この縁起の理が分かり、それに即して生きれば、自分の行動が柔らかく強くなっていきます。これも幾度も強調いたしましたが、心のなかに「憎い」という思いがあるから、現前に「憎い人」が現われてくる。そのとき、心のなかのその憎い気持ちをなくすとその人は憎くなくなります。もともとその人は憎くも憎くないこともない無色の人なのに、こちらが勝手に「憎い」と色づけしてしまったのです。

このように、縁起の理に従って相手を憎まないようになろうと提案しても、「そうは分かっても、やっぱりあの課長は、部長は憎いよ」などといわれる方が大勢おられます。でも私は、そのようにいわれても、もう一度「その憎いという気持ちをなくしてみたらどうですか」と強くいうことにしています。理は分かっても現実はそのようにはいかないよ、人生ってそうなのだよ、という人には、因果の理は歴然と働いているということを、強く訴えたいと思います。

真如の理とは、差別の世界の奥にある自他平等の世界です。すべてがそこに帰する「あるがままの存在」です。私たちはその存在に対して無知であるから「自分」を立て、他者と対立した生活を送ることになるのです。

この独行の無明が根源にあるから、そこに煩悩が起こってきます。その煩悩と共に働く無明が煩悩相応無明です。そこを「愚癡無くして惑が起こることはない」と説かれています。愚癡というのは無明です。すなわち独行の無明があって、初めてそこに煩悩が起こってくるのです。

煩悩のうち「瞋」、すなわち怒りを取り上げみましょう。この怒りを、良遍和上は、著書『法相二巻抄』において「我に背くことあれば必ず怒る心なり」と定義しています。本当に私たちは、「自分」がすべての真ん中にあって、その自分に背くものへ怒るわけであります。だからその自分がなければ、怒ることはありません。とはいっても、人間はなかなか自分をなくせません。しかし努力すればなくすことができます。また、なくしていかなければ人生は虚しいものとなっていきます。歳をとるほどにだんだんと「我」が大きく強くなっていく、そのような人生は本当に虚しいものです。できれば、一年経ったら一センチでも一ミリでも我が削られた、小さくなったと実感することができれば、生きる勇気も湧いてきます。

以上をまとめると、真如の理と縁起の理に暗い心、これが独行の無明であり、普通にいう無明です。この根源的な無明があるから、いろんな煩悩が起こってくるのです。

▼さまざまな煩悩

ここで、先に掲げた図（298ページ）に列記した煩悩・随煩悩のうちのいくつかを、簡単に説明しておきましょう。

「慢」とは、自分と他人とを比較する心です。他者と自分とを比べて自分は偉いとか、自分は駄目だ、と思う心です。しかし本来の真如の世界では、自分も他人もない、あるいは自他平等であるのです。それを知らず自他を比較して、慢心を起こしてしまうのです。

「疑」とは、因果の理をわきまえず、そのような理の存在を疑う心です。

「悪見」のうち、自分すなわち我は存在すると見る「我見」が、一番強い悪見です。また、悪見に

「見取見」というものがありますが、これは間違った見解を最高であると考える心です。宗教を信じることがこの見取見となるとき、宗教は恐ろしいものとなります。自分の信仰を最高と思って他を排除する姿勢は、最終的には戦争までをも引き起こすことになります。その点、仏教の空とか中という考え方、あるいは般若の智慧によって照らし出された世界を根拠として生きていこうとする生き方は、自由であり、柔らかく、そこに対立は起こりません。

「忿」とは、殴ろうと思うほどに怒る心。

「恨」とは、怨む心。

「覆」とは、罪を隠す心。

「悩」とは、咬みつくほど暴言を吐く心。

「嫉」とは、嫉妬する心。

「慳」とは、ケチな心。

「誑」とは、自分は徳がないのに徳があるように欺く心。

「諂」とは、偽りの方便を用いて自分の過ちを隠蔽する心。

「害」とは、生き物を害する心。

「憍」とは、威張る心。

「無慚・無愧」とは、慚愧すなわち恥じることがない心。恥じる、あるいは反省する心のない人間は、決して向上発展しません。

「掉挙」とは、禅定を修するなかで、浮き浮きとする心。

「惛沈」とは、沈んだ心。

「不信」とは、縁起の理も真如の理も信じない心。

「懈怠」と「放逸」とは、怠けて努力しない心。人間のなかに怠ける心がありますが、その怠ける心を奮い立たせていくのが菩薩の誓願であろうと思います。

「失念」とは、集中力がない心。

「散乱」とは、乱れた心。

「不正知」とは、無明と違って、知っているけれども間違って知っていることです。

——以上、あちこちと飛び、まとまりがありませんでしたが、一応これで「罣礙」ついて、すなわちどういう障りがあるかということについて、説明いたしました。

今回は、気持ちが暗くなる、心の否定的な側面についてのお話でした。

（平成十三年八月十一日の講座より）

第十七講　恐怖について

▼『ダンマパダ』の偈

今回も、前回と同じく、次の文を読んでいきます。

「以無所得故　菩提薩埵　依般若波羅蜜多故　心無罣礙　無罣礙故　無有恐怖　遠離一切顛倒夢想　究竟涅槃」（所得無きを以ての故に、菩提薩埵は般若波羅蜜多に依るが故に心に罣礙無し、罣礙無きが故に恐怖有ること無く、一切の顛倒と夢想とを遠離して、究竟して涅槃す）

前回は「罣礙」について、詳しく説明をさせていただきました。今回はその次の「恐怖」（きょうふ）から解釈をしてみたいと思います。

その恐怖について、まずは原始仏典である『ダンマパダ』（『法句経』）の次の偈を紹介し、これを参考にして考えてみたいと思います。

「心に漏（煩悩）がなく、思念が乱れることなく、善悪のはからいを捨てて、覚醒した人には、

恐怖が無い」（第三十三偈）

『ダンマパダ』は、この講義ではあまり取り上げたことはありませんが、ご承知のように『スッタニパータ』と並んで、釈尊の一番「なま」の思想が説かれているとされる経典です。大乗の説く空や唯識という教理は難しいと考えておられる方は、この『ダンマパダ』を紐解いてみて下さい。なぜならこの書は、キリスト教の聖書ほどやさしくはないにしても、「人間、このように生きなさい」という生きる原点が平易に説かれた、仏教の入門書だからです。

ダンマパダの「ダンマ」とは、パーリ語ですが、サンスクリット語の「ダルマ」にあたり、「法」と漢訳されます。この「法」という語にはいろんな意味がありますが、この場合のダンマすなわち法は「真理」という意味で、パダは「言葉」、したがってダンマパダはよく「真理の言葉」と現代風に訳されることがあります。また法は「真理に裏づけされた言葉」をも意味します。すなわち経典に書かれた経文が法であります。それを教法という場合があります。先ほど皆さんとお唱えした『般若心経』の文、文句、経文が、「法」なんですね。

ところで経文というのは、意味を持った音声であり、広くいえば言葉でありますが、言葉はあくまでも言葉であって、問題は「言葉」が指し示す「対象」は、もっと厳密にいえば「それそのもの」は何であるかということです。私たちは言葉通りに「もの」はあると思っていますが、決してそうではありません。釈尊は、

「五蘊を縁じて我我所と執する」

と説かれたのです。唯だ構成要素である色・受・想・行・識の五つの集まりがあるのみなのに、それ

を対象として「自分」（我）、「自分のもの」（我所）と思い間違っていくところに、私たち凡夫の迷いと苦しみが展開してくると釈尊は説かれたのです。この教えを経典から、まずは学ぶことが必要です。でもそれだけでは不十分であって、自らがヨーガを組み、禅定に入って静かなる心でありのままに見る――無我であるという事実を、事実として観ていくことが大切です。

▼「法」の意味するところ

これもすでに幾度か言及しましたが、「ダンマ」（ダルマ）、すなわち「法」には、図のような三つの意味があります（次ページ図参照）。

前述しましたように、ダンマパダというのは「真理の言葉」という意味です。「この経典の文句は、真理について語ったものである」という意味です。これはすべての経典にいえることですが、経典の文句すなわち経文は、「存在するもの」の「真理」について語った「言葉」であるのです。そして仏教は、すべての存在するものの真理について語り尽くしているという立場をとっているのです。したがって「一切法」という言葉には、「すべての存在するもの」と、それについての「すべての言葉（経文）」という二つの意味があります。一切の「存在するもの」を「言葉」で語り、しかもその一切の言葉の向こう側にある「真理」を追求していくことを、仏教は目指しているのです。

そしてその「存在するもの」とは、この「仮の自分」であります。すなわち「仮我」を構成する五蘊であり、五位百法の百法であります。この仮の自己（法）を依りどころとして、釈尊が説かれた経文（法）を手掛かりとして、最終的に真理（法）に至ることを仏教は目的とするのです。このように、すべてが「法」という言葉のなかに収められるのです。

いま、「仮の自分」――仮我といいましたが、この考えが大切です。でも仮我とか仮の自分とかいうと、やはり「我」とか「自分」とかいうものがあると考え、それに執着してしまう。そこで仮我は「いのち」と表現したほうがいいのではないかと、私は最近思うようになりました。もっと厳密にいうと、「生かされてあるいのち」と呼んだらどうでしょうか。この前、二千キロを漂流して助かった人が話題になりましたね。なぜ彼が助かったのか。アメリカで特殊部隊の訓練を受けた日本の評論家が分析してましたけれども、いろんな要素があったみたいですが、一番の原因は、朝起きるたびに、「ああ、また目が覚めた。まあ、このまま死んでも仕方がない」という気持ちになったこと――すなわち生かされてあることに気づき、生きることにあまり執着しなかったことらしいのです。死の極限までいくと、そういう気持ちになるのでしょうか。私もいずれ死にますが、臨終が近くなってきて明日死ぬかも分からないという状況になったとき、ああ今日も生かされているのだという気持ちになれれば、素晴らしいですね。でも、死が近づいてそう思うのではなく、私たちは、このように元気なときから、この「生かされてあるいのち」の存在に気づくべきです。

法の三つの意味

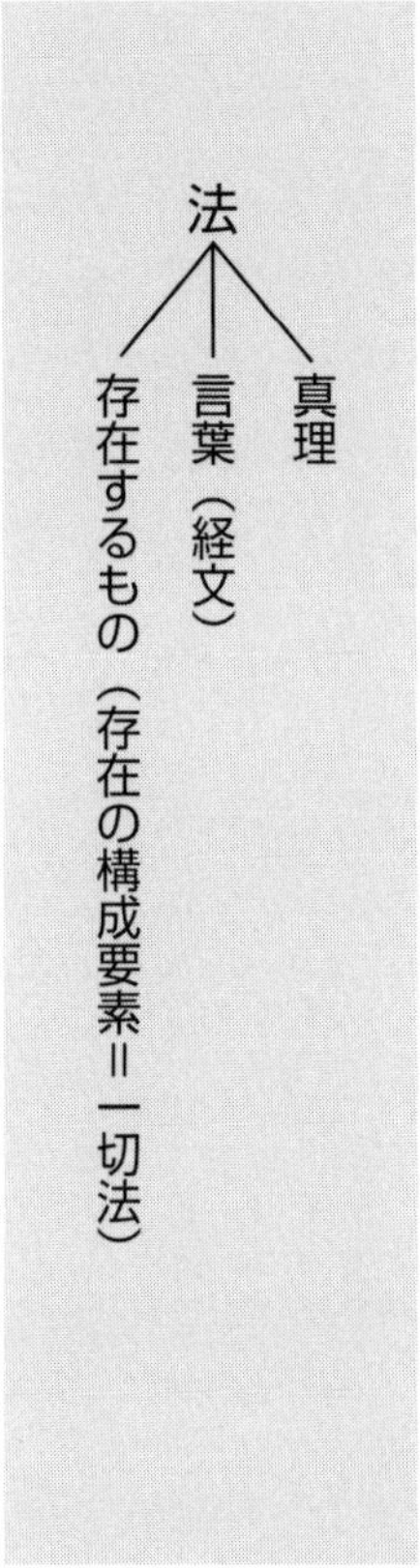

法
- 真理
- 言葉（経文）
- 存在するもの（存在の構成要素＝一切法）

「いのち」とは何か。それを唯識の言葉で申しますと、「依他起（えたき）」

といえるでしょう。依他起とは「他に依って存在している」という意味です。本当に私たちのこの「いのち」は、「自分」で生きている面はありません。両親から与えられたいのちですし、その両親からさらに両親へと遡っていくと、もう数え切れないほどのいのちの結晶が、この仮の自分のいのちなのです。目覚めた瞬間に、さて今日は何をしなければならないのかと考えるのではなく、この生かされてあるいのちに成りきり、うちまかせて、いのちを実感しようではありませんか。

生かされてあることを、すなわち依他起を実感していく。それは、朝起きたときだけではありません。ヨーガを組み、禅定に入っても味わうことができます。お時間がありましたら、この講座の後、一緒にヨーガの実践をしてみましょう。依他起のこのいのちを実感する時間を、三十分でも一時間でも持てば、そこに生きている喜びが湧いてまいります。

つい先日、文藝春秋から「新幸福論」という特集の臨時増刊号が出版されましたが、一二三名の執筆者の一人として、私も、「菩薩として生きる幸福」という題で仏教的観点から幸福を論じました。そのなかで、「幸せというのは自分の幸せではない。ロウソクのように人のために光と暖かさを与えつつ燃え尽きていくところに幸せがある」ということを書かせていただきました。他にもいろんな幸福論がありますけれども、どなたの文章だったか、何が幸せかといったら、いまここに生かされてあるということ、眼を覚ました瞬間に、「わあー、生かされているのだ」というこの実感、それが幸せなんだということを書かれていましたが、私も同感しました。その方も唯識の言葉でいえば依他起のいのちを実感しているといえるでしょう。

しかし私たちは、なかなか依他起のいのち、依他起の世界を実感できません。私たちは「自分」を中心とし、しかも言葉でもって構築した世界、つまり遍計所執性の世界に生きているのです。「自分」が、「私」が生きているのだといつもそこに己れが出てまいります。先ほど、多川貫首がご講義のなかで、瞋すなわち怒りということに言及されましたが、怒りとは「自分に背くもの、自分が気に喰わないものに対して怒る」ということです。この「自分」という意識は、容易にはなくせません。阿頼耶識のなかにこの意識を起こす力が、種子として先天的に組み込まれていますし、また個人的な意味でのいろんな過去の歴史、過去の業が深層心のなかに積もり積もっていることによって、「自分」という思い、「自分」という言葉が常に起こってきて、それをなかなかなくすことができないのです。

しかし私たちは、般若の智慧でもって静かに観察し思惟するとき、縁起の理を理解し、それによって生き方が変わってきます。般若の智慧を働かせましょう。すると、

「もしもそこに〝自分〟というものが無ければ、何をいわれても自分に背くもの、嫌なものは現われてこない。だから決して怒るということが無い」

と理解できるのです。「A有ればB有り、A無ければB無し」という縁起の理が理解できるのです。理解を英語ではアンダースタンドといいますが、これはスタンドアンダーともいい換えられ、「より深いところに立つ」という意味なのです。これは非常に参考になる考えですね。私たちは表層の現象的な世界のなかで右往左往していますけれども、より深いところに沈潜していくと、その現象に働く理というものが分かってくる、すなわち理が解けて現れてくるのですね。

「唯識」では「人人唯識」といいます。本当に「一人一宇宙」です。私たちは一人一人別々の世界のなかで右往左往しているのですが、その世界は基本的には、そこに何ら「自分」というものは関与

していません。呼吸も心臓も肝臓も自分が動かしているのではありません。また憎いという気持ちを「自分」は押さえようと思っても押さえることはできません。あの人と会っても決して憎いと思わないぞと思っても、その人と出会うとやはり憎いという気持ちが起こってきます。それは身体にしても心の働きにしても、そこに自分を超えた一つの理が働いているからです。

この理を、「阿頼耶識縁起」といいます。阿頼耶識という深層心に潜んでいる種子が芽をふいて、自分で抑え切れずに憎いという気持ちが起こってくるのです。そしてその表層の気持ちがまた深層に種子を植えつけていく——というように、因果の連鎖が無限に続くのです。ぐるぐるまわる因果の理が、自分ではどうしようもできない力で支配しているのです。この縁起の理、阿頼耶識縁起の理が分かると、少しでもそこに「我」というもの、「自分」というものが無くなっていきます。このように縁起の理、阿頼耶識縁起を理解されて、日常生活のなかで、例えば憎い人が眼の前に現われたとき、「阿頼耶識縁起」という教理を思い出しながら、憎むという現象の背後には阿頼耶識縁起という理が働いていると考えると、少しはエゴ心が薄らぐのではないでしょうか。

本当に一人一宇宙であり、その宇宙のなかに閉じ込められています。だからなかなか他人の世界を理解できない。しかし、だからこそ少しでも自我というものを削りつつ、唯識の言葉でいえば、末那識を一日、二日、一週間、一月と少しでも削少し、生きる世界を大きくしていくことが大切です。己れというものが小さくなればなるほど、己れの「世界」というものはどんどん大きくなっていきます。そして最後の最後、己れを全く無くしきって、仏の智慧となればいいのですが、なかなかそうはいきません。しかし少しでも削ることによって、他者への慈悲心を増していこうではありませんか。「大慈大悲」という言葉があります。もちろんこれは仏の慈悲でありますが、しかし私たちはこれを理想の愛のありようとして、少しでもそれに近づくよう努力しようではありませんか。

▼意志の力

話を『ダンマパダ』の文章に戻しましょう。「心に漏（煩悩）がなく、思念が乱れることなく、善悪のはからいを捨てて、覚醒した人には、恐怖が無い」という第三十三偈であります。このなかの「漏」というのは、煩悩のいい換えです。眼・耳・鼻・舌・身という五つの感覚器官すなわち五根から煩悩が漏れるということから、煩悩を別名「漏」といいます。私たちの精神的なエネルギーは本当に膨大でありますが、そのほとんどをいわば外界の事象や事物に向けて放出し浪費しているのです。その浪費させる蛇口で最大のものが、眼という感覚器官ではないでしょうか。だから、まずは眼を半眼にして坐るというヨーガ、あるいは坐禅は、そのエネルギーの浪費を少なくすることから始めるのです。

エネルギーの異常な浪費は、病気をも引き起こします。いま本当に大変な世の中になっています。特に若者たちが、いろんな心の病いにかかっています。私も最近、何人かの方からその悩みを聞かされて驚いたんですが、潔癖症にかかっている若者が多いとのことです。潔癖症になると、ずっと家のなかに引きこもって、外に出掛けることができなくなるそうです。出ていくときには一大決心が必要で、出かけて帰ってきたら身につけたものを全部洗濯してしまわなければ気持ちが収まらないそうです。このように「汚い」という思いが原因で、世間のなかに出ていけないという病気があります。このような人は、やはり眼とか耳とか肌触りとかいう感覚が働いて潔癖症になるのです。

いずれにしましても私たちは、五つの感覚器官を通して生じてくる五識というものによって、エネルギーを流散させていくわけであります。だけど五識だけが働いているわけではなく、第六意識といういわば感覚を統御する心が同時に働いているのです。『ダンマパダ』のなかに「己れを統御しなさい」と繰り返し説かれていますが、己れを、自分を統御していくためには、意識をどのように運用するかが重要になってきます。

意識は、馬を操る馭者に喩えられます。馭者が馬をよく操るように、意識が五根と五識をうまく操ることが必要なのです。この重要な意識の働きをどこに向けていくのか。そこに「念」という集中する心の働きが重要な役目を果たすことになるのです。「念によって根を守れ」と釈尊は弟子たちに説かれています。例えば、托鉢の途中に女性と出会い、煩悩を起こして苦しいと告白した弟子に、釈尊は「女性を見るなかれ」と諭しました。見るという視覚を通して煩悩が流れ出るという事実から、釈尊はそのように諭されたのです。

次に「思念が乱れることなく」という「思念」とは、広くは心の働きと捉えることができますが、狭くは心の根源ともいえる意志を指すといえるでしょう。人間の行為すなわち業には、身・口・意の三業がありますが、この三つのなかで最後の「意」は、サンスクリットで「マナス」(manas)といい、その代表が「チェータナー」(cetanā)であり、「思」あるいは意念とか思念とも漢訳されました。現代でいう意志に相当します。広く心の働きのなかで一番中心かつ重要な働きが、ある目的を持ってそれに向かう行為を引き起こす「意志」であります。だから「思念が乱れることがない」というのは、ある一つの目標に向かって意志がはっきりと定まり、心が乱れないことだと解釈できるでしょう。表層的な心の領域でいうならば、静かに坐って吐く息・吸う息に成りきっていく、あるいは何でもいい、思いを一点に絞って心を流散させないでいること、これが思念が乱れることがないというふうに考えていいと思います。とはいえ、上の表層の心が乱れないためには、下の深層の心がどっしりと安定していなければなりません。心に乱れがないということは、そういうことであります。人生において一つの大きな目的を持った「意志」「思念」を持つことの重要性を、この文章から学ぶことができます。

前述した文藝春秋刊行の「新幸福論」のなかに、いろんな幸福論があります。よく、「百人いれば百の幸福論がある」といわれます。しかし私はそのように聞くと、いつも大変淋しい思いがします。私はすべての人に共通の普遍的な幸福論があると、すなわちなかなか気づかないけれども、深い心の底ではみな同じ意志を持っていると信じているからです。同じ目的を持って人間は生きているし、生きてきたからこそ、人類はいままで生き延びてきたと思います。過去にどれだけの戦争があったことでしょうか。本当にまかり間違えば人類は滅亡していたかも分かりません。しかしこうやって生き延びてこれたのは、やはりホモサピエンスであれば、同じ一つの生きる目的を持っているのではないかと思います。その辺を「新幸福論」から読み取っていただければと思います。

数多くの幸福論のなかで私が一番感動したのは、高槻市の元市長さんの幸福観です。その人は市長の激務を辞めて、寝たきりの妻の看病を始めたのですが、前に私も報道でそのことを知ってましたけれども、こうやって直に文章を読んで改めて感動をいたしました。その文章の内容を簡単に紹介いたしますと、

「寝たきりになった妻を看るのは最初はやはり大変で、地獄のような生活でしたが、妻が看護によって回復し、ふとした拍子に生気を取り戻して『えらいすんませんな』といい、泣く泣く『お別れやね』と涙をこぼす姿を見て、私自身も正気に返りました。これまで好き放題仕事をしてこられたのは妻が支えてくれたからだ。彼女の面倒を見させてもらうことによって恩返しをしなければと思うようになりました。妻の介護を始めたいま、私は心から思うのです。自分が健康で残された人生を妻の介護に費やせるのは何と幸せなことだろうと。彼女の存在そのものが私の幸せにつながっていると、改めて気がついた次第です」

と述べられておられます。この方にとっては奥さんの存在が、奥さんの幸せが何よりも自分の幸せであることに気づかれたのですね。本当に人間は個々別々でありますけれども、深いところではつながっているのですね。一人一宇宙、一人一人が大波小波の波の状態なのですが、深い海の底に沈潜してみるならば、みんな同じ海水であるということを、この方はたまたま奥さんの看病というありがたい縁を通して気がつかされたのですね。

この方は、まさに「菩薩の道」を歩まれているといっても過言ではないでしょう。

▼「死の恐怖」の解決法

次の、『般若心経』本文の「罣礙無きが故に、恐怖有ること無し」のなかの「恐怖有ること無し」を考えてみましょう。

恐怖にはいろいろとありますが、最大の恐怖は「死」の恐怖です。生・老・病・死の四苦（しく）のなかで死苦が一番の恐怖であることは、誰しもが認めるところです。これに関して、前述した「幸福とは一体何か」という幸福論にもう一度返ってみます。

私は昔、自分なりに、幸福とは次の三つの状態をいうのであると考えたことがあります。

①飢えていない
②真理を知っている
③死の恐怖がない

まず第一に、「飢えていない」ということ――これは物質的な問題でありますが、現代アフリカなどの各地で飢饉（ききん）に遭遇している人びとは、まさに地獄の生活です。食べるに困らないこと、これが幸福である最低条件といえるでしょう。もっと広げていえば、健康であることも幸福の必須条件です。いくらお金持ちになっても、健康でなければ幸福ではありません。『ダンマパダ』のなかにも、「健康は最大の宝ものである」と説かれています。

次に、「真理を知っている」ことです。私たちの多くの不安は真理を知っていないことに由来します。自分は何処（どこ）から来て、何処へ去って行くのでしょうか。いまこの一瞬の自分は、はたして何者なのでしょうか。前にもお話しましたが、私は小学校四年生の頃、突然記憶を失って倒れるという症状が起こりましたが、ちょうど気がついたとき、寝ている部屋の窓から夕日が射（さ）し込んできて、それを見たとたん、「一体何か」と心の底から叫びました。言葉でいえば「一体何か」でしたが、全く虚無（きょむ）のなかに投げ込まれた感じでした。そしてそれまでのすべての価値観が瓦礫（がれき）のように崩れ去ってしまったのです。いまでも心を静めて沈潜すると、その思いにかられることがあります。こういった体験は、私だけではなく、皆さんにも大なり小なりたぶんあることと思います。私たちはこうやって世俗のなかで右往左往して、何が一体真実であるのか、真理であるのか何も知らずに、いわば誤魔化して生きています。しかしそれは静かに考えてみると、苦しみであり不安でもあります。

何が真理か、それを釈尊は無上正覚によって覚られ、それについて私たちに語られたのが経典であります。この経典の経文を手掛かりに、この「仮の己れ」というものを船にして、第六意識で舵を取っていきながら、この人生という海を航海することが仏道を歩むことであると思います。

本当に、真理を知っていると幸せです。そしてそれは同時に第三番目の「死への恐怖がない」という幸福につながっていきます。釈尊の菩提樹下で覚られた後の「不老不死の世界に触れた」という言明は、私たちに勇気を与えてくれます。

以上の三つの幸福状態は、実は、仏典に説かれる「財施・法施・無畏施」という三種類の布施からヒントを得て考えたものです。財施というのは人びとに物質的な援助をしてあげること、法施というのは真理を語ってあげること、もう一つの無畏施というのは畏れの無い状況を与えてあげることです。いずれにしましても、死への恐怖が最大の恐怖であるという立場から、では死を解決する方法にはどのようなものがあるのか、ということが問題となります。そこで、次の四つの方法をあげておきましょう。

①昔の中国で試みられたように、不死の妙薬を発明するという方法。中国の皇帝たちの墓を暴いて遺骸を調べると、水銀が多く分析されて出てきたとのことですが、彼らは水銀を調合して不死の妙薬を作ろうという試みをしたわけであります。しかし、これは虚しい努力であり、本当

の解決法ではありません。

②自分の作品に自分の命を託していく方法。これは芸術家などの解決法ですが、本当の解決法とはいえないでしょう。

③自分の子に自分の命を託していく方法。自分は死んでいくけれども、自分の命は子に受け継がれたと考えて、死を納得する考えです。これも一つの解決法ではありますが、やはり、本当の意味での死の解決法ではありません。

ここまで、①②③のいずれの方法も、本当の解決法ではありませんでした。次の④の方法が、死の本当の解決法となります。

④自らが不死の世界に触れる、という解決法。釈尊は、前述した言明のように、無上正覚を得て不死の世界に触れられ、究極的な意味での死の解決を成就されたのです。

▼死と中道

死の解決には「中道（ちゅうどう）」という考えが重要な働きをします。

中道とは、前にも申しましたが、

①非常非断（ひじょうひだん）

②非苦非楽（ひくひらく）

であると定義されます。このうち非常非断は「非有非無（ひうひむ）」ともいい換えることができます。釈尊は「人間は死んだら有るのか無いのか」という問いに対して、「有るのでもなく無いのでもない」と答えるのです。本当に有るとか無いとか考えるのは、人間が「有」とか「無」とかいう言葉を、人間の側から付与したに過ぎないのですね。有無を乗り越えた向こうの存在、すなわち「真如」には、有るも無いも通用しないのです。

もう一つは、非苦非楽の中道です。苦行でもなく欲楽行でもない生き方をしていきなさいと、釈尊は説かれたのです。これに関して、どうしてもお話しておきたいことがあるのですが、それは一ヶ月ぐらい前、NHKの特集で、インドのヒンドゥー教徒の大沐浴――ご覧になった方がおられると思いますが、何百万人というものすごい数の人びとがアラハバードというところに参集して、一ヶ月にもわたって沐浴の修行をするのを放映したものでした。普通の一般の人や苦行者も集まっていましたが、苦行者は「神に会いたい」と叫んでいました。また一般の人たちがインタビューを受けたのですが、彼らは「私たち人間は汚れたものであるから沐浴をして汚れを洗い流し、この世において罪を消して、来世に自分はより善き存在として生まれたい」という願いを語っていました。なかには「私は動物に生まれたくないので沐浴をしているのだ。動物に生まれたら悲惨な殺され方をするからだ」と述べる人もいました。もしもそのような考えが本当のヒンドゥー教の教理だったら、釈尊がヒンドゥー教の有我説に反対して無我説を打ち立てたことを容易に納得することができます。彼らはあまりに「我」に、「自分」に執着をしているからです。

仏教は、「私は善いことをして来世に善きところに生まれよう」という思いを強く否定します。なぜなら、「私」というものは存在しないのですから。しかし「七仏通誡偈」には、「諸悪莫作　衆善奉行　自浄其意　是諸仏教」――「自ら心を清くせよ」と説かれています。でも、これを取り間違って、己れの心を清くすることによって来世に善きところに生まれようと考えてはいけないのです。

たとえ生まれ変わるとしても、そこにはエネルギーの変化体があるだけです。生まれ変わり死に変わりしていくものは、脈々とつながっていく、生かされた「いのち」の連続体です。それを「仮の自分」とするならば、「よし、自分などどうでもいい、人のためにこのいのちを使い尽くすぞ」という気持ちで生きていくことが、仏教が説く菩薩の生き方です。

いま、イスラム教の過激派が世界に広がり、同時にいろいろな問題が生じています。それによって二十一世紀の世界はかき回されるかもしれません。特に恐いのは、他人を殺して自分も死ぬという、あの自爆によって死後神の世界に生まれようとする思想です。これは本当に宗教と呼べるでしょうか。宗教はあくまで自分も他人も幸せに生きることを目指しているはずです。

今回もあちこちと話が飛んでしまいましたが、これで終わりにします。

（平成十三年九月八日の講座より）

第十八講

認識的誤り（顛倒）と涅槃

▼顛倒について

「遠離一切顛倒夢想　究竟涅槃」（一切の顛倒と夢想とを遠離して、究竟して涅槃す）という部分が、今回のテーマです。

まず、「顛倒」ということについてですが、図のような、「四顛倒」と「増益・損減の顛倒」の二つの点から考えていきたいと思います（次ページ図参照）。

が、その前に、顛倒の基本的な意味合いから見ていきましょう。

「顛倒」とは「ひっくりかえっている」ということですが、ここでは「認識的誤り」を意味します。まず、広く認識的誤りについて考えてみましょう。私たちは、現前にあるもの、すなわち視覚・聴覚・味覚・嗅覚・触覚という五感覚を素材として、思いと言葉を加えて捉えたものが、本当に実在するのかどうなのかを、一度考えてみましょう。

これも幾度も述べてきましたが、例えば、「憎い人」。それは自分を離れて本当に存在するのでしょうか。私たちは無反省に「憎い人」が外界にいるのだと思っていますが、静かなる心で、心のなかをありのままに観察すると、「憎い人」というのは自分の心のなかで作り上げた「影像」にしかすぎないのです。確かに、誰かが眼の前にいます。しかしその人は本来的には憎くも憎くもない、ニュートラルな存在です。それを私たちは視覚で捉えて、視覚の影像に対して「憎い」という思いと言葉でもって「憎い人」に加工してしまうのです。そしてその憎むという行為は、即座に阿頼耶識（あらやしき）のなかに影響を、すなわち種子（しゅうじ）を植えつけ、それが知らず知らずのうちに深層心で成長して、次にその人に会ったときは、憎さが倍増している場合が往々にしてあります。なぜならそこには必ず阿頼耶識縁起という理が働いているからです。そういう意味で、毎回申しますが、阿頼耶識縁起という理に照らして、自分の日常の生き方を反省してみることが大切です。

とにかく、「あの人は憎い人だ」というような判断は「認識的誤り」ではないかと、静かに考え直してみようではないかということを、この「顚倒」という思想は私たちに訴えているのです。

二種類の顚倒

①四顚倒 —— 無常・苦・無我・不浄 ……▶ 常・楽・我・浄

②増益・損減の顚倒

- 増益 —— 無いもの（遍計所執性）を有ると見る
- 損減 —— 有るもの（依他起性・円成実性）を無いと見る

▼常・楽・我・浄の「四顛倒」

前掲の図の①の、「四顛倒」について、考えてみましょう。

原始仏教以来、顛倒とは「無常・苦・無我・不浄であるのに、常・楽・我・浄である」と考え間違う四顛倒が説かれています。普通は自己存在については「自分は常に存在し、自分というものは楽なる存在であり、自分というものは存在し、自分は清浄である」すなわち「常・楽・我・浄である」と勘違いしているというのが、釈尊が説かれた四顛倒という考え方であります。

このうち「無常」であるということと、「苦」であるということは、私たちはある程度分かっていますが、「無我」ということはなかなか容易には分かりません。この辺が人間の一番の障り——己れに対する執着、すなわち我執が一番強いわけであります。この我執から貪・瞋・癡などの煩悩が生じて、私たちは苦の大海を漂うことになるのです。だからこそ、仏教のなかでまず学ぶべきは「無我」という教えです。

我は無いといっても、私たちはなかなか理解できません。そこで、ここで、いつも申していますが、手を見ての実験を行なってみます。手を見て「自分の手」といいますが、このうち「手」という言葉に対応するものは眼で見ることができますが、「自分」という言葉が指し示すものをいくら探しても、どこにも発見できません。すなわち「自分」というものは、言葉の響きがあるにすぎないのです。

普通このように実験してみても、何のことか難しくて分からないという人がいますが、その人は心がいわば外に流散しており、「自分は存在するのだ」という常識のなかに閉じ込められて生きているのです。これに対して仏教は、「無我」という非常識の思想を説くのです。私たちは一度、常識を超えて非常識の世界に飛び込む必要があります。そしてもう一度常識の世界に帰ると、生き生きと生きていくことができるようになります。

このように自分の手といっても、「自分」という言葉に対応するものは存在しないと分かる。そこには「般若の智慧」というものが働いたのだと私は最近考えるようになりました。人間は強く自分というものへ執着します。しかしその執着の対象である「自分」は存在しないと分かったとき、そこに新しい「自分」というものが現成したのです。「我」に執着はするが、しかし同時に「無我」が分かるところに人間の素晴らしさがあると思います。

最後の「不浄」ということも、私たちはなかなか気づけません。私たちは身体を外から見ると清浄だと思いますが、それは間違いで、実はその内側には尿や便や種々の臓器が詰まった、汚い存在です。綺麗と思っているが本当は不浄であると見ていく修行が、「不浄観」といわれるものです。この不浄観は、インドにおいては、まず死体置き場に行って死体の腐乱していく様を眺め、その影像を自己の肉体に還元して肉体の不浄なることを観る、という方法で修せられました。この観法を分析すると次のようになります。まず、具体的に自己の肉体を見ます。これを専門用語で「自相」といいます。自相というのは個別的で具体的なありようです。皆さん、いまお一人お一人自分の顔を見て下さい。するとそれぞれの人の心のなかに、その人しか見ることのできない顔が現われてきます。それが自相としての顔です。そしてその顔に対して私たちは、美しいとか醜いとか分別します。しかしそれはいわばエゴ心によって捉えられたありようです。その個別的な顔すべてに共通するありよう――顔の本質は「不浄」であると見ていくことを、この不浄観は要請するのです。このように見ていくならば、美しい顔も、醜い顔も、若い人の肉体も、老いた人の肉体も、みんな共通して不浄であると見ることになります。このようにすべての自相に共通なありようを「共相（ぐうそう）」といいます。自相から入って共相までをも見ていく、これがインドにおけるヨーガの基本的な観察方法であったのです。

したがって吐く息・吸う息も観察の対象になります。まずは自分のなかで息を観察し、それに成りきっていく。これは一人一人の心のなかで、息の自相を観察することです。しかしそれで終わってしまったら意味がない。誰もが持っている息の共通性を、すなわち共相までをも観察することが要請されます。例えば息は無常であると観ます。息は常に生じては消えていく無常なものですね。出たと思ったとたんに消えていきます。しかしまた別の息が出てきます。息は刹那（せつな）に生滅（しょうめつ）しながら相続して無常なるものであって、そこに無常の理というものが働いているということが、静かに息を観察するとき、分明（ふんみょう）となってきます。ヨーガや禅の実践をするとき、このことを思い出して、息に対して念を凝（こ）らしてみてください。

以上、このように、自己存在は「無常・苦・無我・不浄」であると観ていくべきであるのに、私たちは顚倒してそれを「常・楽・我・浄」であると考える。そこに苦が生じてくると仏教は強調するのです。

ただし、常・楽・我・浄は、大乗仏教では肯定的な概念として説かれることもあります。それは仏の側から見ると常・楽・我・浄だからです。覚（さと）りを得てその世界に飛び込み、そして再び無常・苦・無我・不浄の世界に還って、そのなかで自由に生きることを大乗仏教は最終目的とするからです。

▼増益・損減の顛倒

次に、前掲の図の②の、「増益・損減の顛倒」について考えてみましょう。

増益・損減、これも重要な用語であって、いずれも思い間違いを表わす言葉です。このうち「増益」は「無いものを有る」と見る思い間違い、「損減」とは「有るものを無い」と見る思い間違いです。この増益と損減という二つの思い間違いを離れて物事を見ていくこと、これが「中道（ちゅうどう）」です。

この増益と損減を唯識の用語で換言すると、増益は「遍計所執性（へんげしょしゅうしょう）」を、すなわち無いものを有ると見ることです。遍計所執性とは「言葉によって語られ執着されたもの」です。言葉で語られたものは本当は存在しないのに、私たちは言葉で語ったものが有ると思い込み、それに執着し、そこに迷いと苦しみの世界を現出させてしまっています。例えば前述した「自分の手」と語って「自分」というものを設定し、それに対して執着していますが、静かに観察すれば、その「自分」というものはどこを探しても存在しません。これが分かったら皆さん、もう今日から「自分」が他人からどういわれようとも気にすることなく平気でいようではありませんか。なぜなら「自分」というものは存在しないからです。

このように若い学生に語ると、頷（うなず）いてニコッと笑う人がいます。しかし大人になる――歳を取るにつれ我執（がしゅう）が強くなり、自分などどうでもいいといいつつ、なかなか首を振らない。しかし、ちょうど二十歳前後の若者は自己の問題で苦しんでいる真（ま）っ只中（ただなか）にいるから、逆に事実を事実として指摘されると、ホッとするのですね。私たちも「自分は存在しない」という事実を、勇気を持って事実として見ていくならば、本当に生き方が大きく変わってきます。

しかし大抵は「無いものは有る」と考えて生きていっています。そこをまた『般若心経』は「夢想」といいます。「夢のなかのような想い」という意味で、存在しないものを存在すると思って生きていく、そういう生き方を意味していると解釈できるでしょう。この夢想という漢語に相当するサンスクリット語は、日本に存在する『般若心経』の原文にはありません。たぶんこれは鳩摩羅什や玄奘三蔵が敢えて付加して訳したのでしょう。なぜなら、ただ顚倒といえばなかなか分かりにくい。そこで夢想をさらに付け足して顚倒夢想と訳したのではないかと推測されます。いずれにしましても、私たちは、無いものを有ると考えていく、そういう世界のなかに、すなわち増益の世界のなかに生きているのです。

それと同時にまた私たちは、「有るものを無い」と考えていく損減の世界にも生きているのです。これを唯識の用語でいいますと、「依他起性と円成実性」という、有るものを無いと見ている世界に住んでいるということができます。

依他起性とは、他に依って生起した存在、すなわち「一人一宇宙」そのものであります。目覚めた瞬間にいわばビッグバン的に顕現する心の世界です。そこには「自分」というものが関与していません。目が覚めるとき、「よし、いまから自分はまたもう一度目覚めて、この世界を作り上げるぞ」と思ってこの世界を顕現せしめたのではない。もともとこの世に生まれたのも、自分が生まれようと考えて生まれたのではありません。眼を閉じて、そして開くと視覚が生じます。それも自分が見ようと考えて見るようになったのではありません。このように「自分」を離れた、自分ではいかんともし難い力が働き、この力によって一人一宇宙の世界が作られてくるのです。これは依他起の力、受動的な力です。この力によって形成された世界のなかで、今度は言葉でもって能動的に捉えた、種々のものが存在すると考えるところに、言葉によって色づけされ加工された遍計所執性の差別の世界が成立するのです。このように、「もの」が成立するためには、二つの力――一つは受動的な力、もう一つは能動的な力が働いていています。例えば前述したように、眼を開けた瞬間には「自分」が見るのではなく、見せられている。これは受動的です。そしてその後で、「自分」が見ると言葉でもって自分というものを設定し、さらに「視覚」という言葉でその働きを捉えるのです。後者の言葉で捉えなければ自分もないし視覚もありません。

　私たちは、まずは言葉を無くして遍計所執性の世界から抜け出て、自分を忘れて「生かされてある依他起の世界」に戻ることが必要です。その方法がヨーガや禅定を修することです。生かされてある依他起の世界といいましたが、いい換えると「なまのエネルギー」に戻るといってもいいでしょう。とにかく依他起性という存在に直に触れる機会を持つことによって依他起性の存在を確認し、そのようなものは無いと見る損減を離れることが大切です。

　もう一つの円成実性とは、「一切諸法の真如」といわれる真如のことです。すべての存在の根底にあるもので、一味・平等・遍行・清浄と定義されるものです。それは長い修行の果てに、その存在を直に覚るものです。そこまでいかなくても私たちは、まずはそのようなものは無いのだ、と否定する損減から離れて、真如の存在を信じることが大切です。

　以上、損減と増益の二つの顛倒を離れることを見てきましたが、このような見方あるいは生き方を

「中道」といいます。その中道をまた非有非無の中道といいます。これを三性の語でいうと、

「遍計所執性は無いから非有であり、依他起性と円成実性は有るから非無であるから、存在全体からみて非有非無である」

ということができるのです。

しかし、これは知性でもって論理的に中道を理解することですが、実践的な中道は「一法中道」といいます。一法中道とは、一つの存在が「非有非無の中」であるという意味ですが、実践的には般若の智慧――無分別智をもって、一つのものに成りきり成りきって生きていくことです。だから唯識思想では最終的には、中道とは無分別智であると簡単に定義するようになりました。

▼涅槃について

次に、「一切の顚倒と夢想を遠離して、究竟して涅槃する」のなかの涅槃について考えてみましょう。「究竟して涅槃する」とは、究極的な涅槃に入るという意味です。原語は「パリニルヴァーナ」(parinirvāṇa) といいます。涅槃にあたるサンスクリット語はニルヴァーナですが、この漢訳はパーリ語の「ニッバーナ」(nibbāna) の音訳です。

この涅槃は、仏教の三大スローガン「三法印」(諸行無常・諸法無我・涅槃寂静) のなかに、「涅槃寂静である」と定義されています。ここで涅槃とは何かを見るまえに、しばらくこの三法印について考えてみます。

諸行無常とは、この一人一宇宙の世界が常に変化して止まないということです。本当にそうです。

起きた瞬間から眠るまで、いや、眠っていても、身・口・意の三業が渦巻く世界ですね。唯識的にいえば、識が転変して止まない世界です。エネルギーの渦巻く世界です。

そしてこの「諸行無常」の世界に成りきると、「諸法無我」が分かってきます。有るのは唯だ無常なるエネルギーの変化体だけで、そこに常一主宰なる我というものはどこを探してもありません。この、自分の手もそうなんですね。手というエネルギーの変化体があるだけなのに、それに対して、唯識でいう末那識という深層に働く自我執着心のほとばしりとして、意識で「これは自分の手である」と錯誤して、そこに「自分」というものを設定してしまうのです。でも静かに成りきった心で言葉を離れて考え、観察をしていくと、無常なるものが分かり、諸法も無我であるということが分かってきます。このように諸行無常の世界のなかで、諸法無我の智慧をもって生きていく、この智慧をどんどんと増していくことによって深層心理がますます浄化され、そして最終的に「涅槃寂静」の世界に至ることができるのです。

諸行無常の世界は「有為」の世界、涅槃寂静の世界は「無為」の世界です。ちなみに、この有為から無為に至ることを歌にしたのが、「いろはにほへと　ちりぬるを　わがよたれど　つねならむ　うゐ（有為）のをくやま　けふこゑて　あさきゆめみし　ゑひもせず」という、あの「いろは歌」です。

さて、ここで釈尊自身が涅槃についてどのように語られているかを見るために、『ダンマパダ』（『法句経』）のなかの次の偈をあげておきます。

「爾の手にて　秋の蓮をたつがごとく　おのれの愛念をたつべし。かくして寂静の道を養うべし。
この涅槃は善逝によりて　ときいだされたり」

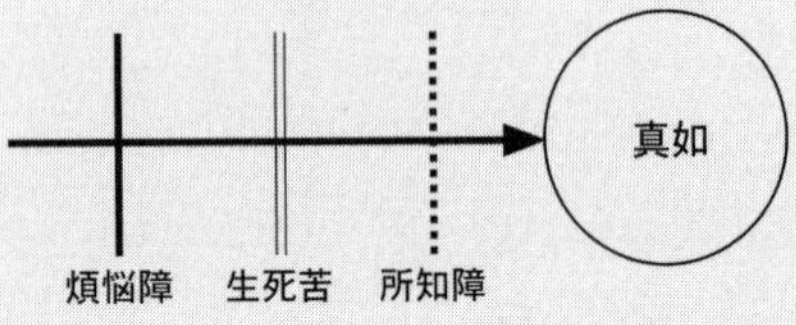

蓮の根は秋に収穫するのでしょうか、その根を断つがごとく、おのれの愛念すなわち貪欲を断つことによって寂静に至る道を歩むことができる、と説かれています。そしてその寂静が涅槃という言葉でいい直されています。（善逝とは「よきものに至った」という意味で、仏陀・釈尊のこと）。このように釈尊は「愛念を断つことによって寂静の涅槃に至ることができる」と簡単に説き示されたのです。

これは釈尊の、原始仏教の涅槃論です。その後の仏教の歴史のなかで、より複雑な涅槃論が展開し、それを最終的にまとめたのが、唯識思想が説く本来自性清浄涅槃・有余依涅槃・無余依涅槃・無住処涅槃の四種涅槃論です。図にまとめたのでご覧下さい（右図参照）。

四種涅槃論と真如

①本来自性清浄涅槃　一切法の共相である真如の理
②有余依涅槃　煩悩障を滅したところに現われる真如
③無余依涅槃　生死の苦が滅したところに現われる真如
④無住処涅槃　所知障を滅したところに現われる真如

煩悩障
生死苦
所知障
真如

最初の「本来自性清浄涅槃」とは、前述した一味・平等・遍行・清浄なる真如のことで、これが常に根底にあります。これを覆っている障りをどれだけ取り除くかによって真如の現われ方が違い、他の三つの涅槃が立てられるのです。

煩悩障を滅するところに現われてくるのが「有余依涅槃」です。依とは肉体のことですので、この涅槃は肉体を有して生きたままで至った涅槃です。

これに対して「無余依涅槃」とは、肉体も滅したところ——生死の苦がなくなったところに現われてくる涅槃です。釈尊も死後そのような涅槃に入られたのであるという考えが、弟子たちによって打ち出されました。

しかし大乗の唯識瑜伽行派は、そういう涅槃は真の涅槃ではないのだと反対し、所知障を断じたところに現われる「無住処涅槃」という新しい涅槃を提唱しました。所知障とは、知るべきもの、すなわち真如を覆っている障りですが、それが断ぜられると真如が全面的に顕現し、生死にも涅槃にもこだわらない生き方がそこに展開し、真の意味での涅槃に至ることができるのであると主張するのです。そしてそのような涅槃に生きる人を「上求菩提・下化衆生」の二大誓願を持って生きる菩薩であると考えました。そのような誓願を持って生き続ける菩薩道を、力強く宣揚するようになりました。

もちろんこのように生きることは難しい。しかし私は最近、誰しもがこのように生きたいという意志を深いところに持っており、それが縁を得れば行動となってる現われてくると信じるようになりました。静かな心と、ものごとをありのままに見る心とで、周りの苦しむ人に思いを凝らしてみましょう。自分も苦しい。周りにいる人も苦しい。ならばどっちの苦しみを先に無くしていきたいのか。普通、私たちは存在全体を自分のなかに入れて考えません。相手の苦しみはどうでもいい。自分の苦しみを無くしていこうとして自己中心的な生き方になってしまいます。しかし静かに目を瞑(つむ)って存在全体を自分のなかに入れる——眼の前の苦しい人に般若の智慧を向けると、阿頼耶識のなかにある普遍的な意志が目覚めてきます。自分などどうでもいい、まずは周りの苦しんでいる人を救いたいという意志が起こってきます。

しかし普通はそのような意志は湧いてきません。それは「自分」「自分の」という思いが強固な障害となっているからです。そこに我執が強く働いているからです。「自分」「自分の妻、自分の子供」「自分の会社」、そして「自分の国、自分の民族」と考えるからです。

最後にあげた「国」についていえば、もちろん日本人は日本を大切にすべきです。でも、より大切なのは、存在全体を観(み)る智慧を一人一人の日本人が養うことによって、日本のやるべきことに日本人全体が気づくことが急務です。日本はいま不景気のどん底にあるといわれていますが、世界全体から見れば、特に個人の所得高から見れば、日本はお金持ちです。経済復興、景気回復ばっかりをスローガンとしていますが、思いきって「貧しい国に布施(ふせ)しよう!」というスローガンを、国をあげて打ち出してみようではありませんか。あのアメリカで起こった同時多発テロ事件に対しても、ただアメリカの、世界の趨勢(すうせい)に同調するのではなく、日本人だけができる、日本独自の対処の仕方があるのではないでしょうか。

「無住処涅槃」を目指して生きる人が一人でも増えることを念じて、今回のお話を終わりにします。

(平成十三年十月十三日の講座より)

第十九講　中道の重要性

今回は、「涅槃・寂静・空」という三つの言葉を手がかりに、現代的な問題や日常生活の問題も織り込んでいきながら、お話をさせていただきたいと思います。

この涅槃と寂静と空の三つは、同じことを意味しています。

▼「涅槃」の意味の再確認

涅槃については前回詳しく解説しましたが、少しだけ復習し、意味の再確認をしておきましょう。

涅槃は、サンスクリット語では「ニルヴァーナ」(nirvāṇa)といい、方言のパーリ語では「ニッバーナ」(nibbāna)といいますが、涅槃はこのうちのパーリ語の音訳です。意訳すると「安穏」「寂滅」「寂静」などと訳されますが、ほとんどの場合、涅槃と音訳されます。なぜ音訳するのかといいますと、一つの言葉にいろんな意味がありますから、安穏と訳せば「安らぎ」ということだけに限定されてしまうからです。

例えば原始経典では生死を脱却して涅槃に至るという一方的な涅槃が考えられたのですが、大乗仏教になってまいりますと「無住処涅槃」という新しい涅槃が考えられ、その涅槃は、生死から解脱した一方的な涅槃ではなく、生死にも住せず涅槃にも住しない、換言すれば、生死にも拘らず涅槃にも拘らない菩薩の生き方をいうのですから、ただ「安らかな」状態だけではないのです。「苦」（生死）と「楽」（涅槃）との両者を行き来しながら、人びとの救済を続ける生き方です。だから、そこには安らぎがあるだけでは決してないのです。あるいは苦しみの真っ只中にいながらいつも心の底は寂静であるという、そういうありようを意味しているということができるかもしれません。私たちは、台風が来ている海を見ますと、表面は大波小波で荒れています。しかし深い海の底には、微動だにしない深海の水があります。そのように無住処涅槃に住する菩薩は、表面の心は人びとの救済のために苦しみ悩んでいても、心の底は静かで動揺なき状態であるのです。そのような菩薩は「顕われた面」では動揺していますが、「隠れた面」では静かであるのです。

これに関して、いま私の頭のなかに浮かんできたことをお話させていただきます。私は三十歳半ばに飛び込んだ修行の世界で、素晴らしい先輩に出会いました。自然科学者で、かなりの年輩で、原子や分子のなかにも命があるという哲学を唱えられていた方でしたが、その先輩が初めてお会いし、そして二度目に会ったときに私の名前を覚えていて下さり、「やあ横山君」と呼ばれたのです。やはり人を引っ張っていく人は一度で他人の名前をすぐに覚えてしまう、すごいなあ、と私は感心しました。それ以来私も人の名前を覚えようと努力してきましたが、ここ二、三年は駄目になってしまいました。

本当に「一人一宇宙」であり、人間同士別々に離れた存在ですが、名前をいわれた瞬間にお互いの世界が近づいてくるものですね。やはり人間、無理しても名前を呼び合ったらいいと思います。

いまお話したいのはそのことではなく、その方の葬儀の場で経験したことです。その方が亡くなって、東京の清瀬にある平林寺というお寺で葬儀が執り行なわれたのですが、葬儀の導師の老師が、最後に「喝ーっ」と叫んで引導を渡しながら、涙をぽろぽろ流して泣かれているのですね。覚られた老師がなぜ泣くのかな、と私たちは思いますが、隠れた心の底では寂静であっても、やはり顕われた面では悲しいのですね。

でも、覚った人間が悲しむありようと、私たちが悲しむありようとは、どのように違うのでしょうか。違わないのかもしれません。覚っても何も変わっていない。「花は紅、海は茫々」といって、元と全く変わっていないといわれます。しかし、表面は変わっていませんが、その人の存在全体から見れば、心の底から「寂静」になっている。すなわち「空」になっている、あるいは「涅槃」に至っているといえるのかもしれません。

さて、前回は、唯識思想が説く「本来自性清浄涅槃」「有余依涅槃」「無余依涅槃」「無住処涅槃」の四種の涅槃も紹介しました。これは、簡単な文にまとめると、次のようになります。

「人は誰しも、涅槃の根拠ともいえる本来自性清浄心を持っている。それが本来自性清浄涅槃である。

それを覆っている煩悩障を滅することによって、有余依涅槃が顕現する。

次に肉体を放棄して生死の苦から解脱することによって、無余依涅槃が顕現する。

しかし、理想の涅槃は、所知障を滅することによって得られる無住処涅槃である」

▼原始仏教が説く涅槃

以上、前回の復習をさせていただきました。ここで原始仏教に戻って、涅槃とは一体何であるかという基本的な考え方を、図を使いながらご紹介したいと思います。

私たちは本当に、一人一宇宙に生きています。普通の常識では一つの宇宙にみんなが住んでいると考えますが、ここに二百人の方がおられれば、二百の宇宙が存在するのです。そんなことはないといわれるかもしれませんが、これは事実です。これは毎回申しますが、一見非常識に思われる「唯識」の教理を、勇気を持って事実として見ていこうではないかと、私は訴えたい。

常識とは、ある意味では、勇気を持って見ていないといえるのではないでしょうか。みんなと同じように考えていかなければいけない、だからやはりそれはそうなんだ、というように私たちは安易に妥協してしまいますが、その常識から一歩抜け出て「如実知見(にょじつちけん)」すれば、すなわち実の如くに知り見ていくならば、一人一宇宙という事実に気づきます。

しかし一人一宇宙であるからこそ、苦しむ他人に思いをはせて、同情の気持ちが起こってくるのです。不思議なことですが、存在の深いところまで沈潜(ちんせん)して一人一宇宙という事実がはっきり分かってくればくるほど、相手を思いやる気持ちがますます強く起こってきます。道を歩くと、笑っている人もいるし、苦しい顔をしている人もいる。ああ、みんなよく生きているなあと、六十歳を過ぎたいまの私はそのように感じるようになりました。私も頑張って生きていますから、相手の気持ちが分かるようになりました。今日も朝早く起きて、頑張って新幹線に乗って奈良までまいりました。いま頑張

三界と有為・無為

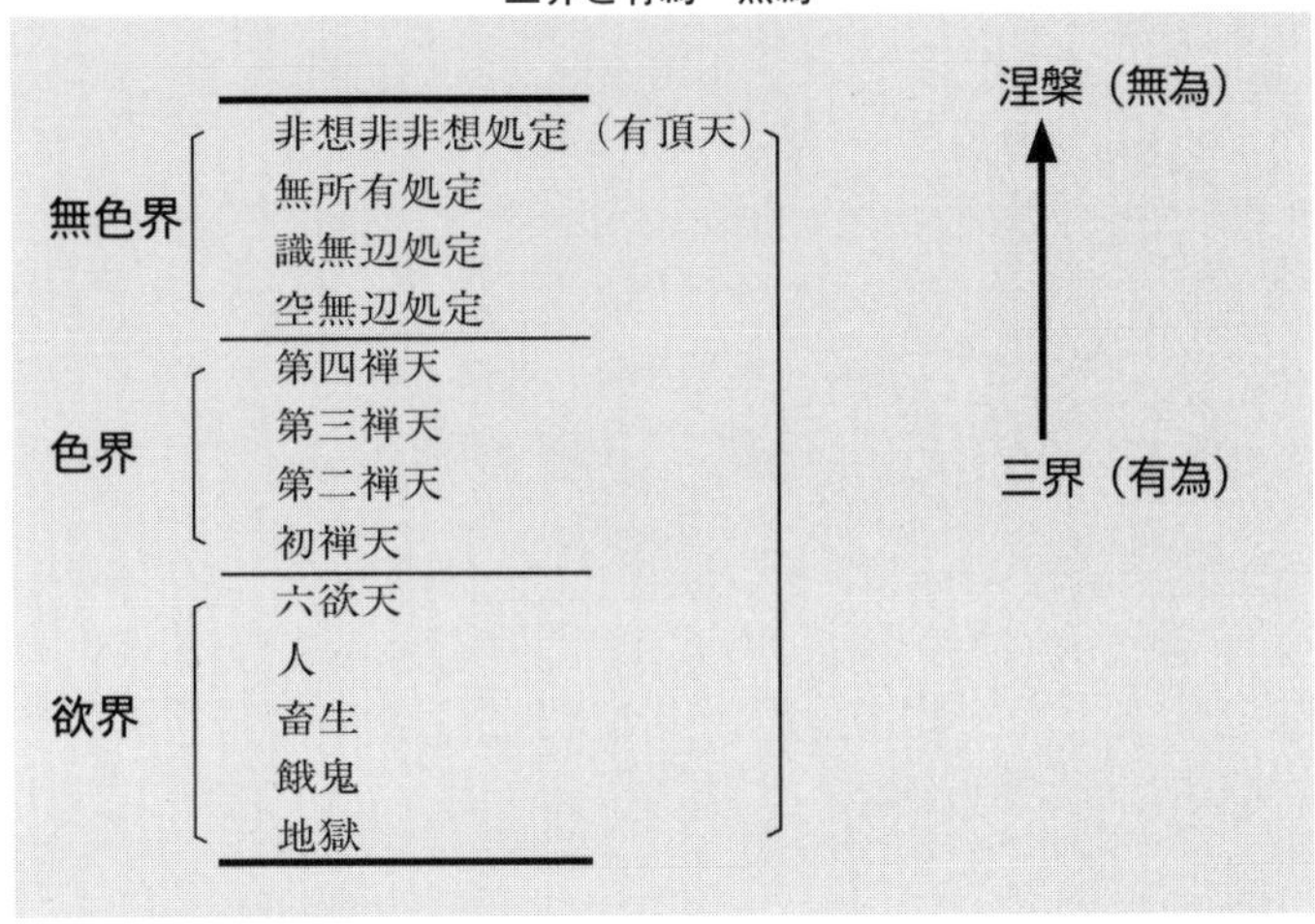

って来ましたといいましたが、六十歳を過ぎてからは無理しないことにしました。人間、無理するとストレスが溜まりますので、何をするにもゆっくり無理しないようにしています。身体がきついときは、無理しないでゆっくり歩くことにしています。唯識の専門用語でいうと、「依他起に生きる」すなわち「他に依って生きる」ということではないかと思います。身体が弱っているから、その弱った身体に任せて生きることにしています。

「頑張らなきゃいけない」というのは、遍計所執性の「自分」をそこに作り出して、無理に生きていることになるのです。体がきついので、ゆっくりゆっくり歩いていく。そういう自分の状況を実感すると、本当にお年寄りの方を見ると、自分とお年寄りとは同じ世界に生きているのだと共感を覚えてきます。まさに一人一宇宙で、それぞれの人の世界は、状況に応じてそのありようが異なってくるのです。

ここで、「三界」の図を見て下さい（上図参照）。

この一人一宇宙の世界を分析すると、欲界・色界・無色界という三界に分かれます。三界の界は世界という意味で、「世間」と訳す場合もありますが、その原語は「ローカ・ダーツ」(loka-dhātu)で、lokaとは「壊れる」という意味の動詞lujから派生した名詞形――世間、世界というものは、変化して壊れていく諸行無常なものであると捉えるのです。本当に一人一宇宙という世界の心のありようは、変化して止まないのです。人は心境によって、前掲の図のなかの一番下の地獄から一番上の有頂天までの間を、行ったり来たりしている、すなわち三界を「生死輪廻」しているといえるでしょう。

もともと三界の捉え方には、次の二つがあります。

①過去・現在・未来という三世にわたって三界の中で生死輪廻する。
②「心のありよう」「禅定の深まり」によって三界を上下する。

このうち①は、普通考えられる生死輪廻観です。子供のとき、「こんな悪いことをすると地獄に落ちるよ」とよくいわれましたが、それは通説の輪廻観に基づいたものです。

それに対して②は、一人の人間の心のありよう、禅定の深まりによって住む世界が相違するという考えです。釈尊は方便としては①の輪廻説を説かれたかもしれませんが、釈尊の真意は②の説であったと私は考えています。

もちろん①の生死輪廻説を経典から学んで、それを「信仰」して生きることも可能です。しかしそれのみに終始すると、仏教はキリスト教やイスラム教などと同じ「宗教」になってしまいます。仏教は「智慧」によって事実を事実として常に自分で経験し、確認することを要請するのです。この三界説も、禅定を修することによって生きながら自らが経験できる世界であり、釈尊もこの三界を何度も上下されたのです。

イスラム教やキリスト教は信仰だけを説きますが、仏教は信仰に加えて智慧を強調する点が相違しています。

そういう意味でこの三界説に対しても、三世にわたって生まれ変わり死に変わりしていくと経典に説かれることを信仰の対象として捉え、悪いことをすれば死んで地獄に落ちるのだ、善いことをすれば天に昇るのだと考えて今生の生き方を規制することもそれはそれでよいのでしょう。それは経典の所説、教理に対する一つの捉え方であります。しかし仏教はそれだけを要請しているのではありません。仏教は信仰から入っていきながら、自ら心を清らかにすることによって事実を事実として見ていく智慧を獲得することを希求します。

本当に私たちは心のなかに住して静かに心のありようを観察するならば、時には地獄に陥っていることを実感します。他人と対立して争っている人、あるいは現にアフガニスタンなどで激しく戦っている人びとの心境は、地獄であるといっても過言ではないでしょう。本当に心境によって住む世界は間違いなく変わってきます。だから「唯識所変」というのは、唯識独自の教えではなくて、普遍的な事実をいい当てた言葉です。一切の存在は唯だ心の変化したものに過ぎないというこの教理を三界説に適用していくならば、前述した二つの三界説のうちの第二番目が適切であることになります。

いずれにしましても、地獄とか天とかいうと、何か空間的な存在であると考えていきますが、これは基本的には間違いで、生きもののありようをいうのです。よく六道輪廻といいますが、六道は六趣ともいい換えることができます。もともとは阿修羅が抜けた五道、すなわち五趣でしたが、後に阿修羅が入ってきて六趣になりました。

その五趣あるいは六趣にしても、その「趣」は所趣（しょしゅ）と能趣（のうしゅ）に、すなわち「趣（おもむ）かれるところ」と「趣くもの」とに分かれますが、三界のなかに列記された地獄から有頂天（非想非非想処定（ひそうひひそうしょじょう））まではすべてそこに住する生きもののありよう、すなわち心境のありようであるのです。だから地獄は正式には「地獄に住むもの」という意味です。

▼三界を出離して涅槃に入る

さて、このような三界説に基づいて釈尊は、

「この三界を出離（しゅつり）して涅槃に入る」

という涅槃の基本的な考え方を説かれたのです。先に掲げた図のなかで、三界を「有為（うい）」といい換えるということを示しました。有為とは、作られた現象世界のことです。唯識的に考えてみるならば、一人一人の深層心である阿頼耶識から作られたものです。私たちは朝起きた瞬間に再び一人一宇宙の世界が作り出され、その世界のなかで右往左往して生き、苦しんでいます。本当に「三界火宅（さんがいかたく）」であります。だから火が燃え盛るこの現象世界から出離、すなわち解脱して苦なき涅槃の世界に、無為の世界に至ることを、釈尊は「この三界を出離して涅槃に入る」と説かれたのです。

本当にこの三界、有為の世界、現象世界は、迷い苦しむ世界です。現象があるためには、まずはその中心に「自分」がいなければなりません。自分というエゴ心があるからこそ、そこに現象というものが現われてきます。もしもひどく酔っ払ったり、深い眠りに入ったら、そこに第六意識がなくなり

ますから、現象は消え失せてしまいます。そこから目覚め、第六意識が働き、そこに「自分」を中心とした現象世界が現われてくるのです。そうすると、その「自分」を中心にして「いま」「ここ」という枠組みで現象を捉えざるをえなくなってしまうのです。そしてそのなかで感覚のデータに振り回され、あれを考えこれを思い、いろんな言葉を出していきながら、苦しみの世界のなかに埋没してしまうことになります。

▼中道によって涅槃に至る

そこで釈尊は、

「中道を修して三界から解脱して涅槃に至ろうではないか」

と提唱されたのです。

中道——大袈裟にいえば、これこそが、二十一世紀に相応しい人間の新しい生き方であると私は強く確信しています。二十一世紀の初頭に生きる私たち人類は、一歩間違えば滅亡の奈落の底に落ちつつある感がしています。そのような世界を救うためには、もちろん政治的・経済的に対処する必要がありますが、根本的には一人一人の人間が、「一人一宇宙」を自覚して、己れの心を変革していくことが最も大切なことです。人間の、この、いわば意識革命のために、「中道」という思想が必要であると、否、中道という考えでなければ世界は良い方向に向かわないのではないかと、私は確信しています。

では、「中道」とは、どういうことか。すでに幾度か申していることですが、ここで改めて考えてみましょう。中道を言葉で定義すると、次のようになります。

非有非無
非苦非楽

前者は、「一体何か」という問い掛けに対する答えで、「有るのでもなく無いのでもない」と見ることが「中」と知ること。

後者は、「いかに生きるか」という問い掛けに対する答えで、「苦行でもなく欲楽行でもない生き方をする」こと。

この中道を自分のなかで生かしていくためには、まずは「有る」とか「無い」とか言葉で語ってみて、しかもその「有」や「無」に執われないことが必要です。本当に私たちは言葉に執われ、言葉通りに物事が存在すると思ってしまい、悩み苦しみます。だから言葉に負けないだけの力強い心を養成する必要があるのです。その心を錬磨する方法が、ヨーガ（瑜伽）の実践です。

確かに本を読み、学問をすることも大切です。でもそれだけに終始すると、言葉や知識、情報に拘ってしまい、その奥にあるものが見えなくなってしまいます。そういう意味で、「本を読みなさい」「学問的方法論を確立して立派な論文を書きなさい」とのみ勧める大学の教授に、私は懸念を抱くのです。人間・自然・人権・命・善・悪ないし神などの概念が、学問の領域で多く問題となりますが、そのそれぞれの言葉なり概念が指し示す対象そのものがどういうものであるかを追求する姿勢がないところでは、学問が単に概念操作に終始して、無意味なものになってしまうからです。

そういう意味で、釈尊ほど、広くいえば仏教ほど、「言葉」と、その言葉が指し示す「対象」との関係を追求し観察した人物は、思想は、他にはないといっても過言ではありません。

いま、「追求」するといいましたが、言葉でもって追求する心を仏教では、「尋伺」といいます。このうち尋とは大まかに追求する心、伺とは細かく追求する心です。そしてその追求のありようは、最初が「有尋有伺」、二番目が「無尋有伺」、そして最後が「無尋無伺」と深まっていくと考えます。有尋有伺というのは、尋も伺もある、すなわち大まかな追求心も細かい追求心もある追求の仕方ですが、次の無尋有伺では荒っぽい追求心がなくなって細かい追求心のみが働き、そして最後の無尋無伺ではもはや言葉で追求することがなくなってしまうのです。このように最初は必ず言葉というものが必要でありますが、最後は言葉を無くして、言葉が指し示す「それそのもの」に至りうるところまで認識を深めていくことを仏教は要求するのです。

いま、「言葉を無くして」といいましたが、見方を変えれば言葉に成りきっていくということができるかもしれません。「苦しい」ということを考えてみた場合、「苦しい」という「言葉」の向こうに、苦しいという「事実」があります。その事実に対してもう一人の自分が、すなわち苦しいと感じる自分がいます。それが「現実の自分」ですね。それに対して楽になりたい、そう思う「理想の自分」があります。そしてその二つの自分が対立をしているところに「苦しみ」が現実化してくるのです。

だから、苦しいとき、ただ「本当に苦しい」と嘆くだけではなく、思い切り「苦しいーっ、苦しいーっ」と叫びつつ、その言葉に成りきってみてはどうでしょうか。私たちは「苦しい」という言葉を出した瞬間に、その苦しみが余計深まっていきます。しかし思いっきり言葉に成りきって「苦しい、苦しい」と叫び続けると、不思議なことに苦しみが薄らいでくるものです。

▼信仰と智慧

過日のテロ事件（平成十三年＝二〇〇一年の九月十一日に起こったアメリカ同時多発テロ事件）以来、学生と宗教についていていろいろと話し合っておりますが、いつも私のほうから、まずは次の二つの宗教形態があると提示することにしています。

①信仰に基づく宗教
②智慧に基づく宗教

このうち、信仰に基づく宗教がキリスト教やイスラム教などであり、智慧に基づく宗教が仏教です。もちろん仏教も信仰から入りますが、智慧を持つことによって最終的に救われるという立場をとります。

いま、この二つの宗教形態の違いを、簡単に図示してみましょう**（下図参照）**。

「神」というものを究極の存在として、線の上に位置せしめました。仏教は神を立てませんから、究極の存在を「真理」と表現しておきます。そして一線を引いた下に「信仰」と「智慧」とを配置して、この両者と線上の神あるいは真理とが、どのような関係にあるかを矢印の線で表わしてみました。

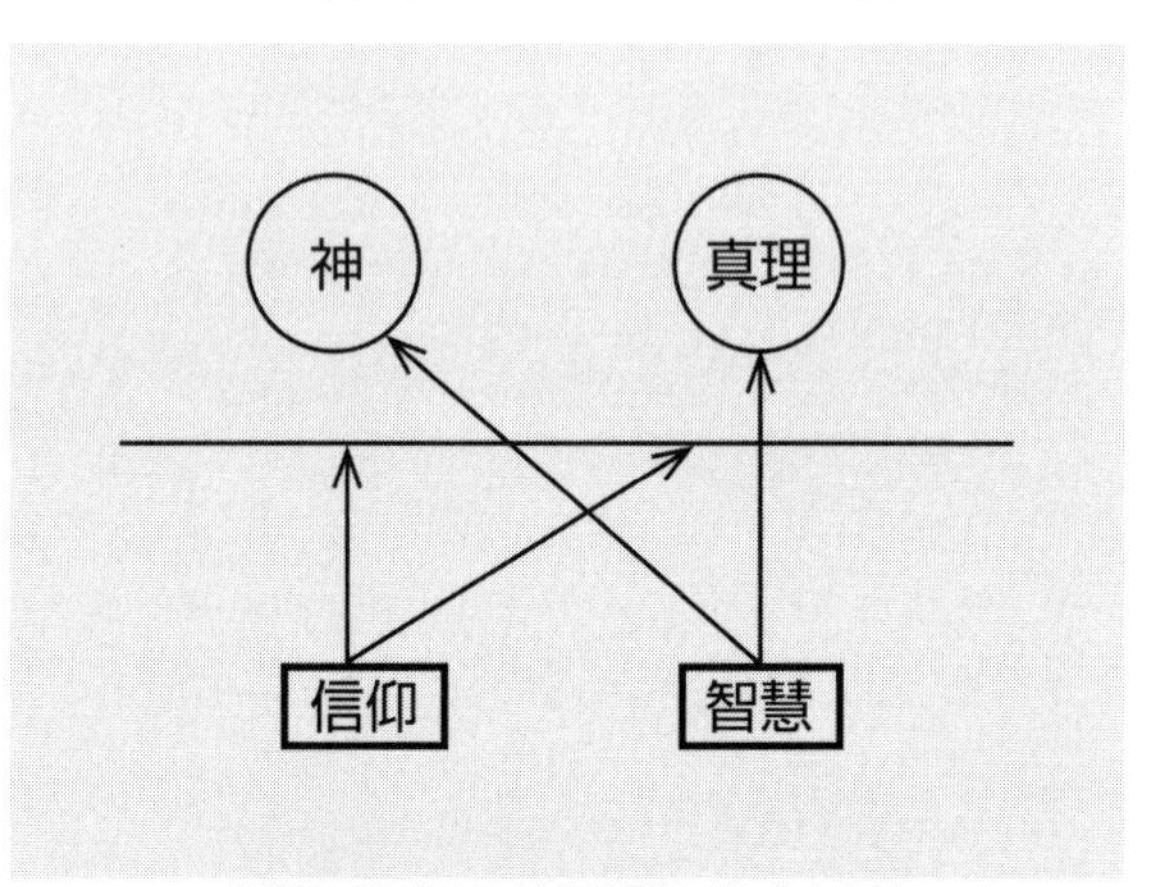

信仰に基づく宗教と智慧に基づく宗教

信仰は神や真理のところまで線が至っていませんが、智慧はそれらに直接届いています。信仰に基づくキリスト教の神は、教理的には「見えぬ神」であり、人間と神とは存在的に区別された存在でありますから、神はただ信仰の対象となるだけで決して智慧でもってつかむことはできない、そのような存在です。もちろんキリスト教においても、神秘主義の派においては智慧でもって神を見ると主張しますが、これは正統的なキリスト教の教理としては否定されます。

これに対して右のほうの、智慧に基づく宗教のほうの矢印は、神にも真理にも矢印が直接届いています。インドの宗教全体は基本的には智慧を強調し、智慧を獲得しなければ究極的な意味で救われないという立場に立っています。その典型が仏教であります。部派仏教までは縁起の理を、そして大乗仏教になると、縁起の理に加えて真如の理をも智ることが要請されるのです。智慧でもってそれを覚る、証得する、悟入する、通達する、などいろいろと表現されますが、とにかく自ら直接真理を証することが要請されるのです。

このような二つの宗教形態があるなかで、私が強調したいのは、

「信仰のみの宗教は危険性をはらんでいる」

ということです。なぜなら、教理というものを自らのなかで反芻することなく、言葉で語られた教理通りに行為を起こし、そこに悲惨な結果が生じてしまうからです。このたびのイスラム教原理主義者によるテロ事件がそうでありますし、過去のキリスト教の歴史のなかで、十字軍の遠征、魔女狩り、コペルニクス弾劾裁判などの悲惨で残酷な出来事が起こったのです。いま（二〇〇一年）、ポーランド出身のヨハネ・パウロ法王が過去のキリスト教が犯した過ちを謝罪していますが、やっとそういう

時代がきたのですね。とにかく信仰のみに基づく宗教は、過去の歴史から見て危険性をはらんでいることは確かです。

これに対して、信仰だけではなく智慧をも加えた宗教は信仰による過ちを防ぐ力を持っているといえるでしょう。特に仏教の説く「空の智慧」「中と見る智慧」は素晴らしいと思います。なぜなら「言葉で語られたもの」への執着を徹底的に否定するからです。例えば、キリスト教やイスラム教は真ではなく偽であり、仏教は真であると判断するとしますと、教理というものを「真」と「偽」とに分別すること自体が間違っていると考えるからです。

中道は、相対立する概念を否定していくのです。だから真偽に関しても「非真非偽」といわざるをえないのです。釈尊がここに出てこられて、信仰のみに基づく宗教は真ですか偽ですかと問われたら、「真にあらず偽にあらず」と答えられると私は思います。そこをいい換えれば、「空」ということができるでしょう。

般若の智慧によって照らし出された空の世界は、すべての分別がなくなってしまう世界です。だから真か偽かということ自体が間違っているのです。そこから分別はすべて「虚妄分別」であるというのです。この虚妄分別という語は唯識思想になっていわれ始めてくるのですが、この考えは本当にものすごく素晴らしいものです。だから「信仰のみの宗教は危険性をはらんでいる」という判断すなわち分別も間違っていることになるのです。

確かに人間の心は教理通りに働くものではありません。キリスト教は智慧を説かないといわれますが、その「キリスト教」と「キリスト教者」とは違います。すなわち教理そのものと教理を実践していく人間とは違うのです。真摯に苦しみから解脱し、人びとと共に幸せな世界を築いていこうと願う力強い意志を持った人間においては、教理に拘っていかないと思うのです。そこが人間の素晴らしさだと思います。知性よりも意志が勝っていくのですね。現代の私たちは、いつも情報や知識に基づいて行動しがちですが、人間のなかにある普遍的な意志、すなわち「一体何か」を智ろうとする意志と、「生きとし生けるものを救おう」とする意志、この二つの意志に目覚める人であるならば、キリスト教者であろうとイスラム教者であろうと仏教者であろうとヒンドゥー教者であろうと、信仰と智慧とが渾然と一体となった心になっていくものだと思います。

そもそも、信仰と智慧とに分けること自体がおかしいのかもしれません。信仰あるいは智慧と、名詞でいってしまうと、とうとうと流れている心のエネルギーの変化体を無理に静止せしめて、その言葉の向こうに何か実体的なものがあると思い込んでしまい、信仰と智慧という相違する二つを分けてしまいますが、はたしてそうでしょうか。苦しい人ほど力強い信仰心を持ちますが、その信仰を持ち続けた果てに、ある日突然パーッと光り輝いた心になっていくことがあります。一生懸命に神や仏を信じて祈っていく、その信ずる心のありようが、ある日スキーッとしてくる。それを敢えて言葉でいえば、智慧と呼ぶことができるのではないでしょうか。そういうことを実感された人には、もう信仰とか智慧とかいう区別はなくなってしまうでしょう。

とにかく、名詞でもって物事を捉えていくことはやめてみようではないかと、私は最近訴えています。もちろんまずは名詞で捉えてもいいのですが、その名詞を手がかりとして名詞の向こう側にあるとうとうと流れて止まない命のエネルギーを直につかむこと、すなわち名詞が指し示す具体的な己れの心の働きを、自分のなかで確認することが大切です。

信仰にしても、自分の苦しみよりも、むしろ他人の苦しみというものに出会ったときのほうが、本当の意味での信仰を持つのではないでしょうか。あの人を救ってほしいと心から願うとき、自分を超えた根源的なものを信じ、それに祈るようになります。その祈る心を自らのなかに確認していきながら、それをどんどん強めていく。そこに信仰と智慧とが合体した、一つの人間のエネルギーというものが養成されてくるのではないかと思います。

「神」という語も名詞です。その名詞に対応するものが一体何かと再考察する勇気を、私たちは持つべきであると思います。特に一神教の宗教の危険性を過去に見、そして現に見ている私たちは、「涅槃・寂静・空」という思想を根底に持つ仏教の立場から、「神」とは何かということを真摯に問いただしてみようではないかと、私は強く訴えたいのです。

宗教というものには、どうしても教理から入っていきます。すなわち、まずは外から言葉でもって教えられます。私たちはいま『般若心経』を拝読していますし、キリスト教者は『旧約聖書』や『新約聖書』を読みますし、イスラム教者は『コーラン』を読みます。そしてそこに説かれている教えを生きていく道しるべとします。しかし「神」というものに過度に執着することによって、間違った道を歩むことになる危険があるのです。いま、ジハード——聖戦を行なっている人たちは、私たちから見れば神に過度に執われ洗脳された人たちであります。洗脳というのは本当に恐い。

このような「神」への執われから離れるには、また異宗教間の争いをなくすにはどうすればよいでしょうか。その一つの方法が、宗教を真摯に信じる人びとが「神」という概念に付与された「属性」

とは何かという問題に関心を持ち、それに関してお互いに話し合っていくことであると私は考えます。もともとは人間のいろんな心情を一つにまとめ上げて、その結果として究極的な「神」を創り上げたのです。その心情のなかでは「苦しみ」から脱却したいという心情が最も強いものです。

　では、苦しみから脱却していくためにはどうすればよいか。例えば、自他対立に陥った苦しみがあるとします。そうすると、それを脱却していくにはどうすればよいか。答えは簡単で、「お互いに愛し合っていけばよい」のです。愛し合っていけば、本当に自他対立の苦しみはなくなっていきます。他人と対立して苦しいという状況にあるとしても、「自分なんかどうでもいい」という情熱で、対立する相手を愛し抱きしめてみる。その「愛する」力によって世の中は平和になっていきます。そのような「愛する」という心情と体験に基づいて「神」というものを立てるに至ったといえるでしょう。だから、例えばキリスト教において神の属性は何かと問えば、即座に「神は愛である」という答えが返ってきます。

　「唯一絶対なる神」の虜になっている人びとに対して、「神を信じる皆さんの心のなかにある普遍的な心は何ですか」と問うと、「それは愛することである」と答えるでしょう。あるいは「幸福になることである」と答えるでしょう。神の属性として、「愛」だけではなく、この「幸福」を加えてもよいと思います。あるいは「歓喜」を加えることができるかもしれません。この三つの心情のなかで、幸福というのが一番大きな概念で、幸福のなかに愛があり、愛のなかに歓喜があるといえるのではないでしょうか。

　それはともかく、すべての人が民族・宗教を越えて、自分が生きるなかで、どういう心情なり気持ちが一番強く、最も大切にしていくべきかを、静かなる心で、物事をありのままに観(み)る心でもって探っていくとき、民族対立や宗教間の争いはなくなっていくものと私は信じます。

（平成十三年十一月十日の講座より）

第二十講 釈尊の八相成道と無上正覚

▼般若波羅蜜多は仏の母

今回は、次の一文に入ります。

「三世諸仏　依般若波羅蜜多故　得阿耨多羅三藐三菩提」（三世の諸仏は、般若波羅蜜多に依るが故に、阿耨多羅三藐三菩提を得る）

仏というものは釈尊だけではなく、過去・現在・未来にわたって出世されるという思想が仏教にあります。そのすべての仏は、必ず般若波羅蜜多を実践・修行し、阿耨多羅三藐三菩提（無上正覚）を得て仏になることができるというのが、この一文の意味です。

そういう意味で、般若波羅蜜多は仏を生み出す母、すなわち「覚母」といわれます。

さて、本日は十二月八日ですね。釈尊が成道された（覚りを開かれて仏になられた）のが十二月八日なので、そのことを祝して、「成道会」の法要が行われる日であります。

そこで今回は、釈尊の一生の出来事をまとめた「八相成道」をまず紹介し、それと絡めるかたちで「般若波羅蜜多」や「阿耨多羅三藐三菩提（無上正覚）」について見ていきたいと思います。

▼釈尊の八相成道とは

八相成道の「八相」とは、「降兜率・入胎・出胎・出家・降魔・成道・転法輪・入滅」という、釈尊の一生における八つの重要な出来事のことで、その中心である成道を代表させて八相成道といいます。

以下、この八つについて簡単に説明してみます。

①降兜率

仏教には、仏に成る人は、仏に成る以前には兜率天に住しているという考えがあります。

兜率は「トゥシタ」（tuṣita）というサンスクリットの音訳で、「喜ぶ」という意味から「喜足天」と意訳されます。現在はその天にマイトレーヤ（弥勒菩薩）が住されて、いつこの娑婆の世界に下生しようかと思惟されているところです。

釈尊も、この地上に誕生される以前にはそこに住され、そして白象に乗って降下されて来られました。これが降兜率です。

②入胎

そして、釈尊の母となる摩耶夫人に入胎します。摩耶はサンスクリットの「マーヤー」(māyā)の音写で、「幻」という意味です。

少し横道にそれますが、このマーヤーすなわち幻についてお話をしてみます。もともとこのマーヤーすなわち幻というのは、インドにおいては非常に重要な哲学的概念であります。例えば、バラモン教には大自在天という神が遊びのためにこの世界を創ったのであり、この世界はすべて幻であるという思想があります。

仏教は、大自在天がこの世界を創ったというような思想は否定しますが、しかし「世界はすべて幻」という考え方は仏教にも引き継がれ、釈尊も、

「この世は夢である、だから夢から早く覚めよ」

と説き示されました。二千年前、明星と共に釈尊は無上正覚を得られましたが、それは長い夢の幻の世界から覚めて、本来的な真実の世界に立ち帰られたということができるでしょう。

「仏陀」は「ブッダ」(buddha)というサンスクリットの音訳で、それは「覚る」という意味の動詞「ブッドゥ」(budh)の過去分詞で、「覚った」すなわち「覚者」を意味します。仏陀はこの幻の夢の世界から覚められたのです。

実際、有為転変するこの世界は夢のようであります。否、夢です。いま皆さんは目が覚めていると考えておられるでしょうが、はたしてそうでしょうか。皆さんのなかで、確かにいまは目が覚めていると確信をもっていえる人は、誰一人いないでしょう。

しかし私たちはそれに気づかず、いま目覚めた確かな世界に生きていると思い、そのなかで右往左

往しているのです。

そのように苦しむ衆生(しゅじょう)を救うために、釈尊はこの夢の世界に降りてこられ、摩耶夫人に入胎されたのです。

③出胎

入胎した釈尊は、やがてルンビニーの地で、摩耶夫人の右脇よりお生まれ（出胎）になりました。

そして、七歩あるいて、

「天上天下唯我独尊(てんじょうてんげゆいがどくそん)」

と宣言されたことは有名です。

唯我独尊といえば、我(わ)れ一人が尊いと傲慢(ごうまん)な響きに受け取られそうですが、そうではありません。私たちは、繰り返し述べてきましたように、「人人唯識(にんにんゆいしき)」であり「一人一宇宙」です。エゴがある限り、私たちはその宇宙から抜け出すことができません。しかし、釈尊が明星と共に覚られた宇宙は、内外が打破された宇宙です。自分が宇宙か、宇宙が自分かとなった、そのような宇宙です。

この「独」というのは唯識の唯にも通じ、独は唯で、唯であるからすべてです。唯(た)だ一に成りきったところを唯我独尊ということができるのではないでしょうか。

④出家

釈尊は、二十九歳で妻子を捨て、出家されました。恵まれた家庭環境にありながら、なぜ若くして出家したのでしょうか。それは「苦からの解脱」を求めたからです。釈尊は感受性の強いお方だったのでしょう。この世は無常であるという理に早くから気づかれていたのです。私たちは、若いときには無常は分かりません。自我意識が強く自分は常に存在するのだと思い込んでいますから、無常が見えてきません。

無常観は生死輪廻に通じます。修行を深めた人のなかには、過去世の業によって自分はこの世に生まれてきたし、また未来世にも生まれると明言する人がいます。いま「自分」といいましたが、仏教は無我を説きながらなぜ輪廻を説くかという矛盾があります。これに対して仏教は「業が相続していく」と考え、そこに固定的・実体的な自我というものを否定します。業が相続する、すなわち生まれ変わり死に変わりする、とこのように考えると、輪廻というものが科学的にも納得することができるのではないでしょうか。

とはいえ、もともと生死輪廻は菩薩の誓願として設定されたものです。自分は生きているいましか存在しない、死んだら無になると考えることができますが、しかし、この自分の願い、誓願というものは、未来においても決してなくなることはありません。だからいま一生懸命こういうことをしたい、残された人生頑張るぞという気構えで一日一日を生きていく、その業というものは、必ずや深層心に薫習され、それは残されていきます。またそのような業は、他者に対しても必ずや影響を与えていきます。

「業」のみがあり、「自分」というもの、「私」というものはない。このようなことは、我執にまとわれた私たちにはなかなか分かりません。ここで「私」を、言葉を変えて「仮の私」、「生かされている私」というふうにいい換えてみて、その言葉が意味する事実を静かに観察してみましょう。すると「仮の私」「生かされている私」であることが分かってきます、見えてきます。

意外に若い人は、この事実にすぐに気づきます。それはエゴがありながら、まだ世間の垢（あか）にまみれていませんから、そのエゴはガチッと固まっていないからでしょうか。若者はまだ純粋な軟（やわ）らかい心を持っています。できれば若いときのままの純粋性・柔軟性をそのままを維持させていきたいものですが、年齢とともにより自我意識が固まり強まっていきます。それは自他対立の世界のなかで生き続けざるをえないからです。しかし、できれば世間に負けずに若いときから己（おの）れをなくしていくことが大事です。

ここで、あの宮沢賢治の詩が頭に浮かんできました。「雨ニモマケズ、風ニモマケズ、雪ニモ夏ノ暑サニモマケヌ、丈夫ナカラダヲモチ」ましょう。そして「アラユルコトヲ、ジブンヲカンジョウニ入レズニ、ヨクミキキシワカリ、ソシテワスレズ」という生き方を目指して、努力しようではありませんか。

⑤降魔

そうして釈尊は六年間にわたる修行（苦行）の結果、いよいよ覚られるわけですが、覚られる直前に悪魔が出てきて、釈尊を誘惑します。

すなわち、政治家になって全インドを統べる王になってはどうかと勧めます。またあるときは美しい女性を現出させて誘惑します。しかし釈尊はその悪魔の誘惑を断ち切り、悪魔に勝利します。それが降魔という出来事です。

これは、覚る直前の釈尊自身の内的な煩悩を物語にしたものと解釈できます。

⑥成道

その悪魔の誘惑を断ち切られて、釈尊は明け方にブッダガヤの地にある菩提樹の下で、阿耨多羅三藐三菩提（無上正覚）を得られたのです。歩んで来られた真理への道を完成されたのです。

釈尊自身にとって、六年間の苦行は必要でありました。苦行がなければ、決して無上正覚を得ることはできなかったと思います。しかし、苦行も大切でありますが、最後の最後は苦行だけではだめです。静かに、しかし、力強いダイヤモンドのごとき堅固な定、すなわち金剛喩定の力でもって最後まで残った微細な、しかし粘っこい煩悩の残滓を払拭された次の瞬間に、無上正覚を得られたのです。

後世になると、六年間の修行だけで無上正覚は得られない、釈尊も永遠ともいえる菩薩としての長い修行を積まれたという考えに基づいて、「本生話」（ジャータカ）という説話文学が作られました。

このジャータカのなかには、それを読むと私は涙が出る

釈尊の降魔と成道を表わすレリーフ
（パキスタン・ガンダーラ出土）

ほどに感動するお話があります。それは釈尊が衆生を救うために過去に与えた血液の量は四大海の水よりも多く、与えた骨は須弥山よりも高いというお話です。これはすごい物語です。しかしそれを物語としてではなく、自分の生き方に反映させると、「よーし」という気になります。

人間は不思議なことに、自分のことよりもむしろ人の苦しみを救いたいということになったときのほうが、激しい修行ができるものです。もともと自分は存在しない。その無いことに気がつき、そして苦しんできた自分の過去を振り返るとき、他人の苦しみを自分の苦しみとして受け止めることができるのです。そして、よし人のために生きるぞという気持ちになったら、その人にはものすごい勇気が湧いてきます。恐ろしいほどの気合いの入った人生を送れます。ただそういう人と、そういう縁との出会いがあるかどうかが問題です。でも、そういう願いを持っていたら、そういう人が出てきますし、周りにたくさんの苦しむ人びとがいることに気がつくようになります。

要は、利他行に徹すればいいのです。利他行に徹して徹し尽くしてみると、気がつけばそれが自利行にもなっているのです。自利も利他も、もともと人間の分別なのですから。

日々の生活のなかで、やはり人間に大切なものは般若の智慧です。『般若心経』の般若は宇宙的広がりをもった素晴らしい大きな命の根源であるといえるでしょう。しかし、これに対して狭義の般若があります。それは「心所」としての般若であり、その働きは「簡択」といわれ、「えらびとる」という意味で、何が正しく利益となり、何が不正で不利益となるかを判断する働きです。

ここで、一週間前に新聞のコラム欄に書かれていたことを紹介しましょう。いま、世界で日本が一番金持ちだそうです。なぜなら個人の段階での貯蓄高はすごく高いからです。皆さん、たくさん貯蓄をしているようです。これに対して、例えばアメリカにはそれほどの個人の貯蓄はないから、本当に不況になるとアメリカは危なくて、一気に没落していくかもしれないとのことです。

だが、日本はまだまだ大丈夫だといわれています。そこで政治家たちは安心しているのです。イギリスも日本から見ると何十分の一の貯蓄しかないそうです。ところがイギリスの人びとは「豊か」であるそうです。これに対してお金を蓄えている日本人は、不況で生活が苦しい、豊かではないと不平をいっているのです。皆、使わないでただジーッとお金を貯め込んで、そして苦しい生活をしているのです。なんと日本人は生きることが下手な民族であることか――と、このような趣旨をコラム欄は述べていました。

これは、日本人には人生における簡択の智慧がないためであるといえるでしょう。何を獲得することが、何を目的とすることが、真の意味での利益であり幸福であるかを選択する力を、日本人は持っていないのです。人から何をいわれても、よしっ、そのために生きるぞという勇気も智慧も持っていないのです。心の鏡が曇っているのです。

そのような停滞を打破するのが仏教の教えであると、私は最近確信するようになりました。最近分かったことは、仏教、特に唯識思想は、「脱常識」の思想であるといい切っていいということです。常識の世界のなかで、ただ常識に従って生きるから、私たちは迷い苦しむことになるのです。皆が皆、同じことをやっているからこそ、世の中がだんだん奈落の底に落ち込んでいっているのです。

仏教は「無我」を説きます。自分など、私などどこを探しても存在しないといいます。しかし、私がないといわれても、常識の世界から、そんな馬鹿なと反論し、静かに深く心のなかに沈潜（ちんせん）して「自分」とは何かを考えることができないのが常識で、世の中を普通に生きている私たちの性癖です。また仏教は、「空」とは非有非無すなわち「有るのでもなく無いのでもない」と説きます。そう聞くと、私たちはやはり「そんな馬鹿な、有るものは有り、無いものは無い」といい張るでしょう。でも、静かに観察すると「有」も「無」も自分から出した言葉に過ぎません。少し大袈裟な表現かも知れませんが、言葉は人間が無色の存在に付与した塵であるといえるのではないでしょうか。さらには好きも嫌いも、善いも悪いも、すべて人間の側から出した言葉にすぎないのです。

そうした言葉による普通の常識の認識を、乗り越えて深く物事の本質を洞察することを仏教は目指すのですから、その意味で仏教は脱常識であるといえるでしょう。しかしそのように見ることは、普通私たちにはできません。特に歳を取るにつれて分別がついて、あたかも物事が分かったかのような気になってしまいます。しかし、それではますます真実から遠ざかっていくことになります。

⑦転法輪

釈尊が覚りを開かれた後、初めて教えを説いた出来事を「初転法輪」すなわち初めて法輪を転じるといいます。「輪」は、もともとは、投げて相手を殺傷する武器ですが、この場合は煩悩を打ち砕くという意味です。

この初めての説法で釈尊は、四諦・八正道・十二縁起・中道などの教説を説かれましたが、これらの教えの底にあるのは「縁起」という理です。縁起というのは、これも繰り返し述べてきましたが、「A有ればB有り、A無ければB無し」という自然科学にも通じる法則です。この縁起の理が見えて

転法輪を行なう釈尊の像（インド・サールナート博物館）

くるためには、エゴ（自我）をなくしていかなければなりません。

確かに、エゴをなくすと縁起の理が見えてきます。例えば満員電車に乗って座ることができたとき、自分が早く座って席を取ったのだというエゴ心をなくして見るならば、前に立っている人びとに「ありがとう」という感謝の気持ちが起こってきます。なぜなら「あなた方が立っているから私は座らせてもらっている」という、簡単ではありますが縁起の理に則した、厳粛な事実に気がつくからです。

このように、縁起の理に則した見方で日常生活を生きていかれたなら、それまで自と他とが対立した生き方が大きく変わってくるでしょう。

縁起の理は、自然のなかからも学ぶことができます。木々の葉は秋になれば落ちていきますが、葉が落ちるからその後に新しい芽がふいてくるのです。散りたくないと一生懸命残っている葉はありません。風が吹けば葉はヒラヒラと散っていきます。しかし人間はそうはいきません。エゴがあって、死にたくない、死にたくないと理に逆らって生きます。

そのようなエゴ心をなくすために、「散らば散れ、散りてぞ花は根に還る、なのです。

実を結ぶとぞ人の知らずや」という歌に耳を傾けてみましょう。人間も大自然の理に支配された存在なのです。

⑧入滅

釈尊はインド各地を巡られて説法を続け、最後に齢八十にしてクシナガラの沙羅双樹の下で入滅されました。

この入滅によって釈尊の肉体はなくなったのですが、決して虚無に帰されたのではなく、より本質的な身体としての存在に帰られたのであるという考えが後に起こってきます。そのことを、

「色身を見るものは我れ（仏陀）を見ない。法身を見るものは我れを見る」

と説かれます。色身というのは肉体としての身体であり、法身とは真理としての身体です。この法身という考えから、後に大乗仏教になって仏身を法身・報身・応身という三つに分ける三身説が成立しました。このうち法身とはいま述べましたように真理としての仏の身体です。次の報身とは修行の結果、三十二相・八十随好という特徴を具えた仏の身体です。

最後の応身は化身あるいは応化身ともいわれ、人びとを救うためにこの地上に現われて来られた仏であり、具体的には二千五百年前に出生された釈尊が応身です。後に中国仏教では山川草木といった自然界の事象も応身であるという考えが起こってきました。山や川、風の音、雨の音も仏の現われであるというのです。この考えも素晴らしい。本当に静かに禅定を組んで雨の音を聞く、あるいは雀の「チュン」という鳴き声を聞くと、その音が何か根源的なものからの現われであることが分かってき

ます。すべてが救いの方便であり縁であると受け止めることができます。

難しいことですが、憎いと思う人も仏の化身である、すなわち憎い人も自分自身が成長・発展していくために仏が使わした人であると考えてみてはどうでしょうか。皆がそのように考えるようになれば、対立や争いなどはなくなってしまうでしょう。

▼法身と仏道

法身に関して、ここで、法隆寺で唯識思想を研鑽された、佐伯定胤和上の次のようなお言葉を引用させてもらいます。これを読むと、本当に私たちに仏道を歩もうという勇気が湧いてきます。

「吾々は人生をして有意義ならしめるには、宜しく法身の本源にまで達観し、之に順応するの生活を営まねばならないのであります。唯識論百法論に百法二無我を教へてゐるのも、唯識の性相と説いてゐるのも、要は仏身を観察すべき方法を教へたものであります。唯識如幻の理を観察し、自己の真性を証せねばならない。徒らに詮と縁とに拘泥し有漏戯論に堕すべきではない。学仏者たるものまさに意を此に致し、超然として我執熏習の迷妄界を解脱し、無漏清浄の仏境界に悟入すべきである。修道の工夫を最第一とせねばならないのであります」

まず、「吾々は人生をして有意義ならしめるには、宜しく法身の本源にまで達観し、之に順応するの生活を営まねばならないのであります」と述べられていますが、これは人生を有意義に過ごすためには、自分のいわば命の根源である法身に目覚めなければならない、という意味です。

法身とは仏であり、それは決してキリスト教やイスラム教の説く超越的な神ではなく、自己の本源であります。だから根源的にみれば仏と衆生とは同一なのです。もっと正確にいうと、仏と衆生は不一不異すなわち「同一でもなく異なっているのでもない」と見るべきです。なぜなら、もしも仏と自分とが同一であればもはや修行する必要はありませんし、また、もしも仏と自分とが異なっているならば、決して私たちは仏になることはできません。しかし現実は修行する必要があり、また仏になることができますから、不一不異なのです。このように仏になる可能力を有していると保証されてはいますが、具体的にその可能力を目覚めさせるためには、修行することが要請されているのです。

次に、「唯識論百法論に百法二無我を教へてゐるのも、唯識の性相と説いてゐるのも、要は仏身を観察すべき方法を教へたものであります」と述べられていますが、このなかの唯識論というのは『成唯識論』であり、百法論とは『大乗百法明門論』であります。後者の論書には存在の百の構成要素（百法）と、それらの本質である人無我・法無我とが説かれていますが、仏教の膨大な教理はこの百法と二無我との二つに包括されてしまいます。存在全体は有為と無為とに分けられますが、百法が有為であり二無我が無為であります。また性相の相とは迷いの有為の世界であり、性とは覚りの無為の世界です。唯識思想が説くすべての教えは仏身すなわち法身を観察して覚りに至るための方便である、ということをこの一文は述べているのです。

「唯識如幻の理を観察し、自己の真性を証せねばならない。徒らに詮と縁とに拘泥し有漏戯論に堕すべきではない」のなかの「詮」とは言葉による分別、「縁」とは生きるなかで経験するさまざまな出来事であると解釈できるのではないでしょうか。「縁」をまた「感覚のデータ」と「思い」と解釈してみると、感覚のデータは外から来る縁で、思いは内から発せられる縁であるといえるでしょう。

本当に私たちは、生きるなかで外的にも内的にも、もう無量無数の縁に翻弄されて迷い苦しんでいますが、そのような世界を一言で「有漏戯論」の世界ということができます。

このように迷い苦しむ人びとに対して、佐伯和上は最後に「学仏者たるものまさに意を此に致し、超然として我執熏習の迷妄界を解脱し、無漏清浄の仏境界に悟入すべきである。修道の工夫を最第一とせねばならないのであります」と結んでいます。学仏者というのは、学者であるだけではなく仏道を学び実践する者ということです。また「学」というのは単なる学問ではなく、戒・定・慧の「三学」のことであり、戒律を守り、禅定を修し、智慧を磨くという三つの意味での学びであります。

私たちは年齢を重ねるにつれて、ますます我執というものが増大してまいります。そして、徒らに詮と縁とに拘泥して有漏戯論に堕していきます。これが私たちの人生であります。これでは人生は虚しく淋しいものとなります。いまこそ無漏清浄の仏世界に悟入することを目指して、仏道を歩んでいく決心をしようではないかと、佐伯和上は私たちに説き示されているのです。まさに心すべきありがたい教誡であります。

▼三世の諸仏とは

さて、冒頭に掲げた『般若心経』の経文に戻りましょう。「三世の諸仏」とは、過去・現在・未来の三世にわたってさまざまな仏が出世するという考えです。すでに釈尊までに七人の仏が出世されたということで、毘婆尸仏・尸棄仏・毘舎浮仏・拘留孫仏・拘那含牟尼仏・迦葉仏、そして最後が釈迦牟尼仏（＝釈尊）の「過去七仏」が説かれています。また未来の仏は、有名な弥勒仏であります。

ここで「仏」といっても、それはキリスト教の神のように、何か究極的な存在ではないと仏教は考えている点に留意すべきです。仏とは「常に存在し続ける真理に目覚めた人」であると定義することができます。では、常に存在し続ける真理とは何か。これに対して原始経典以来、

「仏が出世、若しくは不出世であれ、法性・法住・法界に安住する。云何が法性なり。（中略）答う。是の諸の縁起は無始の時より来かた理成就性なるを法性と名づく」

と説かれています。釈尊がこの世にお生まれになってもならなくても、法が、すなわち「縁起の理」というものが永遠に不変に存在し続け、その永遠不変の真理を覚られたのが仏であるというのです。仏の根源にさらに真理を置く点が、キリスト教やイスラム教の一神教と大きく相違する点です。

▼般若の重要性

「三世の諸仏は、般若波羅蜜多に依るが故に、阿耨多羅三藐三菩提を得る」という文の、とりわけ般若波羅蜜多の何たるかを解釈するための参考として、鎌倉期に活躍された貞慶上人の『心要抄』のなかの次の一文を紹介しておきます。

「般若波羅蜜多と文殊菩薩とは、是れ三世の諸仏の発心の覚母なり。体は是れ智慧なり。法に在るを般若経と称し人に在るを妙吉祥と号す」

ここには、般若という智慧が諸仏を生み出す根源である、すなわち般若は覚母であるという考えが背景にあります。般若とその実践行である般若波羅蜜多とは、三世の諸仏の発心と覚悟を生じる母体であり、般若という智慧を教法として説いたものが『般若経』で、人として表わされたのが妙吉祥す

なわち文殊菩薩（文殊は「マンジュシュリー」というサンスクリットの音訳で、妙吉祥はその意訳）であるというのが、この文の意味です。

右に記した『般若心経』と『心要抄』との二文から、般若の智慧がいかに重要であるかを知ることができます。

また、『心要抄』では、次の五種の般若が説かれています。

①実相。これは真如のこと。
②観照。智慧としての般若。これが般若の本体。
③文字（能詮の言教）。言葉として語られ文字として表わされた般若、すなわち『般若経』など。
④境界。般若によって照らし出される一切の対象のこと。
⑤眷属（智の余の万行）。般若の智慧から現われる身口意の三業、具体的な行動。

このように五種の般若に分けられますが、もちろん「体は是れ智慧なり」と説かれているように、般若の根源は智慧です。その智慧の働きが「観照」と表現されていますが、照らし観るというこの表現は分かりやすい。さらにそれを鏡に喩えるといいですね。鏡は磨けば磨くほど、光を発して事物を照らし出します。それと同じように、私たちの心も磨けば磨くほど光を発し、物事を深く観ることができるようになります。その心を磨く力が「無分別智」に基づく実践であります。

▼阿耨多羅三藐三菩提（無上正覚）とは

最後の「阿耨多羅三藐三菩提」とは、サンスクリットの「アンウッタラサムヤックサンボーディ」

されます。

(anuttara-samyak-saṃbodhi) の音訳で、これ以上のものは無い覚りという意味で、「無上正覚」と意訳

この無上正覚に至るまでの過程を唯識的に簡単に解釈してみると、次のようになります。

「まずは表層心で無分別智に基づく行為によって二元対立による相縛から解脱する。その表層のありようが深層の阿頼耶識のなかにある汚れた種子をいわば焼尽して心が深層から浄化され、その浄化されきった心が、あるがままにあるもの、すなわち真如を覚るとき無上正覚を獲得するに至る」

また唯識的には無上正覚という仏智は、八識を転じて得られる四智に分析されます。すなわち前五識は成所作智、第六識は妙観察智、第七は平等性智、第八識は大円鏡智に変化するのです。これを「識を転じて智を得る」(転識得智)といいます。

この四智のうちの根源は、もちろん阿頼耶識を転じて得た大円鏡智です。この智の喩えが素晴らしいですね。「大きな円やかな鏡のような智」と表現されているからです。本当に一人一宇宙である心全体が、まったく清浄に成りきって宇宙大の円鏡のようになったときには、宇宙は、そしてそこに住する「私」は、どのように変貌するのでしょうか。

『般若心経』の「阿耨多羅三藐三菩提」の部分を読誦するたびに、釈尊が獲得された最高の智慧に思いをはせようではありませんか。

(平成十三年十二月八日の講座より)

第二十一講　真如への道

▼絶対的なものとは

明けましておめでとうございます。今年も私は正月二日に、興福寺貫首の春日社参に参列させていただきました。本殿では神官による祝詞に続いて、興福寺側が『唯識三十頌』、そして若宮仮社殿では『般若心経』をそれぞれ読誦し、そして神楽が奉納されました。その日は信じられないほど寒く、ガタガタと震えながらの法要でした。その日に比べ、今日はとても暖かい日ですが、あの日の寒さを体験したから今日の暖かさがありがたいと思えるのですね。本当に私たちの心が作り出す世界は、すべて相対的です。

では、絶対的なものとは何でしょうか。結論からいえば、それは言葉では語りえないものです。でも、それを敢えて言葉で表現すれば、仏教でいう「無我」であり、『般若心経』などが説く「空」であります。この無我も空も釈尊が長い修行の結果、覚られたその内容を言語化したものです。だから私たちはその言葉となったものをまずは手掛かりとし、そして最終的にはその言葉の向こう側にある「それそのもの」を一人一人の人が自分で直に体得しなければならないのです。

私が勤務している大学での新年開けの最初の授業で、「いのちとは何か」という私の問い掛けに、学生がそれぞれ解答をしてくれました。半年間の、わずか十数回の授業ですが、本当に学生たちも「一体何か」と真剣に考えるようになりました。それはまさに「正聞熏習」のおかげですね。そこで「いのちとは一体何か」という問いに、学生たちはさまざまに、例えばいのちとは生きているエネルギーであるとか、遺伝子によって支えられたものであるとか、あるいは価値を付与して、いのちとは大切なものであるとかいうふうに答えてきました。そのうちある学生が、「いのちとはいのちである」と答えたのです。そこで私は「それは同語反復で答えになっていない」と責めると、彼は憮然として「いのちはいのちである」と答え続けるのです。そこで私は「なぜそうなのか」と質問を変えると、彼は「いのちを表現するにはいのちという言葉が一番究極の表現であるから」と主張しました。私はこの彼の答えにかなり満足をして一応納得をしました。そこで今度はその学生に、私に「いのちとは何か」と質問してもらいました。その質問に対して私は、教壇の上で両手を挙げて「わあー」と大声で叫んだのです。

なぜ私はそのような答え方をしたのでしょうか。もう皆さんお分かりでしょうが、いのちという語で指し示される「それそのもの」は、決して言葉では表現できず、表現しようとすればもう自己の全存在で表わす以外には方法がないからです。

仏教の教え、すなわち教法に対しても、同様の見方をしなければなりません。仏教教理を言葉通りに、論理的に理解することは、出発であっても、それは究極のゴールではありません。

仏教の三つの旗印、すなわち「三法印」として、

「諸行無常・諸法無我・涅槃寂静」

が説かれます。このうち「諸行無常」の諸行とは現象的存在、作り出された存在すなわち有為法であり、現象的存在はすべて変化して止まない無常なるものであるというのが諸行無常の意味です。次の「諸法無我」の諸法には有為法と無為法の二つが含まれ、有為であろうと無為であろうと、すべての存在は固定的・実体的な存在ではないというのが諸法無我の意味です。無我も原始仏教では「自己」というものは存在しないという意味でしたが、大乗仏教になって人無我と法無我という二つの無我が説かれ、自分というものは存在せず、また自分を構成している要素、さらには外界の自然界までも存在しないと捉えたのです。

　このように仏教は、まず言葉を用いて詳しく論理的に分析を加えていくのですが、それはすべて「方便」であって「真実」ではありません。ここが重要な点であって、諸行無常、諸法無我という教えを手掛かりとして、教えなり言葉が指し示す「それそのもの」を直に体験することが最終目的であるのです。

　いつも申し上げることですが、仏教は教えから入って実践を経て、最終的に覚りに至るという教・行・証の三領域にわたる人間的な営みである、すなわち仏教は単に仏の教えではなく、さらに仏行、仏証をも含んだ「仏道」でもあるというべきです。

▼『瑜伽師地論』について

話は変わりますが、初期唯識思想の論書として『瑜伽師地論』があります。これは玄奘三蔵がそのサンスクリット原本を求めてインドへ旅立った論書で、唯識思想の源泉ともいえる重要な書です。これは漢訳で一〇〇巻もある大部で、サンスクリット文が三分の一ほど出版されています。チベット訳は全巻あり、私はいま、サンスクリット原本と漢訳本とチベット訳本の三本を使って、残された人生をこの『瑜伽師地論』の研究に専念したいと思っています。

この書を読めば読むほど、科学と宗教と哲学とが混然一体となった素晴らしい内容であることが分かってきました。この『瑜伽師地論』や『解深密経』といった書が源泉となって、インドで無著・世親などの優れた論師によって唯識思想は組織大成され、その教理は護法・戒賢といった中期唯識派の論師たちに受け継がれ、そして玄奘三蔵によって中国にもたらされたのです。

皆さんご承知のように、ここ興福寺の北円堂には、その弥勒菩薩を中心として無著・世親の両菩薩像が安置されていますが、私はその前を通るたびに弥勒菩薩と無著・世親の両菩薩に、『瑜伽師地論』の研究と、いま私が取り組んでいます『性相学辞典』の無事完成を祈念しています。『性相学辞典』は二〇一〇年に興福寺創立一三〇〇年の記念事業の一つとして出版することになりましたので、これから本腰を入れて取り組まなければなりません。

「性相学」というのは唯識思想の学問名であって、「法の性と相とに関する学」という意味です。「法」とは、繰り返し述べてきましたように、「存在するもの」のことです。存在するものとは、簡単にいえば抽象的なものではなく、いま皆さん一人一人が背負っていかざるを得ないこのいのち、この心です。それは「自分」を超えた縁起の力によって生じたものです。だから私たちは「自分」が生きているのではなく、生かされてあるというべきです。それなのに私たちは「自分」は存在すると思い間違って生きていくところに、さまざまな問題が生じてきます。少し大袈裟ないい方かもしれませんが、地獄は決して死後にあるのではなく、「私が、自分が、オレが生きているのだ」と思ったその瞬間に、地獄になるといえるのではないでしょうか。そのような思いが、家庭における夫婦・親子の対立から始まって、民族や宗教の対立までをも引き起こしてしまうのです。そのことを唯識の専門用語でいいますと、実は「依他起」の生かされてある世界なのに、「自分」が生きているのだと思って、その世界を「遍計所執」の世界に変貌せしめてしまうのです。

私はときどき、実験的に、美しい女性に「あなた美しいですね」といってみます。そうするとほとんどの人が「そんなことないですよ」と謙遜気味に答えてきます。必ずそこに自我が出てくるのですね。そこで私は、「あなたが美しいのはあなたの両親がそのように産んでくれたからではないでしょうか」とチクリといじめてさしあげることにしています。顔だけではありません。本当に私たちは、さまざまな相（すがた）に対して執着し、それに束縛されて、「一人一宇宙」の心のなかで右往左往しているのです。

そのような心のなかに浮かぶ「相」とは、はたして何なのでしょうか。静かに心のなかを観察してみようではありませんか。静かに目をつぶり呼吸に成りきって一人一宇宙の世界のなかに住してみましょう。するとそのなかに、いろんな思いが次々と忽然と起こってくることが分かってきます。また、それまで外界にあると思っていたものが、自分の心のなかにあるということも分かってまいります。例えば皆さん、白い満月を心のなかに思い浮かべて下さい。そしてその月の影像をいつまでも消すことなく、ずーっと維持して思い続けることができる人がいれば、その人は強い念力を持ったヨーガ行者であるといえるでしょう。でも、いろんな別の思いが起こってきて、なかなかそうはいきませんね。

　真言密教に月輪観という行法がありますが、いま月を例にとって考えてみましょう。具体的に目を開けて、「月」を見る。そして目を閉じて、その影像としての「月」を心のなかに描き出します。そうして静かに、具体的な「月」と影像としての「月」との両者の存在の度合いはどう違うかと観察し、考えてみましょう。すると、二つの月の存在の度合いは同じで、どちらも心のなかの影像に過ぎないということが分かってきます。とはいっても、目を開けて見る月はその影像の向こう側に、すなわち心の外に「もの」として存在するのだと主張することもできます。でも、これも幾度も指摘したことですが、量子力学の発達の結果、「もの」を構成する素粒子といったものは大きさがなく、そのありようは観察する人のありように影響されるということが分かってきました。唯識無境・唯識所変・一切不離識という唯識の教理は、決して信仰の対象ではなく、静かに深く観察した結果得られる事実なのです。

　本当に、「一体何か」と追求し続けましょう。その追求心すなわち尋伺の心が、私たちの心のなかに起こってくる煩悩を断じていくことになります。本当に、死ぬまで「自分とは、他人とは、自然とは、宇宙とは一体何か」と追求していかなければいけないと思います。

▼利他即自利

釈尊の説いた教法は、「法界等流の法」すなわち釈尊という仮の存在を通して真理の世界から流れ出た教えであるといいます。この教法を聞くことの重要性については、すでに繰り返し述べてきましたが、ここで確認しておきましょう。正しい師から正しい教えを正しく繰り返し聞くことを「正聞熏習」といいますが、このいわば表層の行為が深層の阿頼耶識のなかにある素晴らしい可能力を、すなわち涅槃の種子・菩提の種子を成長・発育せしめるのです。

四天王の一つに多聞天がありますが、原始経典以来、この「多聞」ということが非常に重要視されています。繰り返し繰り返し聞くという正聞熏習は、言葉を換えていうならば多聞ということです。私がいま、こうして唯識の教理についてお話をしていることは、その教えを皆さんに伝えると同時に、自分の心のなかにも熏じつけていっているわけですから、それは皆さんに仏法を説く利他行であると同時に、自分のなかにある素晴らしい種子を発育せしめる自利行でもあるのです。

本当に一刹那一刹那が、利他即自利のありようで生かされてあれば、こんな素晴らしいことはありませんね。利他行と自利行が一刹那に、一つの行為のなかにおいて成立すれば、本当の意味での喜びが起こってくるといわれています。唯識では、資糧位・加行位・通達位・修習位・究竟位という五つの修行の段階（五位）が説かれていますが、このうちの「通達位」は、あるがままにある真理、すなわち「真如」を証した位で、そのときに初めて利他行と自利行が同時に行ないうることになり、そこに大きな喜びが起こるから、通達位は別名「歓喜地」ともいわれます。

しかし、なかなか私たち凡夫には難しいことですね。でも、凡夫として行なえる利他即自利行があります。それは「和顔愛語」といわれるように、いつもおだやかな顔をして、やさしい言葉を語れば、それは他人によい気持ちを起こす利他行であると同時に、そのようなありようは間違いなく自分の深層心である阿頼耶識によい影響を与えて、心を清らかにしていく自利行となります。

▼思惟の大切さ

前置きが大変長くなりなりましたが、今回は『般若心経』の、「故知般若波羅蜜多　是大神呪　是大明呪　是無上呪　是無等等呪」（故に知りぬ、般若波羅蜜多は是れ大神呪、是れ大明呪、是れ無上呪、是れ無等等呪なり）の解説に入っていきましょう。

まず、般若について復習してみます。般若とは「五蘊は皆な空なりと照見する」智慧のことです。前回も述べましたが、鎌倉時代の興福寺中興の祖である貞慶和上の『心要抄』には、次の五種の般若が説かれています。①実相（真如）、②観照（智慧としての般若）、③文字（能詮の言教）、④境界（般若によって照らし出される一切の対象）、⑤眷属（智の余の万行）。

このうち②の「観照般若」すなわち智慧としての般若が、般若の本体とされていますが、そのような智慧を得るために、すでに述べましたように、まずは③の「文字般若」すなわち教法を聞くことから始まりますが、単に聞くことだけで終わるのではありません。聞いたことを自らさらに深く考えることを通して智慧が得られるというのが仏教の考えです。

最近気づいたのですが、『瑜伽師地論』のなかで、バラモン教と仏教の違いが簡単に書かれています。それによれば、「バラモン教の人びとはただ聞くだけで究竟となすが、仏教の人びとは聴聞した法を静かなところでヨーガを組んで、その内容を深く思惟していくことを行なう」というのです。「自ら思惟する」こと、これは教えを誤ることなく正しく受け止めるために大切なことです。なぜなら、ただ聞いてそれを鵜呑みにするだけの信仰に基づく宗教には、危険性が潜んでいるからです。

『瑜伽師地論』には、「外」と「内」という言葉が頻繁に用いられています。外の他人の言葉、外の言音、すなわち正しい人間（善友・善士・善知識・大師）からの正しい教えを聞くことによって、まずは「外」からの影響を受け、同時にその聞いた教えを、ヨーガを組んで止観を修して、自らの「内」で如理に思惟して行くことが強調されています。

これは聞・思・修という三つの実践を通して得られる聞慧・思慧・修慧という三つの智慧によって、最終的に覚りに達していくことができると説くのです。

いま、「ヨーガを組む」といいましたが、ヨーガは「法随法行」という実践のなかに含まれています。この法随法行は「法行」と「随法行」との二つに分けられますが、このうち法行というのは、釈尊によって説かれた教え（法）を身口意の三業すなわち身体的・言語的・精神的な三つの行為でもって具体的に実践することです。例えば経典を読誦したり、写経したり、人びとのために説き示したり、仏や僧に供養する、そのような行為をいいます。この、いわば表の法行を裏で支えているのが随法行であり、それがまさにヨーガや止観や坐禅といった実践であります。聞いた法を自ら思惟し、智慧を得て、さらにその智慧をヨーガなどの実践によって磨き深めることで、最終的に阿耨多羅三藐三菩提が獲得できるのです。

▼正法を考える

ここで、正しい教え、すなわち「正法」とはどのような教えであるかを考えてみましょう。例えばイスラム教徒にとって、聖戦を説いたコーランの教えは正しいとされていますが、これが万人にとっても正しい教えかどうかという問題があります。ただ、こうした教えが善か悪かという判断に際しては、注意しなければなりません。なぜなら、自由意志に基づく人間の行為についてのみ善悪という価値判断が可能となるからです。だからイスラム教、あるいはキリスト教、あるいは仏教の教えが善か悪かという判断は、全く無意味な判断なのです。でも、それらが正しいか間違っているかという判断は可能なのです。

では、正しい教えとは何か。これについても『瑜伽師地論』の次の所説が参考になります。すなわち、

「正しい教えとは、それにしたがって実践すれば、心にある障りがなくなって心が清らかになっていく、すなわち煩悩から起こる苦の世界から解脱して楽の世界に至る、換言すれば生死の苦の大海から脱却して楽なる涅槃の世界に至ることができる、そのような教えである」

と説かれています。ここで注意すべきは、苦から楽へ、生死から涅槃へという一方的な過程として捉えてはいけないことです。大乗仏教は大悲闡提の菩薩（覚りの世界に入ってしまわず敢えて生死輪廻のなかで衆生救済を行なう菩薩）が目指す「無住処涅槃」に住することを最高の人間の生き方であ

ると考えます。これは人びとの救済のために苦しい世界と楽なる世界、つまり生死と涅槃の世界にこだわることなく生きていく人の生き方を表わした言葉です。

したがって右の正法の定義のなかで一番大切なことは、「心にある障りがなくなって心が清らかになっていく」という点ではないでしょうか。エゴに満ちた心が清らかになっていくと、すなわち自分への執着、我執（がしゅう）がなくなっていくと、不思議に慈悲の心が増大してきます。なぜそうなるのか分かりませんが、縁起の理がそのようにさせるのかもしれません。とにかく、我執がなくなり心が清浄になればなるほど、慈悲心がどんどんと増大していきます。

このように生きようと一瞬一瞬努力精進しなければ、私たちの一生は、本当に幽霊の如き生き方になってしまいます。なぜなら、「いま」しか存在せず、そのように生きるところに自他共なる幸福が実現するからです。本当に「いま」という時しか存在しません。過去は過ぎ去り、未来はまだ来ていないのですから、「いま」しかないのです。「いま」ここで成りきって成りきると、自分の深いところにある、エゴから解放された普遍的で純粋な意志が起こってきます。そのような意志に従って生きるところに、生の充実感がもたらされます。

▼真如を証するということ

右に述べましたように、正しい教えとは、それにしたがって実践すれば心にある障りがなくなって心が清らかになっていく、そのような教えであると『瑜伽師地論』に説かれていますが、心を深層から浄化するためには、

「般若によって真如を証する」必要があります。

この真如を証することは、まずは自利的理由により必要であります。私たちの心は、表層も深層も濁っております。その濁った心を根っ子から浄化するためには、いわば清らかな満月のような真如を見る必要があるのです。それによって『般若心経』のなかにあるように「心に罣礙が無く」なるのです。そして罣礙が無くなれば、「恐怖が無くなり一切の顛倒と夢想とを遠離する」ことになり、そこに涅槃が完成することになるのです。以上が真如を見る自利的な目的です。

さらにこれに加えて、利他的な理由があります。大乗の最終目的は、人びとのなかで、社会のなかで、苦しむ衆生を救済することであり、その救済は、救う対象を差別することなく行なうことを理想とします。菩薩は、生きとし生けるものを平等視し、しかもいかなる困難に遭遇しようとも怯んではならないとされています。そのような平等で力強い利他行を行なうためにも、自他平等なる究極の真実、すなわち真如を見る必要があるのです。

これに関して『瑜伽師地論』巻三十六には、次のように説かれています。

「菩薩は、法無我智によって一切法の離言自性を如実に知り、少法および少品類を分別することなく、唯だ事を取り、唯だ真如を取る」

このなかの「唯だ事を取る」というのは、唯だ成りきって食事をする、歩く、寝る、人と話す、などの行為です。そのような行為、実践を長く修することによって、最終的に「唯だ真如を取る」に至ることになるのです。

では、真如を取る、つまり証することによって、何を獲得するのでしょうか。『瑜伽師地論』には、先の文章に続いて、次のように説かれています。

「このように勝義を行ずるから、真如慧によって一切法を平等と見、一切処において平等見、平等心を具し、最勝の捨を得る。この捨に依止するが故に諸の明処・一切善巧において勤修習する時、一切の劬労、一切の苦難に遭遇すると雖も退転せず」

右の文中の「捨」とは、「偏らない平等の心」ということです。利他行においては、この心を持つことが重要です。そのために、差別的な存在のいわば奥にある一味・平等・遍行なる真如を観ることが必要なのです。

私たちは、例えば他人を怨・親・中と差別して見ますが、そのように三者に分別することなく、偏らない心で、すべての人びとを救済することを目指すのが理想的な生き方であります。そのような生き方が可能になるためには真如を証し、心のなかから差別心を滅する必要があるのです。

とはいえ、私たち凡夫は真如を証してそのような心を持つことは困難です。だから凡夫が凡夫としての慈悲を展開していくためには、自分の周りにいる子供や妻や夫や友人に成りきり成りきって、その向こう側にある一味・平等・遍行なる真如に至ろうという願いを持って、とにかく身近な人びとに慈悲の心を抱き、慈悲を実践していくことが肝要ではないでしょうか。

今回は横道に逸れて『般若心経』本文にほとんど入れませんでしたが、次回は、『般若心経』の末尾にあるマントラ（呪、真言）について考えてみます。

（平成十四年一月十二日の講座より）

第二十二講 「呪」（真言）とは何か

▼「呪」とは真実の言葉

今回は、『般若心経』の経文を、最後まで拝読します。

「故知般若波羅蜜多　是大神呪　是大明呪　是無上呪　是無等等呪　能除一切苦　真実不虚　故説般若波羅蜜多呪　即説呪曰　羯諦　羯諦　波羅羯諦　波羅僧羯諦　菩提薩婆訶」（故に知りぬ、般若波羅蜜多は是れ大神呪、是れ大明呪、是れ無上呪、是れ無等等呪なり。能く一切の苦を除き、真実にして不虚なり。故に般若波羅蜜多の呪を説く。即ち説いて呪に曰く。羯諦　羯諦　波羅羯諦　波羅僧羯諦　菩提薩婆訶）

「呪」とは真言のことで、無量の功徳を含蓄する真実の言葉、神聖な言葉を意味します。「真言」は弘法大師空海の『般若心経秘鍵』では、次のように定義されています。

「真言ハ不思議ナリ　観誦スレバ無明ヲ除ク　一字ニ千理ヲ含ミ　即身ニ法如ヲ証ス　行行トシ

テ円寂ニ至リ　去去トシテ原初ニ入ル」

今回はこの一文を参考にしながら、話を進めてまいります。

私たちの日常心は、絶えず変化し、散乱している状態です。この散乱心を定心、すなわち定まった心に戻していくには、真言が不可欠だというのです。

いま、この講義の前に『般若心経』をお唱えしましたが、皆さんはどういう心境で読誦されましたか。定心でなければならないと申している私は、読誦中に、実は講義の最初に何を話そうかと考えたりして、まさに散乱心で『般若心経』をお唱えしてしまいましたが、それではいけないのですね。「真言ハ不思議ナリ　観誦スレバ無明ヲ除ク」と説かれていますが、この言葉の意味を本当に納得できたならば、素晴らしい心境になることでしょう。無明というのは私たちが持つ根本的な煩悩で、それによって私たちは生まれ、老い、病み、死ぬという苦を生じることになるのです。このうち、生まれているという苦すなわち生苦とは、自分と他人とが対立し合って争っている状態です。これも毎回繰り返し申していますが、「あの人は憎い」といいますが、もともと「憎い人」は決していないのです。「憎い人」という存在が、自分を離れて客観的存在しているのではなく、その「憎い人」とはあくまで自分の心のなかで作り出された人であるからです。

ともかく、『般若心経』を無心にお唱えし、そのお唱えする声を聞くことは、無明を除く大きな力となります。なぜなら心を静めて無心に唱えるという無分別智の行為が、正聞熏習となって阿頼耶識に植えつけられ、心が深層から浄化されるからです。静かに心を定めていくためには、「念」という力が必要です。一生懸命念じていくということは、なかなか人間はできません。念力をつけることは難しい。でもそれが身につくと、それは存在の深みに入っていく大きな最初の動力となります。右の真言の定義のなかに「観誦」とありますが、これを「誦を観ずる」すなわち「誦することを観察する」と私なりに解釈したいと思います。すなわち、成りきった心の状態をさらに別の心が観ていくことが観誦であり、このうち成りきった心が「定」であり、それを観る心が「慧」であるといえるのではないでしょうか。

我々の日常生活では、なかなかそういう心のありようにはなれませんから、時には坐禅とかヨーガとか、唯識的にいうならば止観というものを修していただきたいと思います。ヨーガを修して心を定めると、いままで見えていた世界と違った世界が現われてきます。すべては一瞬しか存在しないということが分かってきます。普通私たちは、例えばこのチョークという「もの」が時間の流れのなかにあると思っていますが、あるのは心のなかの「影像」であり、心は一瞬一瞬に生じては滅しているのですから、その影像も一瞬一瞬生じては滅していく存在にすぎないのです。

とはいえ、心のなかの影像はそうであっても、心の外に原子・分子から構成された「チョーク」があると主張する外界実在論者もいます。これに対して世親は『唯識二十論』のなかで、外界に決して原子は存在しないということを多角的に論証しています。科学の世界においても二十世紀の初頭までは事物の最小の構成要素である原子は存在すると考えられていましたが、二十世紀に入って急速に進んだ量子力学の結果、外界に実体として素粒子があるということがあやふやになってきました。

時間と空間についても同じで、私たちは普通、自己を離れて時空はあると思っていますが、実はそうではありません。カントは時間と空間とは我々の認識の形式、鋳型であると、すなわち時空は感性の直観形式であるということを、二律背反ということで証明しました。

このように量子力学や哲学的思考をまつまでもなく、私たちは静かに心のなかに住して、心のなかに起こる過程を観察すると、「すべての存在は言葉が作り出している」という事実を確認することができるようになります。例えば時間についてですが、時間は「いま」一瞬しか存在しません。だから私たちは「いま」と言葉でいって「いま」という時間があるように思っていますが、「いま」といったときにはすでに「いま」は滅し去っているのですから、決して私たちは「いま」を捉えることはできないのです。空間についても同様で、私たちは自分の外に三次元の空間が存在し、そのなかに自分がいると考えていますが、私たちは決して自分の外に抜け出したことはありませんし、ましてやそのなかに閉じ込められている「心」そのものは大きさを持っていないのですから、「空間」といわれるものは、本当に一体何なのでしょうか。

それから一番問題なのは、「自分」というものです。これも繰り返し皆さんと確認してまいりましたが、「自分」(我)というものは、言葉の響きがあるだけです。さらにその自分というものの周りにあると考えられている事物という「もの」(法)も、言葉によって強引に作り出されたものにすぎません。仏教は、前者の「自分」への執着を我執、後者の「もの」への執着を法執といい、私たちはこの二つの執着によって迷いと苦しみの世界を現出させていると説くのです。

本当にそうですね。例えば、「自分は死んだら涅槃に入りたい、極楽浄土に行きたい」と願いますが、これも考えてみると「自分」「涅槃」「極楽浄土」という「我」や「法」に執着していることになるのです。法執すなわち法への執われということは、「もの」への執着であると同時に「教法への執われ」をも意味していることを知る必要があります。

もちろん、まずは釈尊が説かれた教えを道標にして、正しい道を歩み始めなければなりません。でも、その教えが絶対であると信じてしまうところに問題が起こってきます。だから『般若心経』では、それまで説かれていた教説がすべて「無」という言葉で否定されているのです。すなわち生老病死も無く、苦集滅道も無く、眼耳鼻舌身意も無く、無明も無く、無明が尽きることも無い――と説かれているのです。『般若心経』が仏教のエッセンスを説いたものであるといわれますが、それを簡潔にいえば、「言葉に、思いに執われるな」という、生きる上で肝要なことを主張しているからです。

言葉は確かに重要です。しかし、もっと重要なことは、その言葉が消え去っていくような、柔らかく、そして自由な土壌を心のなかに養うことです。

とにかく、すべては言葉が作り上げているのだというこの事実を、ヨーガや禅を修して、静かな定心で心のなかに住して、観察をしてみようではありませんか。少しでも執われから解放されるかもしれません。

▼一字に千理を含む

ところで『般若心経』における真言は、最後の、

「羯諦　羯諦　波羅羯諦　波羅僧羯諦　菩提薩婆訶」

です。これはサンスクリットの「ガテー・ガテー・パーラガテー・パーラサンガテー・ボーディ・スヴァーハー」(gate gate pāragate pārasaṃgate bodhi svāhā)の音訳です。真言はもともと意味がないもの

とされていますが、あえて意訳すると「我(わ)れも渡った、他人も渡った、彼(か)の岸に、普(あまね)く渡り、菩提(ぼだい)が完成した」という意味になります。

先ほどの弘法大師の「真言ハ不思議ナリ　観誦スレバ無明ヲ除ク　一字ニ千理ヲ含ミ」の真言の定義に話を戻しますが、「一字ニ千理ヲ含ミ」と説かれています。時間の流れからすれば、右の真言を誦する場合、何秒かの時間がかかりますが、よくよく考えれば、真言は一瞬一瞬生じては消えていきます。だから一字なり一音しか存在しません。したがって「羯諦」は無いのですね。だから一字のなかに千の理を含んでいることになるのです。あるいは言葉は、しかも真実の言葉はものすごいエネルギー、力を持っていると考えられているといっていいと思います。もともと仏教以前のバラモン教ではマントラすなわち真言は神をも操ることができる力を持ったものであり、それを神に捧げることができるのはバラモン階級であると考えられていたのです。これに対して仏教を興した釈尊はこのような考えに反対したのですが、大乗仏教になって真言や呪が取り入れられるようになったのです。

また「一字ニ千理ヲ含ミ」と説かれていますが、唯識では理としては「縁起の理」と「真如(しんにょ)の理」との二つの理を説きます。このうち前者の縁起の理とは「A有ればB有り、A無ければB無し」というまことに簡単な理ですが、これこそが物理・心理・倫理などのすべてに通じる根源的な法則であります。これを具体的な事象で、例えば「何が有るから自分というものが有るのか」ということを観察してみましょう。まず、時間的に遡(さかのぼ)って考えていくならば、三十六億年前に地球上に生じたとされる「いのちの一滴」が有るから、いまのこの自分といういのちが有るのです。そのいのちを構成する蛋白質(たんぱくしつ)を作り出す素は、あの超新星の爆発によって地球上に降り注いできたのではないかということが分かってきました。このように見ていくと、永遠ともいえる過去の時間と無限ともいえる空間とのつながりのなかでの一つのいのちが、この自分のいのちであることになります。「一人一宇宙」であって、個としてはそれぞれのいのちは相違するのですが、それらの背後に共通の「縁起の理」によって、支えられて生きているのですね。一人一宇宙というのは「事」の世界でいわれうることですが、それら無量無数（むりょうむすう）の事をすべて包括する「理」、それが縁起の理であるといえるでしょう。

もっと身近な事象に目を向けるならば、足が有るから歩くことができるのですね。目が有るから見るということができるのですね。本当に目が見えるということは素晴らしいことです。皆さん目を開けるたびに、「見えるー」と叫び、そして「目さん、ありがとうー」と感謝しようではありませんか。「自分が歩いているのではなく足が歩いてくれているのだ、自分が見ているのではなく目が見てくれているのだ」という事実に気づくとき、そこに幾分なりともエゴ心や我執がなくなっていきます。

また、環境が有るから自分が有るという観点も大切です。確かに美しい環境であれば、心も美しくなっていきます。例えば、「タバコのポイ捨てを拾う」という行為は、それは人のためにするだけではなく、自分のためにもなっているのですね。路上が綺麗になれば自分の心も綺麗になるからです。また、よくよく考えれば「タバコの吸い殻（がら）」は自分の心のなかにあるものなのですね。だからタバコのポイ捨てを拾うことは、自分の心を清くすることになるのです。

さらに、生きる上で一番重要な理は、「阿頼耶識縁起」という理です。これは表層心と深層心とが相互に因果関係にあるという理です。表層心が有るからこそ深層心が有り、深層心が有るから表層心が有るという理です。だから汚い表層心が有れば汚い深層心が有り、逆に汚い表層心が無ければ汚い深層心も無くなっていくことになるのです。いかに生きるかという倫理の問題は、この阿頼耶識縁起を信じて、それを実践していけばいいのではないかと、私は最近強く思うようになりました。

さらに「即身ニ法如ヲ証ス」と説かれています。真言宗の教理として「即身成仏」が有名ですが、これは「この身のままで仏に成る」という意味です。いまは「即身ニ法如ヲ証ス」と説かれているのですが、この「即身」には二つの解釈が可能です。一つはいま一瞬のこの身に即して法如すなわち真如を証するという解釈です。もう一つは、即身とはこの一生の間の身で、来世ではなくて、この一生の間に真如を証して仏になることができるという解釈です。

いずれにしましても、真言は——具体的には『般若心経』の「羯諦　羯諦　波羅羯諦　波羅僧羯諦　菩提薩婆訶」という真言は、素晴らしい力を具えているのです。だから「能く一切の苦を除き、真実にして不虚なり」と説かれているのです。私たちはこの『般若心経』の文句を信じて、声高らかに「羯諦　羯諦　波羅羯諦　波羅僧羯諦　菩提薩婆訶」とお唱えしましょう。

さらに「行行トシテ円寂ニ至リ　去去トシテ原初ニ入ル」と説かれています。これを私なりに考えてみますと、「行行トシテ円寂ニ至リ」は未来に向けた動きであり、「去去トシテ原初ニ入ル」は過去に向けた動きのように捉えることができます。すなわち、未来に向かって歩いて行くと円寂に至り、過去に後ずさりしていくと原初に戻るというように解釈できますが、至る先の「円寂」と戻った「原初」とは、同じなのですね。これはさっき申しましたように、すべて言葉による観念操作にすぎず、要は、行くも去るも同じであるということを身をもって覚ることが必要です。

とにかく、一番分かりやすい実践は、ヨーガを修して元に戻ること、唯識思想の術語でいえば、

「遍計所執性」の世界から「依他起性」の世界に戻ることが大切です。それを繰り返し繰り返し行なうことによって、最終的に「円成実性」の世界に至る、あるいは入るということができるでしょう。

▼陀羅尼について

最後に、真言すなわちマントラと同じく呪文を意味する「陀羅尼」（ダーラニィー dhāraṇī）について言及しておきましょう。『瑜伽師地論』（巻第四十五）には、次の四種の陀羅尼が説かれています。

①法陀羅尼
②義陀羅尼
③呪陀羅尼
④忍陀羅尼

このうちの呪陀羅尼の「呪」がマントラ、すなわち真言ですから、『般若心経』の最後にある呪文は、この呪陀羅尼に相当します。『瑜伽師地論』では、この呪陀羅尼は「能く種々の災患を除く」と説かれています。これと、『般若心経』に「般若波羅蜜多は是れ大神呪……（中略）……能く一切の苦を除き、真実にして不虚なり」と説かれていることとを考え合わせ、真言の力を信じて、『般若心経』を声高らかにお唱えしましょう。その表層の行為は必ずや正聞熏習となって、また無分別智となって深層の阿頼耶識を浄化していくことになるでしょう。

これで『般若心経』の本文の拝読を終わります。次回は、全体の総まとめをいたします。

（平成十四年二月九日の講座より）

最終講　阿頼耶識縁起の世界

▼戒体と無表業

十年ほど前に、この興福寺佛教文化講座において、『唯識三十頌』の講義を三年間にわたって担当いたしましたが、今回は二年間、全二十三回にわたって『般若心経』を講義させていただきました。

そのうちご縁が深まり、三年前に興福寺で剃髪得度もさせていただきました。頭を剃って、外観は変わりました。でも、中身はなかなか変わらないものです。しかし慚愧、すなわち恥じる心だけは、頭を剃ってから強くなったような気がします。戒を受けたことによって、人間の表層的なありようが、何か深層心理に影響を与えているのですね。

部派仏教の時代から、受戒するという行為の本質は何か、という論議がありますが、その行為は身口意の三業から成り立っているというのが、唯識の重要な論師である護法が説いた唯識思想における、正式な見解です。確かに戒を授かる儀式では、私も本当に清らかな心になって一生懸命にお経を唱え、そして誓いました。その一瞬一瞬の誓いのありようが、すなわちその現行が深層に種子を熏習したのですね。戒を受けるという私の表層のありようが、間違いなく私の深層に、何らかの結果を植えつけたのです。その結果を「戒体」といいます。またそれを「無表業」といいます。具体的には表われてこないものですが、深層に存在して表層のありようを規制しているのですね。とはいえ、私はいつも、ついついエゴ心を出してしまい、いつも慚愧の心で反省をしているのです。

　でも、このエゴすなわち「我」「私」というものは、本当に存在するのでしょうか。仏教では我を「我」と「我所」との二つに分けます。我というのは「私」というもので、我所というのは「私のもの」すなわち私が所有するもののことです。このように「我」というものを二つに分けて考えますが、このうち「私」そのものについては私たちはほとんど日頃は考えないでいます。「私」というのは、私の所有するものを考えた反動として意識されることになるのです。

　この講義のなかで何度も繰り返し申し上げたことですが、「私」というものは、ただ言葉の響きがあるだけなのです。心のなかに言葉を浮かべて、その言葉に対応するものが何か、それは本当にあるのかないのかと静かに観察することがヨーガという修行の基本的なあり方です。その心のなかで観察し思惟する対象が、釈尊によって説かれた「法」、すなわち教法です。その教法を心のなかに浮かべて、そこでその言葉が対応するものは一体何なのかということを、自らが考えていくのです。自分の内において自ら正しく思惟していくのです。

　それは経典の文句を論理的に考えるのではない。静かに自分の心のなかに住し、それによって言葉と言葉が指し示すものを静かに考えていく。すると「言葉」が心のなかにあり、その言葉が指し示す

「もの」も心のなかにあることが分明になってきます。唯識思想では「唯識無境」といって、唯だ識のみで外界に物は存在しないと説きます。しかし、それを聞いて、いや絶対に外界に物はあるのだという方がおられますが、そのような方は静かに「一人一宇宙」のなかにひたることをしていない人です。言葉でもって考える通りにものがあると思っている人にとっては、なかなか唯識無境は理解してもらえません。ヨーガを組み、一人一宇宙であるという事実を認識することは、本当に大切なことです。

釈尊が説かれた教えを学問的に勉強していくことも大切ですが、しかしそれ以上に大切なことは、その教え（文）が指し示す「もの」（義）が何であるかを、自らが具体的につかむことです。『般若心経』の「色即是空・空即是色」という言葉にしても、「色」とは一体何であるかと思惟していくことが大切です。色というのは簡単にいうと身体です。したがって色即是空というのは「身体は空である」ということになりますが、このように言葉でもって考えていく前に、まずは色すなわち身体とは一体何なのかを、自らのなかで確認していくことが大切です。

現代の脳生理学からいうならば、脳というものが心を造り出しているという考えです。養老猛司さんの『唯脳論』ですね。現象世界はすべて脳が造り出しているという考えも、徹底して「唯だ」と捉えていく立場ですが、その「唯だ」を自らが自らのなかで捉えていくのがヨーガという観察なのです。身体とは一体何なのか、心とは一体何なのかを、ヨーガによって考えていけばいいのです。手を見て「一体この手は何だろう」と自問自答していく。

いま私は手と申しましたが、「それ」を「手」といわなければ、それは一体何なのでしょうか。ここが観察し思惟することにおいて一番重要なポイントです。普通私たちは物事をすべて言葉で捉え、それによってそれを「それはなになにである」と判断してそれ以上追求していきません。しかしそれでは本当に深く物事を捉えたことにはなりません。言葉ではなく、いわば全エネルギーでそれに成りきって、「何だろう、何だろう」と追求していくことが大切です。

とはいっても、成りきることは難しい。成りきる力を「念力（ねんりき）」と申します。念から定（じょう）、そして慧（え）に至る三つの心の展開が、ヨーガの具体的な内容ですが、これに力をつけて、念力、定力、慧力ということができます。私たちは慧力まではなかなか到達できませんが、少なくとも念力だけは日常生活のなかで頑張れば発揮することができます。坐禅やヨーガをするときだけではありません。道を歩くとき、重たい物を持って歩くとき、掃除をするとき、いまここでこのように講義を聴くとき、講義をするとき、いかなるときでもそれに成りきっていくことができるのです。

▼阿頼耶識縁起の復習

人間が生きる上で、重要な二つの問い掛けがあります。すなわち「一体何か」と「いかに生きるか」という問い掛けです。前者が仏教的にいうならば「智慧」を追い求めることであり、後者が「慈悲」を展開していくことです。一体何かという智慧を求め、同時に生きとし生けるものと共に幸福に生きていこうと願う生き方、これが人間の生きる理想像であります。

玄奘三蔵（げんじょうさんぞう）も、若いときから唯識思想というものに関心を持たれて、これこそが世界を救う普遍的な思想であると考え、命をかけて天竺（てんじく）（インド）へ行かれたと思うのです。いま世界ということを申しましたが、本当に唯識思想は世界に通用する普遍的な思想です。それは誰にでも納得できる教えであります。なぜならそれは事実に基づいた教理であるからです。誰にでも納得できる教理として、ここで「阿頼耶識縁起」説をもう一度復習してみましょう。

この縁起説は、決して信仰の対象ではありません。事実なのです。でもまずは、この阿頼耶識縁起というものを信じて、その理に則して実践していくならば、間違いなく自分の心は深層から、すなわち阿頼耶識の段階から変わっていきます。幾度も言及したことですが、自己変革をもたらす二つの力として、「正聞熏習」と「無分別智」とがあります。この興福寺佛教文化講座の開講当初から聴講されている方もおられると思いますが、その方は、月一回ですけれども、正聞熏習をされているのです。すなわち正しい真理に基づいた正しい言葉を、繰り返し繰り返し聞かれているわけですから、知らず知らずのうちに阿頼耶識が変わっていっているのです。

私自身も変わっています。なぜなら、法界という真理の世界から流れ出てきた釈尊の教えを私を通して皆さんに伝えていると同時に、私自身もその教えを自らの阿頼耶識のなかに熏習しているからです。他者に教えを伝えること、これが利他行です。しかし同時に自分の心を清めているわけですから、それは自利行でもあります。だからこうしてお話させていただいていることは、利他即自利行となっているのです。このように、阿頼耶識縁起説に基づいて自利即利他の生き方が説明できるのです。

私がいま行なっている「たばこのポイ捨て絶滅運動」も、利他即自利行です。なぜなら人のために道路を綺麗にしていくと同時に、無分別智で拾うことによって、その行為が阿頼耶識に熏習して心を深層から浄化していくからです。でも、現実はなかなか無分別智で行なうことはできません。「自分は善いことをしているのだ」と思いながら、たばこを拾うことになるからです。何か善いことをしたという思いが起こってくるのが人間の性です。しかしまた、人間には懺悔するという素晴らしい力もそなわっています。懺悔した瞬間にエゴというものがなくなっていきます。その瞬間は元に戻って、清らかになっているのです。

たまたま今日、京都駅で、昔から親しくしていただいている僧侶の方にお会いして、お話しながら奈良まで来たのですが、その方は、「無上正覚を得られた釈尊は煩悩と迷いとがなくなってしまわれた。しかし我々凡夫は煩悩の真っ只中にいる。しかしそれでも、一瞬ではあるが清らかな心になる、すなわち仏の心になることができる」という趣旨のことを話されました。本当にそうだと思います。先ほど皆さんと共に『般若心経』をお唱えしましたが、一生懸命お唱えした瞬間は、私たちは仏になっているといっていいのではないでしょうか。私たちは根底では仏の心に支えられているのですから。仏の心、それを専門用語で「仏性」「如来性」「真如」あるいは「円成実性」といえるでしょう。

▼遍計所執の世界から依他起の世界へ戻る

阿頼耶識縁起といいましたが、縁起を唯識思想は「依他起」ともいい、他によって生起するという意味です。本当にすべては依他起であります。私たちは少し冷静な目で見てみるならば、自分が他によって生かされてあるという事実に気がつきます。我々は気づいてみるとこの世界に生まれていたのですね。朝起きる瞬間も自分で目覚めようと思って起きたのではない。気がついてみると起きていた。夢も本当に面白い。あの夢のストーリーは誰が考えるのでしょうか。同じくいまこうやって現実と思っているものも夢を見ているのかもしれません。そうすると夢においても現実においても、そこに実体的な自分というのはどこを探しても存在しない。ただ「私」「自分」という言葉があるだけです。

何度も実験しましたが、私の手、私の心、私の苦しみ、私の恐れ、といいますが、本当に「私」がそれらを所有しているのでしょうか。事実は、唯だ手、唯だ心、唯だ苦しみ、唯だ恐れがあるだけです。

いま私にとって一番の問題は、「私が死ぬ」という私の恐れです。しかし「恐れ」があるだけなのに、「私は死ぬのだ」と、私の死を私の恐れとして所有してしまうところに問題が生じるのです。しかし静かに心のなかに住して観察してみると、「私」も「死ぬ」もすべては心のなかの影像に過ぎません。この影像を作り上げていくものが依他起の力、縁起の力であります。心が生じるのも、影像が心のなかに現われてくるのも、自分ではどうしようもできません。

皆さんも目を開けて、見て下さい。「自分が見た」と思いますが、事実は「見せられた」というべきです。なぜなら見たくないとしても見ざるをえないですね。見るだけではありません。一人一宇宙の全体が依他起です。他によって生じたものです。それなのに、「自分は生きているんだ」「自分がいったことは正しいんだ」「自分はこうあるべきだ」とそこに無い「自分」を設定してしまうのです。このようにすべては言葉で考えられたものです。それを専門用語で「遍計所執（へんげしょしゅう）」といいます。本当に私たちは存在しない遍計所執の世界のなかに生き、そのなかで苦しみ迷っているのです。

だから、その遍計所執の世界から逃れて依他起の世界に戻っていくことが必要です。その方便（ほうべん）がヨーガという実践ですし、あるいは前にいった無分別智によって生きていくことです。

最近は健康ブームの時代ですが、真の健康とは心身ともに健康であることです。そういった意味では私は最近、日頃の不摂生がたたって不健康になってしまいました。体が弱ってきました。そこで身体の健康を取り戻そうと毎朝、四十分ぐらい散歩をすることにしています。その途中の公園で鉄棒にぶら下がって懸垂をしようとすると、なんと一回もできないのですね。昔は何十回もできたのですが、いまはぶら下がるだけが精一杯です。だから私は身体的には昔と比べれば不健康になったわけです。

しかし精神的にはどうかといえば、昔より健康になったといえると思います。考えてみるとインド哲学の前は自然科学を学んでいたのですが、あのままではもっと不健康になったのではないかと思います。仏教を学んで本当に良かったと思います。それはなぜかというと、少しは己れという存在とは一体何であるかが分かってきたからです。そのお蔭でこうした自己変革ができ、深層の阿頼耶識の領域から少しは安らぎを得たと思います。

健康と安心と幸福、これらにはいろんな定義がありますが、唯識思想の観点からいえば、健康とは、安心とは、深層の阿頼耶識が浄化されることであるといえるでしょう。存在にはすべて顕われた面と隠れた面があります。紙には裏と表とがあるようなものです。紙の裏があって表がある。すべてそうです。自分自身も顕われた自分と隠れた自分とがあり、その隠れた自分とは何かと自ら追求し、深層に沈潜していくと、その深層を変えていこうという気持ちが起こってきます。

また、自分だけではありません。他人という存在に対して、顕われた他人と隠れた他人とがあります。だから、言葉と相手の表情とを通してだけで他者を理解するところに大きな誤りが生じます。とにかく、「阿頼耶識縁起」という教理から、私たちは多くのことを学ぶことができます。

▼「事」と「理」

次に、「一人一宇宙」という唯識の教理について復習してみましょう。一人一宇宙というのは、私が「人人唯識」という唯識の教理から作った表現で、いまこの言葉を人びとに訴えているのですが、多くの人がこの言葉に賛同して肯いて下さいます。これは事実でありますが、日頃はなかなか気づいていません。でも気づくと生き方が変わってまいります。

他人となかなかうまくやっていけないと悩む若者が現代に多くいますが、講義のなかで学生に一人一宇宙だと教えると、「ああ、そうなのだ」とその事実に気づいて安心することになります。しかし一人一宇宙ならば、社会や国家という共同体のなかでどのように生きていくべきかという問題が起こってきます。一人一宇宙の世界で、それぞれがエゴを発揮して生きると、そこには対立が生じます。その対立をなくすにはどうすればよいのかという問題を、図を参考にしながら考えてみましょう（下図参照）。

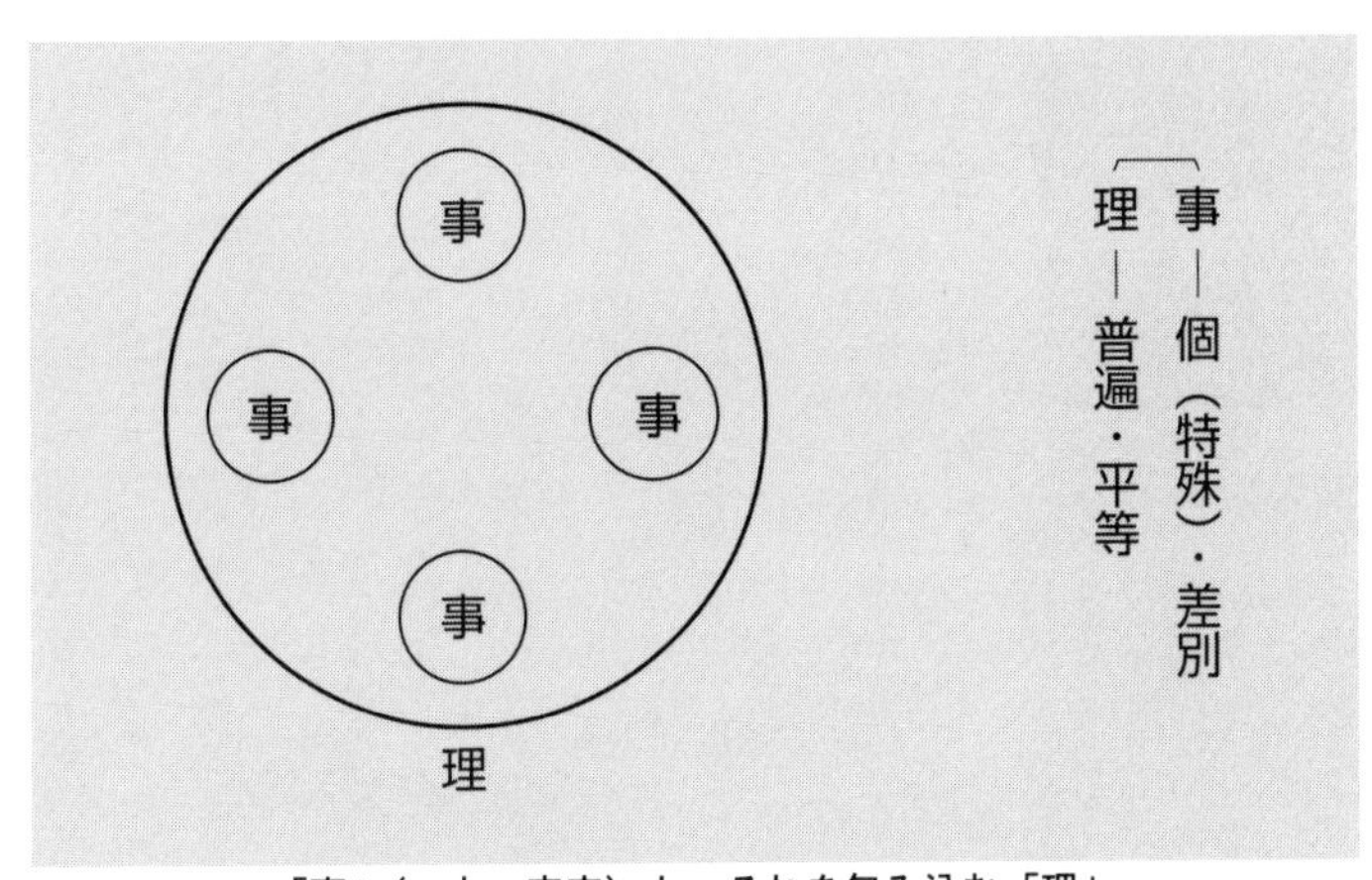

「事」（一人一宇宙）と、それを包み込む「理」

「事」とは一人一宇宙の差別の世界です。個々の一人一人です。いまここでは個を人間に限ってみたいと思いますが、広くは人間でなくともいいのです。虫もそうだし、鳥もそうだし、すべてが個でありますから、「一生物一宇宙」ということができます。この一生物一宇宙という事実に気づくと、不思議なことに植物や動物に対しても慈悲の心が起こってきます。

その慈悲心が増すということは、いい換えれば、エゴが、我執が薄らいでいくということです。この図でいえば、個々の「事」すべてを包み支えている「理」に気づくことです。結論からいえば、一人一宇宙でありながら共同体のなかで対立なく生きていくためには、この「理」を覚り、その理に則して生きていかなければなりません。

その理として、唯識思想は次の二つを説きます。

①縁起の理

②真如の理

エゴがなくなると智慧が増し、縁起の理に気づいてきます。そして智慧が増せば慈悲が増してきます。また慈悲が増せば智慧が増します。このように慈悲と智慧とは相互因果関係にあります。この二つの働きを、皆さん自身のなかで確認をされていくことが大切です。これもやはり人生の一つの目的ではないかと思います。

一年経ったのに、一年前と自分は何も変わっていない。何も知っていない。だんだん死が近づいてくる。恐い恐いと悩む。そのような人生では本当に淋しいですね。また事と事とは対立をしています。それは家庭内の対立、会社のなかの対立、さらには国家間の対立となって、世を濁していきます。そのような対立をなくすために、一人一宇宙でありながら、個としての事でありながら、すべてを支える理に気づくことが必要なのです。しかし現実には人間はエゴ心に負けて、なかなかその理に気づきません。とくに世の中を導いている人が理に気がついていないところに問題が生じます。政治や経済を引っ張っていっている人びとに、本当に理に気づいて欲しいものです。「世の人びとよ、平和な幸せな世界を築くために理に目覚めよう！」と、私は声を大にして訴えたい。

この「理」の一つが「A有ればB有り、A無ければB無し」という「縁起の理」です。この理はいたって簡単ですが、この理に則して生きていくと、自分の世界が、そして人びとと共なる世の中が、大きく変わってきます。例えば、愚痴（ぐち）（不平不満）について考えてみましょう。「なぜそうなんだ」と、よく愚痴をいう人がいますが、その人はいずれの結果に対しても愚痴をいうのですね。しかし、「なんで」と愚痴る前に、そのような結果をもたらした原因を、静かに自分で考えてみようではありませんか。その原因ははたして自分の内にあったのか外にあったのかと考えみましょう。私たちは大抵は原因が内にあることを忘れているのですね。外のことばかり考える。例えば「あの人が悪いのだ。あの人は憎い人だ」と思います。しかし本当に悪い、あるいは憎い人が自分の外界にいるのでしょうか。憎いという気持ちを持つから眼前に憎い人が現われてくるのであって、もしも自分のなかに憎い気持ちが生じなければ決して憎い人は現われてきません。この理に気づくとき、本当に大きく生き方が変わってきます。

もともと他人そのものはニュートラルな存在です。ニュートラルを「中（ちゅう）」ということができるでしょう。中道（ちゅうどう）の中です。中道とは中と知り中を行じていくことですが、例えば他人というのはニュートラルであると知ることです。また中は「空」であるといい換えることができます。空には色づけがありません。「有でもなく無でもなく、善でもなく悪でもない」、これが空の定義です。

話をもとに戻しますが、理を観察していこうとする姿勢は自然科学においても同様です。その科学において発見された物理も、そしてさらに心理、倫理までも含めたすべてを包括する理、それが縁起の理であると、最近ますます確信するようになりました。だから縁起の理に則して事実を観れば、そこに人間いかに生きるべきかが分かってきます。例えば満員の電車に乗って座れたら、前に立ってる人にありがとうと感謝をするようになります。なぜなら、あなたが立っているから私が座らせてもらっているという事実に気づくからです。他者があるから自分がある。他者がなければ自分はない。この縁起の理というものに即して生きていく。縁起の理を観察をするだけではなく、観察をしていきながら自分のなかで実践をしていく。「教」から入って「行」にまで展開していかなければ、意味がありません。

縁起の理は言語化された理でありますし、いま述べましたように、それに則して実行することが可能な理であります。これに対してもう一つの「真如の理」は、本来は言葉でいえない理であります。しかしあえてそれを言葉でいえば、真如、仏、涅槃、中、空ということができます。しかしこれらを単に言葉を通して頭のなかだけで理解しても意味がありません。真如は自分のなかにあるのだと信じて、この仮の個である自分を通して、その深みに沈潜して、自らがそれを証する必要があります。そのためには実践が不可欠です。いくら本を読んでも、真如という理を会得することはできません。

もともと頭で考えることはすべて虚妄分別でありますから、「真如はこれこれである」と理解しても、その理解された真如は虚妄なる真如であります。私たちには我執と法執という二つの執着があるということも繰り返し述べてきましたが、このうち法執とは「ものへの執われ」と、もう一つは「教法への執われ」との二つがあり、私たちは後者の執われにあまり注目していないということに最近気づいてきました。釈尊によって語られた教法、これも法なのですが、これは言葉で仮に語られたものです。したがってそれを聞くことから得られる聞慧から始まって思慧、修慧と展開していくことが要請されるのです。聞いたことを自らで思惟し、最後には繰り返し繰り返し実践する修行によって、まったく言葉なくしてそれを直に把握することが必要です。この聞慧・思慧・修慧というのも仏教の素晴らしい教えであろうと思います。

言葉にこだわるところに、いろんな事件が起こってきます。宗教的にいえば「神」「仏」にこだわり過ぎるところに問題が生じます。また例えば「あの宗教は間違っている、あの宗教は正しい」という判断も間違っているのです。ここが重要なポイントであります。言葉はすべて方便であります。「方便」の対概念は「真実」です。私たちは方便から出発して、最終的には真実に辿り着かねばなりません。

▼「空の実践」のまとめ

このたびの二十三回にわたった講義のタイトルは、「空の実践」でありましたので、「空の実践」ということをまとめて復習してみたいと思います。

まず「一体何か」という問いかけを発することが空の実践の出発点になると思います。「自分」とは、「もの」とは、「我」とは、「法」とは、一体何なのかと追求することによって、どんどんと深層にある隠れた側面が見えてまいります。すると「自分」と「もの」への執着がなくなっていきます。私の手といって私という言葉に対応するものがないと分かっただけでもすごいことです。それによって自分への執着が少しでも薄らいでいきます。

自分だけではありません。すべては夢の如しです。否、本当に夢です。夢だということが心の底から分かってくると、執着がとれてまいります。そのためにはヨーガとか禅定を実践する必要があります。良遍和上が書かれた『観心覚夢鈔』という本がありますが、私はこの「観心覚夢」すなわち「心を観じて夢から覚める」という言葉が好きです。皆さんもこの言葉を正聞熏習として心の底に熏じて下さい。

本当に「自分」も「もの」も、すべて言葉と思いとが作り上げたにすぎません。さらに「有る」とか「無い」とかいう言葉も、心のなかから生じ、心のなかに付着した塵・ホコリです。物事を深く考えずに生きている人には、なかなかこのことは理解できません。でもこのように長く講義を聴いて下さった皆さんは、お分かりになってこられたと思います。

他人の言葉は自分の外にいる他人から発せられ、自分に伝わってきたと普通私たちは思いますが、本当は他人の言葉も自分のなかから発せられたものなのです。よーく考えてみて下さい。一人一宇宙というのは、本当に事実なのです。そして私たちは自分の外に抜け出てみたことはありません。だから他人そのものの存在を知ったり、その他人の声そのものを聞いたことはないのです。だから、いま皆さんは私の声を聞いていると思っていますが、私は何も語っていないのかもしれません。私は何も語っていないのに、皆さんが勝手に言葉を作り上げているのかもしれないのです。「仏は一音も法を説かれなかった」という考えがあります。これは禅宗で好まれる考えですが、よくよく考えてみるべき問題です。

阿頼耶識は一切種子識(いっさいしゅうじしき)ともいわれます。一切は阿頼耶識から作られたものであるというこの考えは、私も唯識の勉強を始めた若いときには、そんなばかなことが、と思いましたが、だんだんと自分の心のなかに沈潜(ちんせん)していくことによって、そのことが分かってきました。本当に有も無も心のなかに起こってくる塵にすぎません。だから「空」とは一体何であるかというと、「非有非無(ひうひむ)」といわざるを得ないのです。さらに「不生不滅(ふしょうふめつ)・不垢不浄(ふくふじょう)・不増不減(ふぞうふげん)」と『般若心経』に説かれているが如くにいわざるを得ないのです。

前に述べましたように、遍計所執の世界から依他起の世界に戻るならば、言葉と思いというものが如何(いか)に人間を狂わしているかということが分かってきます。これを「戯論(けろん)」といいます。戯(たわむ)れの言葉で語られた世界、これが一人一宇宙の中味です。もちろん信仰も必要です。自分が死んだら地獄か極楽かと考えることもいい。しかし、自分、地獄、極楽に執着するところに問題があるのです。

紙の表では生死輪廻(しょうじりんね)はある。しかし紙の裏側の世界からいうならば、「有も無もない」、とこのように存在を顕われた面と隠れた面との両面から考えていく必要があります。

とにかく、有と無とを超えた世界に至ろうと、「方便としての自分」を奮い立たせることが大切です。いま方便としての自分といいましたが、いい換えれば「菩薩としての自分」ということができます。「よし、生死輪廻があるとしても、人びとのために幾度となくこの世に生まれ変わり死に変わりしていこう」という誓願を起こそうではありませんか。生死にも涅槃にも住しない「無住処涅槃」を目指して、今生の最後まで他者のために生のエネルギーを使い尽くそうではありませんか。

このことを私は絶えず自分にも皆さんにもいい続けています。この一個の思いが、不思議なことに他の人に伝わっていきます。一人の人のために尽くしていくその力が、不思議にどんどんと他の人にも伝わっていき、大きな力となると私は信じています。

人間の思いと願いは無限であります。「仏の大慈大悲」という言葉がありますが、私たち凡夫のなかにも確かに大慈大悲の種子があると思います。仏と自分とは同じであると信じ、自分の心のなかへ沈潜をしていき、清らかであると同時にものすごく燃えるような誓願が、意志があることを、自ら気づこうではありませんか。

▼円成実性へ至る道

空の実践は、唯識が説く三性説に則して行うことが可能です。三性とは「遍計所執性・依他起性・円成実性」の三つですが、これは心の三つのありようとも、存在の三つのありようともいうことができます。

確かに心のありようによって存在が、世界は変わってきます。これは皆さんも体験される事実だと思います。このうち遍計所執性というのは言葉と思いが作り出した世界です。私たちはほとんどこの世界に生きています。一日十八時間起きていれば、その間はすべて遍計所執性の世界に生きているといっても過言ではありません。しかし私たちはそのことに気がついていません。自分が思いと言葉でもって認識する通りに世界があると思っています。だが、「自分が認識するが如くには存在しない」というのが唯識思想の根本的主張です。いま認識といいましたが、詳しく分析すると感覚し、知覚し、思考することです。いま皆さんが視覚によって感覚している色とか形は、外界に本当にその如くに有るのでしょうか。また私たち人間がいう「水」というものは、実在しているのでしょうか。

　結論からいうと、それらすべては一人一宇宙の人間が個々の世界のなかで作り出した幻影にすぎないのです。これも前に述べたことがありますが、「一水四見」という教説があります。すなわち人間が「水」と見るものは、人間が見れば水ですが、魚が見ると住処に、地獄人が見ると膿の河に、天人が見ると宝石でできた道路に見えるという考えです。この考えは、人間のエゴをなくしていくのに最適の教えです。

　私たちは、この「一水四見」を直観で分かりますね。この直観で分かるというところに人間の素晴らしさがあります。この直観から出発をしていくと、言葉とか思いが少しでも薄らいできます。そしてさらにそれを薄めるためには、ヨーガとか坐禅とか、広くいえば、物事に成りきっていく実践が必要です。すなわち遍計所執の世界から依他起の世界に戻り、その依他起の世界のなかで無分別智の火をどんどんと燃やして深層から浄化していくことが必要です。その浄化されきった心を円成実性ということができます。円満・成就・真実なる心です。この円成実性をまた「空」ということができます。

　この遍計所執から始まって、依他起の世界に戻り、そして円成実性に至ろうではないか、という教えも、空を実践する際の大きな支えとなります。

▼すべては阿頼耶識縁起

最後に、唯識思想が説く八識説を復習しておきましょう。

最初が「五識」。これは眼・耳・鼻・舌・身という五つの感覚。それから「意識」。次の二つが深層の心で、「末那識」が深層に働く自我執着心、最後の「阿頼耶識」がすべてを生じる根本の心です。この根本識である阿頼耶識の存在を、なかなか私たちは自ら直に把握することはできません。でも阿頼耶識の存在を信じ、そして阿頼耶識縁起の理を信じて、表層の心のありようを変えることによって深層の心を変えていくように実践をすることが大切です。

その表層の心を変えるために一番大切なのは、「意識」をどのように運用するかということです。意識には、一つは感覚と共に働いて感覚を鮮明にするという働きがあります。いまこうやって机を叩いて音を出していますが、その音に意識を向けると、その音がうるさいと感じられます。だが意識を全然向けなければうるさくもありません。総じていえば、意識をどこに、何に向けるかによって世界は大きく変わってきます。現象世界の顕われた面に向けるのか、それとも隠れた面に向けるのか。形而下に向けるのか、形而上に向けるのか。それによって大きく世界は変貌します。まずは「自分」の隠れた面に意識のスポットを当てましょう。そのために坐禅とかヨーガを実習しましょう。静かに坐って「いまここ、いまここ、一体何か」と追求していきましょう。

本当に意識の運用によって人生は上昇もするし下降もしていきます。これは、いえば簡単なことですが、実践することはなかなか困難です。でも繰り返し申しますが、心の底からすっきり、はっきり、爽やかになっていくために、深層からの心の浄化を目指して生きようではありませんか。

本当に人生にはいろいろのことが起こります。大変な時期があります。病気にもなります。人との対立があると思います。人間関係にも悩むでしょう。しかしそのときこそが正念場、まさしく「念」を起こして「よーし」と気力を持ってそれに対処していきましょう。そのときに阿頼耶識縁起を思い出しましょう。縁起の理を考え、できれば真如の理に至ろうという決心を起こして、そして具体的な対立の場のなかで一人一宇宙の世界のますますの浄化を目指しましょう。

その浄化された一人一宇宙の世界が増えるにしたがって、家庭が、社会が、国家が、世界がますます平和になっていくものと信じます。

これで、二十三回にわたった講義を終わらせていただきます。長きにわたりご静聴、ありがとうございました。

（平成十四年三月九日の講座より）

横山　紘一（よこやま・こういつ）

1940年福岡県生まれ。1964年東京大学農学部水産学科卒業。1967年東京大学文学部印度哲学科卒業。1974年東京大学大学院印度哲学博士課程修了。その後、東京大学文学部助手、立教大学文学部教授を経て、現在は立教大学名誉教授、正眼短期大学特任教授。鹿島神流師範。
主な著書に『唯識思想入門』（第三文明社）、『唯識の哲学』（平楽寺書店）、『わが心の構造—唯識三十頌に学ぶ』『唯識とは何か』『唯識 仏教辞典』（以上・春秋社）、『「唯識」という生き方』『仏教思想へのいざない』（以上・大法輪閣）、『十牛図入門』（幻冬舎）、『唯識の思想』（講談社）など多数。

〈新装版〉唯識でよむ般若心経 ——空の実践——

2009年 5月8日　初　版 第1刷発行
2020年 5月8日　新装版 第1刷発行

著　者　横　山　紘　一
発行人　石　原　大　道
印刷所　三協美術印刷株式会社
製　本　東　京　美　術　紙　工
発行所　有限会社 大　法　輪　閣
東京都渋谷区東2－5－36　大泉ビル2F
TEL　(03) 5466-1401(代表)
http://www.daihorin-kaku.com

ISBN978-4-8046-1425-0　C0015